Naturwissenschaft & Glaubenslehren
Reinhard Starkl

NATURWISSENSCHAFT & GLAUBENSLEHREN

Ein Vergleich zwischen den Weltreligionen und den Theorien der Physik

Reinhard Starkl

VAP

VERLAG FÜR AUSSERGEWÖHNLICHE PERSPEKTIVEN

ISBN 3-922367-73-9

VAP-Buch: Postfach 1180, 32352 Preußisch Oldendorf
Telefon (0 57 42) 93 04 44 + 93 04 45, Fax (0 57 42) 93 04 55

Gesamtherstellung: Kölle-Druck GmbH, Preußisch Oldendorf
1. Auflage März 2000

Gedruckt in Deutschland

Inhaltsverzeichnis

„Der Weise richtet sein Verhalten sowohl nach den Theorien der Religion als auch der Naturwissenschaft aus."

J. B. S. Haldane

Die Wirkung der philosophischen Gedanken in der Welt ist heute nur möglich, wenn sie die Mehrheit der Einzelnen erreicht. Denn gegenwärtig ist der Zustand: Die Massen der Bevölkerung können lesen und schreiben, ohne doch den vollen Umfang abendländischer Bildung zu gewinnen. Aber sie sind die Mitwissenden und Mitdenkenden und Mithandelnden. Sie können dieser neuen Chance um so mehr genügen, je mehr sie in den vollen Umfang der hohen Anschauungen und der kritischen Unterscheidungen gelangen. Es ist für Stunden der Besinnlichkeit aller Menschen daher notwendig, das Wesentliche so einfach, so klar wie möglich, ohne Einbuße an Tiefe, mitteilbar zu machen.

Karl Jaspers

Für Piri in Dankbarkeit

Vorwort

Nachdem sich die beiden großen Systeme Naturwissenschaft und Theologie in den vergangenen Jahrhunderten erbittert bekämpft bzw. negiert haben, legen neue und neueste Ergebnisse der theoretischen Physik die Möglichkeit eines friedlichen Nebeneinander, ja sogar jene einer Verschmelzung nahe.
Diesen Erkenntnissen und Spekulationen ist ein respektabler Ausschnitt des gegenwärtigen Büchermarktes gewidmet, der allerdings trotz gegenteiliger Versicherung meist nur für eine relativ kleine Zielgruppe geeignet ist: Ein Studium der Weltreligionen einerseits und der modernen Theorien der Physik andererseits mit Hilfe der Standardliteratur erfordert vom theologisch, philosophisch und physikalisch nicht vorgebildeten Leser die Lektüre etlicher tausend Seiten!
Dieses Buch soll bei Wahrung einer gewissen Vollständigkeit Abkürzungsdienste leisten. Seine Zielsetzungen sind:

1. Die Darstellung der Weltreligionen in knapper, vergleichender Form.
2. Die Darstellung der wichtigsten physikalischen Theorien in knapper, allgemeinverständlicher Form.
3. Vollständigkeit in den wesentlichen Aussagen.
4. Ein Vergleich der Methoden und Aussagen von Theologie und Naturwissenschaft im Wandel der Zeit. Hier kommen unter anderem auch die neuesten physikalischen Spekulationen über die Existenz eines allmächtigen, allgegenwärtigen Wesens, über mögliche Auferstehungsmechanismen, Unsterblichkeit, etc. zu Wort.
5. Die leichte Lesbarkeit für Laien: alle notwendigen Begriffsbildungen aus Theologie, Philosophie und Physik werden ebenso ausführlich erörtert, wie die zum Verständnis religiöser Aussagen notwendigen geschichtlichen Grundlagen.

Selbstverständlich wird ein Werk mit dem obigen Anspruch in gewissen Kreisen auch auf Widerspruch stoßen. Dabei muß sich jede seriöse Kritik – und von anderer soll hier nicht die Rede sein – mit drei zentralen Fragestellungen auseinandersetzen:

F1) Ist die angestrebte Darstellung *wünschenswert*?

F2) Bei positiver Beantwortung von F1: Ist die angestrebte Darstellung *prinzipiell möglich*? Wenn ja, welches sind die dafür notwendigen Kriterien?

F3) Bei positiver Beantwortung von F2: *Erfüllt die vorliegende Darstellung alle in F2 angeführten Kriterien?*

Ich behaupte, daß sich alle drei Fragen positiv beantworten lassen. Dem interessierten Leser mag die folgende Darstellung als Beweis dienen, dem hauptamtlich bestallten Kritiker liefere ich am Ende des Buches im *Nachwort für Kritiker* noch eine zweite Beweisführung.

Abschließend sei darauf hingewiesen, daß ich unter dem Begriff „Naturwissenschaft“ Physik verstehe, die den Anspruch erheben darf, mit Hilfe der subtilsten Methoden die grundlegendsten Aussagen über unsere Welt zu machen.

Bad Leonfelden, im Oktober 1999. Reinhard Starkl

I. Die Weltreligionen

In diesem Kapitel streben wir eine übersichtsmäßige, vergleichende Darstellung der Weltreligionen an. Ihre Themenkreise sind durch die Fragen nach

Götter und Dämonen
Existenz des Menschen nach dem Tode
Entstehung der Welt
praktische Ethik
Offenbarung, Propheten, heilige Schriften

gegeben. Nicht alle Religionen beschäftigen sich mit allen hier aufgelisteten Fragen. Auch ist das Schwergewicht, das den einzelnen Fragen von den verschiedenen Religionen zugesprochen wird, durchaus unterschiedlich. Die ersten drei Themenkreise gehören zur sogenannten *Metaphysik*, die sich mit dem sinnlich nicht Erfahrbaren beschäftigt. Die *praktische Ethik* hingegen gibt konkrete Ratschläge, auf welche Weise man sich der von der jeweiligen Religion vertretenen Heilsvorstellung nähern kann.

Die folgende Darstellung der Weltreligionen geschieht im wesentlichen nach der obigen Einteilung, wobei fallweise noch einige religionsspezifische Ergänzungen vorgenommen werden. Die christliche Lehre werden wir in Kapitel II nochmals etwas detaillierter beschreiben.

1. Das Judentum

Geschichtliche Grundlagen

Die Israeliten waren Nomadenstämme, die etwa in der Mitte des 2. Jahrtausend v. Chr. in Palästina heimisch wurden. Eine schwere Hungersnot vertrieb einige Stämme nach Ägypten, wo sie als Knechte der Pharaonen arbeiteten. Nach etwa vierhundert Jahren flohen diese Stämme unter ihrem Führer Moses aus dem Land. Die Errettung aus dem ägyptischen Sklavendasein wird bis heute mit dem *Passah-Fest* gefeiert.

Nach der Flucht aus Ägypten lebten die israelitischen Stämme in der Wüste Sinai, wo sie nach biblischer Aussage den Bund mit ihrem Gott *Jahwe* (Jehova) schlossen. Die Bibel erzählt, wie Moses auf dem heute nicht mehr identifizierbaren Berg Sinai die Gesetze Jahwes in Empfang nahm, die in Zukunft das religiöse und weltliche Leben der Israeliten regeln sollten. Dieser enge Bund eines Volkes mit seinem Gott steht in allen Religionen einzigartig da, weshalb sich die Juden auch als „auserwähltes Volk“ bezeichnen.
Etwa vierzig Jahre nach der Gesetzgebung beendeten die Israeliten ihr Nomadendasein in der Wüste Sinai und kehrten nach Palästina zurück. Dort lebte neben verschiedenen anderen Stämmen auch noch jene israelitische Völkerschaft, die von der Hungersnot nicht nach Ägypten vertrieben worden war. Sie verschmolz in kurzer Zeit mit den Neuankömmlingen.

Bald darauf wurde ein Königtum begründet, das um 1000 v. Chr. unter dem großen König *David* zu einem mächtigen Reich herangewachsen war. Nach dem Tode von König *Salomon*, dem Nachfolger Davids, zerfiel das Reich in die Königreiche *Israel* und *Juda*.

Israel wurde 721 v. Chr. von den Assyrern, Juda 587 v. Chr. von den Babyloniern unter König *Nebukadnezar* erobert, und die Oberschicht von Juda nach Babylon verschleppt. In Ermangelung eines eigenen Tempels entwickelten die Verbannten dort eine opferlose Form des Gottesdienstes in der Synagoge, der ein fester Bestandteil jüdischer Riten bleiben sollte. Weiter beschäftigten sich die Juden mit der Sammlung und Niederschrift aller Zeugnisse ihrer Geschichte als Volk Gottes und legten so den Grundstein zum Alten Testament.

Etwa 40 Jahre später wurde Babylon seinerseits von den Persern erobert. 538 v. Chr. erließ der Perserkönig *Kyros II* ein Edikt, das den im Exil lebenden Verbannten aus Juda die Rückkehr in ihre Heimat Palästina gestattete. Obwohl die Lebensqualität der Juden in Babylon sehr hoch war – ihr bewohntes Gebiet war wesentlich fruchtbarer als die Umgebung von Jerusalem, und sie besaßen Selbstverwaltung – sehnten sie sich nach der Heimat und machten von Kyros Erlaubnis Gebrauch. Sie bauten Jerusalem und den Tempel neu, und erneuerten anschließend ihren Bund mit Jahwe.

Nach schwankenden Machtverhältnissen in der griechischen Epoche erlangte das Königreich Juda 167 v. Chr. nochmals seine politische und religiöse Unabhängigkeit. Thronstreitigkeiten in Jerusalem führten schließlich zur Intervention der Römer in Palästina. Die folgenden Auseinandersetzungen mit Rom sollten das Ende des jüdischen Staates und den Beginn der *Diaspora* (= Zerstreuung) des jüdischen Volkes bedeuten. Fallweise datiert man den Beginn der Diaspora bereits mit 587 v. Chr., also mit dem Beginn des babylonischen Exils. Man spricht in diesem Zusammenhang auch von der orientalischen Diaspora.

Zunächst schien ein friedliches Nebeneinander von Juden und Römern möglich zu sein. In den Jahren 37 v. Chr. bis 4 n. Chr. regierte König *Herodes der Große*, der als bedeutendster König der Spätzeit des jüdischen Königtums gilt. Er war mit dem römischen Kaiser *Augustus* befreundet, der seine diplomatischen Fähigkeiten erkannte und im Interesse des römischen Reiches nützen wollte. Herodes wußte

um den Fanatismus des Judentums, der nur die Herrschaft von Jahwe anerkannte, und keine fremde militärische Macht über sich dulden wollte. Die Juden betrachteten ihren Staat als *Theokratie*, d. h. als Gottesstaat: Ihr Land war ihnen von Jahwe geschenkt worden, dem sie zusammen mit seiner irdischen Vertretung in religiösen Dingen, dem Hohen Priester, allein Verehrung und Gehorsam schuldeten. Um die Gefahr eines Zusammenstoßes mit Rom zu mildern, versuchte Herodes die Juden mit der römischen Kultur und Lebensweise vertraut zu machen, ohne sie ihnen aufzuzwingen. Dieser Versuch war allerdings zum Scheitern verurteilt und die Juden zeigten sich nach Herodes Tod im Jahre 4 n. Chr. so fanatisch und römerfeindlich wie zuvor.
Der kurz darauf ausbrechende Aufstand wurde vom römischen Legaten P. Quinctilius *Varus* blutig niedergeschlagen. Augustus teilte das Reich in drei Teile unter den drei Söhnen von Herodes: Archelaos, Herodes Antipas und Philipp. Die Unfähigkeit des Archelaos führte zu seiner Entsetzung und der Bildung der Prokuratur Judäa, zusammen mit einer Hohe-Priester-Verfassung, die den Hohen Priester als religiöses und weltliches Haupt des jüdischen Volkes anerkannte. Durch diese Regelung waren die Priester gegenüber Rom zu einer freundlichen Haltung verpflichtet, während sie im eigenen Volk auf Ablehnung stießen.

Im Jahr 39 kam es zu einer neuen Krisensituation, als der von Wahnvorstellungen gepackte römische Kaiser *Caligula* von seinen Untertanen göttliche Verehrung verlangte, wobei er bei den Juden natürlich kein Glück hatte. Bevor Caligula die Sache auf die Spitze treiben konnte, wurde er ermordet, was eine grimmige Auseinandersetzung zwischen Juden und Römern nochmals verhinderte.
Nachdem Judäa unter dem Nachfolger Caligulas, Kaiser *Claudius*, seine Unabhängigkeit kurz zurückerhalten hatte, eskalierte in den nächsten Jahrzehnten die Situation. Bei den folgenden, drei Jahre währenden militärischen Auseinandersetzungen unter der Herrschaft *Neros* und *Vespasians* wurde der jüdische Staat im Jahr 70 nach tapferer Gegenwehr mit der Zerstörung Jerusalems vernichtet und der Beginn der Diaspora eingeleitet.

Da uns in diesem Buch das Judentum primär als Wegbereiter des Christentums interessiert, können wir auf eine Darstellung des Judentums im Mittelalter und des modernen Judentums verzichten. Das erstere ist hauptsächlich durch die Berührung mit der griechischen Philosophie geprägt, die wir im Zusammenhang mit dem Christentum ohnehin würdigen werden. Abschließend wollen wir die wesentlichen Stadien der biblischen jüdischen Geschichte nochmals kurz zusammenfassen:

–1850: Ansiedlung in Palästina, Kanaan
–1700 bis –1250: Sklavendasein in Ägypten
–1230: Moses empfängt das Gesetz auf dem Berg Sinai
–1030 bis –931: Königreich von Saul, David, Salomon
–931: Gründung von Israel und Juda
–721: Eroberung von Israel durch Assyrer
–587: Eroberung von Juda durch Babylonier
–531: Edikt des Kyros und Beginn der Rückkehr ins gelobte Land
–537 bis –517: Wiederaufbau von Jerusalem und des Tempels
–333 bis –168: Griechische Epoche und hasmonäische Monarchie
–167: Unabhängiges Königreich Judäa
–63: Römische Intervention; Pompejus erobert Jerusalem
–37 bis +4: Herrschaft Herodes des Großen
6: Judäa wird römische Provinz
66: Erster Jüdischer Aufstand
70: Eroberung Jerusalems und Zerstörung des zweiten Tempels; Beginn der Diaspora

Götter und Dämonen

Das Judentum ist ein *monotheistischer* Glaube, d.h. es postuliert einen einzigen Gott. Dieser Gott Jahwe ist der Schöpfer der Welt und des Menschen. Damit gähnt zwischen Jahwe und dem Menschen eine unüberbrückbare Kluft, eine Vorstellung, die man auch bei dem im Judentum wurzelnden Christentum und dem Islam findet. Weiter ist

im Unterschied zu manch anderen Religionen Jahwe kein unpersönliches Es, sondern ein persönlicher Gott, mit dem der Mensch im Gebet in Kontakt treten kann.
In einem gehörigen Abstand zu Gott existieren noch weitere, dem Menschen überlegene Himmelswesen: die Engel. Sie wurden von Gott vor dem Menschen geschaffen, bilden den Hofstaat Gottes und besitzen die Funktion von Mitarbeitern und Überbringern von Botschaften. Dabei existiert eine Hierarchie von neun Ebenen: Seraphim, Cherubim, Throne, Herrschaften, Fürstentümer, Mächte, Kräfte, Erzengel, Engel.

Neben den oben angeführten Lichtgestalten existieren auch finstere Dämonen. Der erste personifizierte Dämon erscheint im Buch Tobias. Es ist *Asmodi*, der Vernichter und Dämon der Mißgunst. Der Gestalt des *Satans* begegnen wir im Buch Hiob. In späteren Vorstellungen entwickelt er sich zum mächtigsten Gegenspieler Gottes.

Unsterblichkeit

Das Judentum glaubt an die Existenz zweier Daseinsebenen Diesseits und Jenseits. Dabei ist die Beschreibung des Jenseits nicht eindeutig, sie schwankt je nach Quelle und Zeitalter. Zunächst wird eine Aufteilung in Paradies und Hölle getroffen, wobei das Paradies ein Ort ewiger Glückseligkeit ist. Die Vorstellung des Paradieses orientiert sich an jener des Garten Eden, wo Jahwe die ersten Menschen schuf (Genesis 2,8).[3] Die Hölle wird im Buch Hiob als Reich des Schattens und der Dunkelheit, als Land der Finsternis und des Chaos beschrieben, die Propheten Israels sprechen dagegen von einem Schlund, in dem ein vernichtendes Feuer lodert.
Die Wertung der Menschen nach ihren Taten nimmt Gott am Tag des Jüngsten Gerichtes (= Jüngster Tag) vor, wo er sie auferwecken und die Guten von den Bösen scheiden wird. Die Gerechten werden in das Paradies, das nach dem Neuen Jerusalem verpflanzte Abbild des Garten Eden, eingehen, und ewig leben.

Diese Pauschalversion ist auch innerhalb des Judentums bei weitem nicht unumstritten. Wir wollen hier auf die Frage nach dem Auferweckungsmechanismus und der Unsterblichkeit im Judentum genauer eingehen. Noch im ersten nachchristlichen Jahrhundert stritten Pharisäer und Sadduzäer über die Frage, ob Unsterblichkeit existiert, und in welcher Form die Auferstehung vor sich ginge. Die Sadduzäer leugneten sowohl die Auferstehung als auch die Unsterblichkeit mit der Begründung, daß in den frühen Textstellen der heiligen Schriften nichts davon erwähnt sei. Die Pharisäer dagegen glaubten an Unsterblichkeit in Form einer Auferstehung und konnten sich unter anderem auf das Buch Daniel (Entstehungszeit etwa 160 v. Chr.) berufen:

„Von denen, die im Land des Staubes schlafen, werden viele erwachen, die einen zum ewigen Leben, die anderen zur Schmach, zu ewigem Abscheu." (Dan 12,2) [1]

Die Vorstellung der Pharisäer setzte sich schließlich ab dem zweiten nachchristlichen Jahrhundert allgemein durch. Festzuhalten ist, daß zu diesem Zeitpunkt von einer unsterblichen Seele keine Rede ist. Zu jener Zeit betrachten die Juden den Menschen als Körper-Seele-Einheit. Die Vorstellung des Christentums von einem Körper als Gefängnis der primär wichtigen Seele ist hier nicht zu erkennen. In den späteren Jahrhunderten kam das Judentum in Kontakt mit der griechischen Philosophie, wo die Vorstellung einer unsterblichen Seele vertreten wird. Ab diesem Zeitpunkt lebten die Streitereien um den Vorgang der Auferstehung wieder kräftiger auf. Der größte jüdische Philosoph des Mittelalters *Maimonides* (1135 – 1204) versuchte eine Verschmelzung des traditionellen jüdischen Auferstehungsglaubens von der Auferstehung des Fleisches mit der aus der griechischen Philosophie resultierenden Anschauung einer unsterblichen Seele in Einklang zu bringen. Er bezog sich darauf, daß Gott und die Engel unkörperliche Wesen seien, eine derartige Existenzform also möglich sei. Daraus folgerte er, daß nur der geistigen Dingen hingewandte Mensch Unsterblichkeit erwarten könnte, während dem geistlosen Volk dieses Glück nicht beschieden sei.

Maimonides Anschauung fand sowohl Zustimmung wie Ablehnung. Auch nach dem Mittelalter ist im Judentum keine eindeutige Auffassung von Auferstehungsmechanismus und Unsterblichkeit gegeben. Wir werden auf diese fundamentalen Fragestellungen im Rahmen des Christentums nochmals genauer eingehen.

Entstehung der Welt

Die gesamte belebte und unbelebte Welt ist Gottes Werk. Er hat die Welt aus dem Nichts erschaffen, und erhält sie nun stetig. Das erste Buch Mose (Genesis) beschreibt den Schöpfungsakt in majestätischer Sprache:

„Am Anfang schuf Gott Himmel und Erde. Und die Erde war wüst und leer, und es war finster in der Tiefe; und der Geist Gottes schwebte auf dem Wasser." (1. Mose, 1, 1–2)

Anschließend schuf Gott in angegebener Reihenfolge Licht und Dunkelheit, Himmel und Erde, Land und Meere, Sonne, Monde und Sterne, Tier und Mensch.

„Nun wollen wir den Menschen machen, ein Wesen, das uns ähnlich ist! Er soll Macht haben über die Fische im Meer, über die Vögel in der Luft und über alle Tiere auf der Erde." (1. Mose, 1,26)

Der gesamte Schöpfungsakt dauerte sechs Tage. Der siebente Tag wurde als Abschluß der Schöpfungsgeschichte für heilig erklärt.

Die jüdische Bibel

Die hebräische Bibel umfaßt 24 Bücher, die in der Antike die Form von Rollen hatten. Dabei unterscheidet man drei Gruppen: die

Thora (das Gesetz), die *Nebiim* (die Propheten) und die *Ketubim* (die Schriften). Die Thora enthält die fünf Bücher Mose: Genesis, Exodus, Levitikus, Numeri und Deuteronomium. Ab dem fünften nachchristlichen Jahrhundert gelten diese Bücher als heilige Schriften, sie enthalten die Göttliche Offenbarung. Daneben beschreiben sie die Entwicklung des israelitischen Volkes bis zum Tod Moses und der Erscheinung Josuas, der Moses Nachfolger und künftiger Führer der Israeliten wurde.
Die Nebiim umfassen die historischen Bücher: Die Bücher Josua, der Richter, Samuel 1 und 2, der Könige; weiter die Bücher der drei großen Propheten Jesaja, Jeremia und Ezechiel; schließlich das „Zwölfprophetenbuch". Diese Bücher spielen im Zeitraum zwischen dem Tod Moses und dem Babylonischen Exil, wo die Niederschrift großer Teile von Thora und Nebiim erfolgte.
Die Ketubim umfassen poetische Texte und Weisheitsbücher zusammen mit einigen historischen Büchern.
In einer etwas umgeänderten Form bildet die hebräische Bibel das „Alte Testament" der Christen.

Ein weiteres, der Thora nahezu ebenbürtiges Werk ist der *Talmud* (= Lehre). Seine Quelle ist die mündliche Überlieferung der Thora. Diese mündliche Überlieferung besaß zwar den Vorteil einer situationsabhängigen Anpassung des Gesetzes, barg gleichzeitig aber auch die Gefahr einer Abweichung in sich. Daher wurde im Zeitraum vom 2. bis zum 5. Jahrhundert n. Chr. die mündliche Überlieferung von den *Rabbinern* (= Schriftgelehrten) schriftlich niedergelegt. Das so entstandene Werk ist der Talmud. Bis zum Zeitalter der Aufklärung und dem Aufkommen der jüdischen Haskala-Bewegung galt er als heilig.
Jedes Buch des Talmud besteht aus zwei Teilen, der *Mischna* und der *Gemara*. Die Mischna enthält eine kurze Zusammenfassung der Hauptthesen, die Gemara einen wesentlich längeren Kommentar über die Mischna.

Abschließend wollen wir noch kurz auf den Priesterstand des alten Judentums eingehen. Die Priesteraristokratie wurde von den *Saddu-*

zäern gebildet. Politisch standen sie Rom nahe, das die Hohe-Priester-Verfassung stützte. Im religiösen Bereich waren sie konservativ und bestanden auf einer buchstabengetreuen Auslegung der Thora. Daher standen sie auch der Unsterblichkeitslehre und der Engeltheorie feindlich gegenüber.
Die zweite Gruppe wurde von den *Pharisäern* gebildet. Sie waren Rabbiner, die sich mit der Interpretation von Texten der Heiligen Schrift beschäftigten und die Vorstellungen von Unsterblichkeit und Engeln stützten. Nach der Zerstörung des Zweiten Tempels im Jahre 70 setzen sich die religiösen Vorstellungen der Pharisäer als allgemeinverbindliche jüdische Religion durch.

Weitere wichtige Aspekte des Judentums

Bedeutsam ist im Judentum die Überschneidung von Religion und Nation. Der wesentliche jüdische Glaubensinhalt läßt sich in *zwei Grundsätzen* zusammenfassen:

Es existiert ein einziger Gott Jahwe.
Israel ist das auserwählte Volk Gottes.

Das Gefühl der Auserwähltheit wurzelt in dem mit Jahwe auf dem Berg Sinai geschlossenen Bund und der Zusage Gottes, sein Volk mächtiger als alle Völker der Erde zu machen:

„Wenn dich der Herr, dein Gott, ins Land bringt, in das du kommen wirst, es einzunehmen, und er ausrottet viele Völker . . . Denn du bist ein heiliges Volk dem Herrn, deinem Gott. Dich hat der Herr, dein Gott erwählt zum Volk des Eigentums aus allen Völkern, die auf Erden sind . . ." (Deuteronomium 7,1–15) [2]

Ein weiteres wichtiges Element des Judentums ist der *Messiasglaube.* Der Aufschwung Israels als auserwähltes Volk soll unter der Führung eines Gottesgesandten – des *Messias* – gelingen. Ursprünglich war

Messias ein den Königen von Israel und Juda vorbehaltener Titel, nachdem sie durch Jahwe gesalbt worden waren. Später verband man damit die Vorstellung einer kriegerischen Führernatur. Die heiligen Schriften prophezeien, daß seiner Ankunft eine für die Juden finstere Zeit vorangehen wird. Aus diesem Grund war gerade zu Zeiten großer Unterdrückung der jüdische Messiasfanatismus besonders groß. Die Anhänger Jesu betrachteten ihn als Messias, was Jesus unwidersprochen hinnahm. Später wurde die Zerstörung des Zweiten Tempels von Jerusalem im Jahre 70 als letzter Greuel vor der Ankunft des sehnlichst Erwarteten gedeutet. Messianische Erscheinungen gab es auch im Mittelalter und in der Neuzeit.

2. Das Christentum

Jesus von Nazareth

Schöpfer des Christentums ist *Jesus von Nazareth,* dessen Heilslehre im alten Judentum wurzelt, das er durch einige fundamental neue Aussagen ergänzt und modifiziert. Die Geburt des historischen Jesus fällt in die Zeitspanne zwischen Herodes Tod und den Jahren 6–7 n. Chr. Über den Verlauf seiner Jugend ist kaum etwas bekannt. Mit etwa dreißig Jahren empfängt er die Taufe durch *Johannes den Täufer* und beginnt in Galiläa zu predigen. Der Inhalt seiner Predigten und seine Fähigkeiten als Wunderheiler gewinnen ihm bald viele Anhänger. Die Priesterschaft steht ihm feindlich gegenüber, da sie bei seiner Beliebtheit um ihre Autorität gegenüber dem Volk fürchten muß. Jesus predigt von Nächstenliebe und von einem Reich, daß nicht von dieser Welt sei, wo aber die Mühsalbeladenen Erlösung erwarten dürfen. Bald sehen ihn seine Anhänger als den lang erwarteten Messias. Jesus tritt dieser Vorstellung nicht entgegen, betont aber stets, daß sein verheißenes Reich nicht von dieser Welt sei. Beim Passah-Fest bereitet ihm das Volk einen triumphalen Einzug in Jerusalem. Darauf brandmarkt er das Krämerwesen im Tempel Jahwes, das eine reich sprudelnde Einnahmequelle der Priesteraristokratie darstellt. Ob dieser Angriff auf die Priesterschaft rein aus Empörung über die Zweckentfremdung des Tempels geschah oder ob Jesus damit einen Stoß führen wollte, der eine Reformierung des jüdischen Priestertums einleiten sollte, ist nicht bekannt.

Auf jeden Fall war nach dieser Handlung Jesus' Tod für die Priesteraristokratie eine beschlossene Sache. Bis zum Abend des Passah-Mahles blieb er mit seinen Jüngern in Jerusalem.

Judas Ischariot, einer seiner Jünger, verriet den Aufenthaltsort den jüdischen Führern, die Jesus darauf verhaften ließen und dem *Sanhedrin*, dem jüdischen Rat der Ältesten, vorführten. Nach seiner Vernehmung verurteilten die Priester Jesus wegen Gotteslästerung zum Tode. Da die Juden nicht befugt waren, Todesurteile zu vollstrecken, wurde Jesus der Gerichtsbarkeit des Statthalters der römischen Prokuratur Judäa, *Pontius Pilatus*, übergeben. Pilatus fand ihn schuldlos und versuchte ihn freizusprechen. Um Pilatus unter Druck zu setzen, stellten die jüdischen Priester den religiösen Reformator Jesus als politischen Agitator hin und stachelten das Volk an, seine Kreuzigung zu verlangen. Ein wesentlicher Anklagepunkt war das vermeintliche Auftreten Jesus´ als messianischer König Israels. Andererseits wurde ihm versteckt auch der zum Passah-Fest stattgefundene bewaffnete Aufstand einiger Juden unter ihrem Führer *Barabbas* gegen die Römer zur Last gelegt. Das Zusammentreffen dieses Aufstandes mit Jesus' radikalem Auftreten im Tempel läßt die moderne Forschung tatsächlich einen Zusammenhang zwischen beiden Ereignissen vermuten. Da das Verhältnis zwischen Römern und Juden unter der Statthalterschaft von Pilatus ohnehin sehr gespannt war, gab dieser schließlich nach. Er stellte das jüdische Volk vor die Wahl, zwischen Jesus und Barabbas zu entscheiden. Das Volk stimmte für die Begnadigung des Barabbas, womit Pilatus der Hinrichtung Jesus´ zustimmte.

Am darauffolgenden Freitag stirbt Jesus am Kreuz. Die Schrift über seinem Kreuz verdeutlicht den politischen Charakter des Prozesses: „Jesus von Nazareth, König der Juden". Zwei Wochen nach seinem Tod verkünden die zwölf Apostel öffentlich Jesu Auferstehung und bezeichnen ihn als den Messias.

In seiner Lehre ist Jesus ein Mann des Volkes, er wendet sich nicht an die Intellektuellen und Reichen, sondern an „die da geistig arm sind" und die „Mühseligen und Beladenen: „Wehe euch, ihr Reichen, denn ihr habt euren Trost dahin! Wehe euch, die ihr voll seid, denn euch wird hungern! Wehe euch, die ihr lachet, denn ihr werdet weinen und heulen!" (Luk. 6,24 ff.)[38]

Jesus' Lehre wurzelt im alten Judentum, er schafft kein neues theologisches System, sondern prägt das alte Gold neu, indem er der in Riten erstarrten Lehre in packenden Bildern und Gleichnissen neues Leben einhaucht. Den Riten mißt er wenig Bedeutung bei, wichtig ist ihm nicht der äußere Schein, sondern die Reinheit der Gesinnung. Den Kern seiner Lehre beschreibt er mit den Worten des Alten Testaments:

> *„Du sollst lieben Gott, deinen Herrn, von ganzem Herzen, von ganzer Seele, von allen Kräften und von ganzem Gemüte (5. Mos. 6,5) und deinen Nächsten als dich selbst" (3. Mos. 19,18).*

Ein zentrales Thema seiner Reflexionen ist die Frage, wie der sündige Mensch Vergebung erlangen könne: „Tut Buße, das Himmelreich ist nahe herbeigekommen" (Matth. 4,17).[39]
Der von Jesus verheißene baldige Anbruch der Gottesherrschaft wird im weiteren Verlauf der Geschichte auf mehrfache Art interpretiert. Einerseits als die auch dem alten Judentum geläufige eschatologische Vorstellung eines nahen Weltendes, dem eine Erneuerung folgt, an der die Gerechten partizipieren. Eine andere Auffassung ist die eines inneren Reiches, wobei man sich u.a. auf folgenden Ausspruch stützen kann: „Das Reich Gottes kommt nicht mit äußerlichen Gebärden. Man wird euch nicht sagen: Siehe her! oder Da ist es! Denn sehet, das Reich Gottes ist unter Euch" (Luk. 17,20).[58]
Eine dritte, moderne Interpretationsvariante zielt dahin, daß Jesus Botschaft als sozialer Auftrag zu interpretieren ist (siehe zu diesen unterschiedlichen Interpretationen auch Teil II, Kap. 7).
Weiter werden Jesus in den Evangelien die Attribute „Messias", „Menschensohn" und „Sohn Gottes" zugeordnet. Jesus Messianität fand bei großen Bevölkerungsteilen Anerkennung. Heute nimmt man es als wahrscheinlich an, daß Jesus erst langsam in diese Rolle hineingewachsen ist und sich nicht schon zu Anbeginn seiner Missionstätigkeit als den erwarteten Heilsbringer gesehen hat. Daß er sich als Sohn Gottes bezeichnet, drückt ein nahes Verhältnis zu Gott aus, impliziert aber nicht, daß er diese Bezeichnung im späteren dogmatischen Sinn verstanden hat.
Die weitere Ausgestaltung der Lehre Jesu geschieht durch *Paulus*. Paulus war ursprünglich Pharisäer und Christenverfolger gewesen, hatte sich aber in Damaskus zum christlichen Glauben bekehrt. Nach Jesus' Tod missioniert er u.a. in Syrien, Antiochien, Korinth.

Seine Briefe stellen einen wichtigen Anteil des Neuen Testaments dar, sie sind älter als die etwa um 80 n. Chr. niedergeschriebenen Evangelien.
Paulus gestaltet die christliche Lehre zu einem theologischen System. Der wichtigste Eckpfeiler dieses Systems ist das Mysterium der Auferstehung Jesu nach seinem Tode am Kreuz. Paulus verschmilzt die Vorstellung der Erbsünde mit Jesu Wirken und Auferstehung zu einer Erlösungstheorie: Durch Adams Sündenfall ist die ganze Menschheit schuldig geworden, denn die Erbsünde pflanzt sich auf alle seine Nachkommen fort. Adams Strafe für die Sünde war der Tod, dem nun auch die gesamte Menschheit unterworfen ist. Der barmherzige Christengott erlöst die Welt von dieser Schuld, indem er seinen Sohn Mensch werden und ihn stellvertretend für alle Menschen sterben läßt.
Christus Tod am Kreuz ist jedoch nur die Voraussetzung für die endgültige Erlösung. Der Mensch muß die Gnade Gottes annehmen, indem er an Christus glaubt. Als Folge dieses Glaubens ergibt sich dann die Abkehr von der Sünde, und der so Geläuterte verdient sich das ewige Leben an der Seite Gottes.
Die weitere Entwicklung des Christentums und seiner Ausbreitung kann in dieser Kurzdarstellung nicht beschrieben werden. Wir werden darauf detaillierter in Teil II eingehen. Die Diskussion der folgenden Glaubenselemente berücksichtigt allerdings auch die spätere Entwicklung.

Götter und Dämonen

Das Christentum ist wie das Judentum ein *monotheistischer* Glaube. Sein Gott ist allwissend, allmächtig und allgegenwärtig, seine Einheit als Dreiheit zu verstehen: Es existiert der Vater, der Sohn und der Heilige Geist. Jede dieser drei Gestalten repräsentiert einen Teilaspekt Gottes. Jesus Christus ist der Sohn Gottes, der menschgewordene Gott, der zur Erde stieg, um der Menschheit ihre Erlösung zu verkünden (s. dazu den folgenden Abschnitt). Der Heilige Geist

wirkt als lebensspendende Kraft. Er wurde als Pfand des zukünftigen Reiches Gottes auf die Erde geschickt, zur Einigung der christlichen Glaubensgemeinschaft.
Die Aufwertung Jesu auf eine Ebene mit Gottvater hat sich erst allmählich, nach Durchlaufen etlicher Zwischenstufen vollzogen. Wir wollen kurz die wesentlichen Stadien dieser Entwicklung (in alphabetischer, nicht in zeitlicher) Reihenfolge skizzieren:
Im *Adoptianismus* ist Jesus nicht göttlich, sondern erst durch die Taufe im Jordan zum Sohn Gottes geworden. Im *Apollinarismus* hat Christus keine menschliche Seele. Im *Arianismus* ist Jesus nicht wesensgleich mit Gottvater, sondern diesem untergeordnet, während der *Athanasianismus* den Sohn mit dem Vater als wesensgleich (consubstantialis, homousious) ansieht. Im *Ebionismus* ist Christus ein gewöhnlicher Mensch und Prophet. Der *Homöismus* sieht Christus mit dem Vater wesensähnlich aber nicht mit ihm wesensgleich. Der *Monophysitismus* erkennt in der Person Jesu nur eine einzige Natur an. Im Unterschied dazu sieht der *Nestorianismus* in der Person Jesu zwei Wesen nebeneinander, den Menschen und den Gott. Der *Sabellianismus* läßt geringe Unterschiede zwischen Gottvater und Gottsohn zu.

Der heftigste Kampf wurde zwischen dem Arianismus und dem Athanasianismus ausgefochten, aus dem der Athanasianismus schließlich als Sieger hervorging: Die Synode von Konstantinopel legte im Jahre 381 fest, daß Vater, Sohn und Heiliger Geist drei verschiedene Personen, aber nur eine Substanz darstellen.

Auch die Vorstellung, daß Jesus auf übernatürlichem Weg von einer Jungfrau geboren wurde, hat sich erst allmählich entwickelt. Paulus, der ihn bereits als Sohn Gottes ansieht, weiß noch nichts davon: „..der geboren ist von dem Samen Davids nach dem Fleisch und kräftig erwiesen ein Sohn Gottes nach dem Geist" (Röm. 1,3 ff.).[40]
Die Weiterentwicklung der Vorstellung von Jesu Erbsündenfreiheit führt konsequenterweise dazu, daß man auch Maria von der Erbsünde frei sieht, was im Jahre 1854 durch Papst Pius IX. als Dogma der Unbefleckten Empfängnis verkündet wird.

Der Gegenspieler Gottes ist der Satan. So wie Gott über den Himmel herrscht, ist Satan das Oberhaupt der Hölle. So wie die Engel den Hofstaat Gottes bilden, sind Dämonen die Untertanen Satans. So wie Gott im Himmel über die Gottesfürchtigen herrschen wird, so gebietet Satan über die Gottlosen in der Hölle. Der Kampf zwischen den lichten und den dunklen Mächten um einen Menschen wird ausschließlich im Diesseits ausgetragen – im Jenseits sind die Weichen auf ewig festgelegt. Die Einflußnahme von Satan und seinen Dämonen auf den Menschen kann auf verschiedene Art erfolgen. Neben Versuchungen des menschlichen Willens können sich die Dämonen auch in den Körper des Menschen einnisten, was sich in der Besessenheit des Wirtes ausdrückt. Eine genauere Darstellung des Satanbildes im Wandel der Zeit geben wir in Kapitel II.6.

Unsterblichkeit

Im Christentum existieren wie im Judentum die zwei Existenzebenen Diesseits und Jenseits, wobei das Jenseits in drei Bereiche aufgeteilt ist: Himmel, Fegefeuer und Hölle. Ins Fegefeuer kommen moralisch etwas angekränkelte, aber besserungsfähige Menschen, die Aufteilung des Restes auf Himmel und Hölle geschieht nach ähnlichen Voraussetzungen wie im Judentum. Die Vorstellung von Himmel, Fegefeuer und Hölle haben sich im Laufe der Zeit verändert (vgl. dazu die Schilderungen des Alten Testaments in I).

Beginnen wir mit der Hölle. Jesus' Aussagen über die Hölle orientieren sich an den bereits dargelegten jüdischen Vorstellungen. Er spricht von einem „Feuer der Hölle“ (Mt 5,22), aber gleichzeitig auch von einer „äußersten Finsternis“, wo „Heulen und Zähneknirschen“ herrscht (Mt 8,12; 2,13; 23,30;), was etwas befremdet, da Feuer und Finsternis schwer gemeinsam vorstellbar sind. In späteren Jahrhunderten wurden die Höllenvorstellungen wesentlich deutlicher. In der zwischen 100 und 150 entstandenen *Petrus-Apokalypse* heißt es[46]:

„Ich sah einen Ort, einen ganz düsteren; und dies war der Ort der Strafe, und die dort gestraft wurden, wie auch die strafenden Engel trugen das finstere Gewand. Und etliche waren dort an ihrer Zunge aufgehängt. Das waren die, welche den Weg der Gerechtigkeit gelästert hatten, und unter ihnen lag Feuer, das loderte und quälte sie. Und es war ein großer See da, gefüllt mit brennendem Schlamm, in welchem etliche Menschen steckten, und quälende Engel setzten ihnen zu. Es waren aber auch andere da: Frauen, an ihren Haaren über jenem kochenden Schlamm aufgehängt. Das waren die, welche sich zum Ehebruch geschmückt hatten. Diejenigen Männer aber, welche sich zur ehebrecherischen Befleckung mit ihnen vereinigt hatten, waren an den Füßen aufgehängt, und hatten ihre Häupter im Schlamm, und mit lauter Stimme riefen sie: „Wir hätten nicht geglaubt, an diesen Ort zu kommen:" und ich sah die Mörder und ihre Mitwisser, in eine Schlucht voll giftigen Gewürms geworfen, und geplagt von jenen Tieren und so sich windend in ihrer Qual. Die Seelen der Ermordeten aber standen dabei, schauten die Strafe jener Mörder und sprachen: „O Gott, gerecht ist dein Gericht."

Die Petrus-Apokalypse gehört nicht zu den Schriften des Neuen Testaments, hat aber trotzdem großen Einfluß auf die weitere Gestaltung des Christentums ausgeübt. Natürlich fällt es schwer, jene Leute zu verstehen, die einerseits von einem Gott der Liebe sprechen, ihm andererseits derartig pervertiert übertriebene Strafen zutrauen. Aus dieser Beschreibung tönt die helle Schadenfreude am Schicksal der Unglücklichen. Der große *Thomas von Aquin* (1225?-1274) nimmt eine vermittelnde Haltung ein. Er meint, die Freude der Geretteten bezieht sich nicht auf die Qualen der Verdammten, sondern auf Gottes Gerechtigkeit. Seine genauere Begründung lautet:

„Etwas kann auf zweifache Weise ein Gegenstand der Freude sein: einmal an sich, wenn man sich nämlich über etwas als solches freut. Und in diesem Sinn werden sich die Heiligen nicht über die Strafe der Gottlosen freuen. Zum anderen beiläufig, das heißt wegen irgendetwas, was damit verbunden ist. Und auf diese Weise werden die Heiligen sich über die Strafen der Gottlosen freuen, indem sie in ihnen die Ordnung der göttlichen Gerechtigkeit und ihre eigene Befreiung sehen, über die sie sich freuen. Und so werden an sich die Göttliche Gerechtigkeit und ihre eigene Befreiung die Ursache der Freude der Seligen sein, die Strafe der Verdammten aber nur beiläufig."

Spätere Auffassungen sehen die Hölle als Ort der Abwesenheit Gottes, die Qualen der Sünder werden durch das Bewußtsein des Verlustes der ewigen Seligkeit bewirkt. Manche moderne Theologen fassen die Hölle als ewigen Tod auf: Der Verlust des von Gott gewährten ewigen Lebens ist die härteste Strafe. Andere wiederum wissen die Ewigkeit der Höllenstrafe vernunftgemäß zu begründen:

„Die schwere Sünde besitzt eine unendliche Bosheit und verdient eine unendliche Strafe. Einer solchen aber ist ein endliches Wesen nicht fähig. Was von der Strafe an Intensität oder Größe abgeht, das wird durch die Dauer einigermaßen ersetzt ... Nicht nur seine Gerechtigkeit, sondern auch seine Barmherzigkeit und Weisheit gab Gott kund, indem er der schweren Sünde eine ewige Strafe bestimmte. Tausende, die jetzt der ewigen Freude teilhaftig werden, würden ihr Ziel verfehlt haben, wenn Gott für die schwere Sünde nur eine zeitliche Strafe bestimmt hätte und nun nach dieser Vernichtung eintreten ließe; denn eben die Furcht vor einer ewigen Strafe hielt sie auf dem rechten Wege und führte sie so zur ewigen Freude." (Wilmers)

Wenden wir uns nun dem Fegefeuer zu, von dem das Alte Testament noch nichts Konkretes weiß. Allerdings ist bereits hier im Zusammenhang mit dem Vorgang der Läuterung vom Feuer die Rede.
Ab dem 8. Jahrhundert sieht man das Fegefeuer als Ort einer reinigenden Strafe an: Die Menschen müssen sich durch Buße die himmlische Seligkeit verdienen, da sie im Diesseits dafür nicht genug investiert haben. Im Mittelalter wird die Vorstellung des Fegefeuers wieder detaillierter. Noch im 18. Jahrhundert schreibt der italienische Prediger *Leonardo von Porto Maurizio* (1676–1751):

„Wenn es zutrifft, daß das gleiche Feuer sowohl die Verdammten in der Hölle wie auch die Seelen im Fegefeuer peinigt (Leonardo sieht das Fegefeuer als einen Teil der Hölle), so liegt die Schlußfolgerung nahe, daß dieses Feuer im Fegefeuer viel heißer brennt als in der Hölle. Aus Erfahrung wissen wir nämlich, daß das Feuer ärger wütet, wenn es einen weniger geeigneten Gegenstand anfällt, nicht so arg hingegen, wenn es einen geeigneten verzehrt. Zündet man trockenes Holz an, entwickelt sich das Feuer leicht und regelmäßig. Setzt man hingegen grünes Holz in Brand, so stiebt und funkt und kracht es aufs ge-

waltigste. Was also wundert ihr euch, wenn ich behaupte, daß das Feuer des Reinigungsortes viel heftiger lodert, als jenes in der Hölle? Denn auf das Höllenfeuer sind die Seelen sozusagen vorbereitet. So ist eine leichtfertige Frauensperson, die jahrelang in ihrer Begierde brannte, in gewisser Weise einem glühenden Kohlenhaufen vergleichbar. Gegen eine solche Seele muß das Höllenfeuer gar nicht erst ankämpfen. Die Seelen im Fegefeuer hingegen sind dem grünen Holz vergleichbar; viel rasender und gewalttätiger frißt sich das Feuer in sie hinein.“

Wie sieht nun der Himmel des Christentums aus? Im Unterschied zu Hölle und Fegefeuer sind die Vorstellungen über den Himmel nicht allzu deutlich. Ob es sich dabei um das Paradies des Alten Testamentes handelt, ist nicht klar ersichtlich. Einmütig wird der Himmel als Wohnstätte Gottes angesehen. Für die Gerechten wird er eine Stätte von Heil und ewigem Leben sein.
Eine ausführliche Beschreibung von Himmel, Fegefeuer und Hölle liefert der italienische Dichter *Alighieri Dante* (1265–1321) in seiner *Göttlichen Komödie*. Dante mußte seine Heimatstadt Florenz 1302 aus politischen Gründen verlassen und führte anschließend ein unstetes Wanderleben durch Italien. In diesen Jahren der Wanderschaft schuf er die Divina Commedia. Dante beschreibt hier, wie er auf der Flucht vor Feinden an einem Karfreitag den Geist des lateinischen Dichters Vergil trifft. Vergil meint, Dante könne seinen Feinden nur entkommen, wenn er den Weg durch die Hölle nähme, von wo aus er dann weiter über das Fegefeuer ins Paradies gelangen würde. Dante folgt seinem Führer in die Tiefe der Erde, wo sie immer größere Sünder antreffen, die im Ausmaß ihres Vergehens gepeinigt werden. Im Mittelpunkt der Erde befinden sich Judas und Brutus, von Satan persönlich gefoltert. Durch einen dunklen Tunnel entsteigen die beiden Dichter der Hölle und gelangen an den Fuß des Läuterungsberges, der die Funktion des Fegefeuers versinnbildlicht. Je nach Schwere der Sünden sitzen die Seelen hier tiefer oder höher und arbeiten an der Tilgung ihrer Schuld. Am Gipfel des Berges angelangt, sieht Dante vor sich das Paradies liegen. Seine weitere Begleitung übernimmt an dieser Stelle Beatrice, die früh verstorbene Jugendliebe, da Vergil als Heide das Paradies nicht betreten darf.

Unter Beatrices Führung ersteigt Dante immer schwereloser die luftigen Gefilde, er begegnet den Aposteln Petrus und Johannes sowie der Jungfrau Maria, auf deren Fürsprache er schließlich einen Blick auf das höchste Geheimnis, die Heilige Dreifaltigkeit, werfen darf. Das Werk ist der großartige Versuch einer Synthese von christlicher und heidnischer Welt, ganz im Stile der Florentiner Renaissance.

Die Frage, in welcher Gestalt wir das Jenseits erleben, ist im Christentum nicht eindeutig beantwortet. Wie auch im Judentum existieren hier zwei teilweise widersprüchliche Anschauungen, weil zwei verschiedene Auferstehungsmechanismen parallel verwendet werden. Wir wollen diese Problematik auf den folgenden Seiten etwas näher beleuchten.
Der Auferstehungsglaube des Urchristentums orientiert sich weitgehend an den jüdischen Vorstellungen jener Zeit. Am Ende aller Zeit, d.h. am Jüngsten Tag, kommt Gott, um sein Reich zu errichten, wobei er die Toten wieder zum Leben erwecken wird. Wie man sich diese Wiedererweckung vorzustellen hat, darüber gibt Paulus in seinem ersten Korintherbrief Aufschluß[41]:

„Nun könnte einer fragen: Wie werden die Toten auferweckt; was für einen Leib werden sie haben? Was für eine törichte Frage! Auch das, was du säst, wird nicht lebendig, wenn es nicht stirbt. Und das was du säst, hat noch nicht die Gestalt, die entstehen wird; es ist nur ein nacktes Samenkorn, zum Beispiel ein Weizenkorn oder ein anderes. Gott gibt ihm die Gestalt, die er vorgesehen hat, jedem Samen eine andere. Auch die Lebewesen haben nicht alle die gleiche Gestalt. Die Gestalt der Menschen ist anders als die der Haustiere, die Gestalt der Vögel anders als die der Fische. Auch gibt es Himmelskörper und irdische Körper. Die Schönheit der Himmelskörper ist anders als die der irdischen Körper. Der Glanz der Sonne ist anders als der Glanz des Mondes, anders als der Glanz der Sterne; denn auch die Gestirne unterscheiden sich durch ihren Glanz. So ist es auch mit der Auferstehung der Toten. Was gesät wird, ist verweslich, was auferweckt wird, unverweslich. Was gesät wird, ist armselig, was auferweckt wird, herrlich. Was gesät wird, ist schwach, was auferweckt wird, ist stark. Gesät wird ein irdischer Leib, auferweckt ein überirdischer Leib.“ (1 Kor. 15,35–44).

Paulus unterscheidet hier also zwischen dem diesseitigen, materiellen Leib, und dem „überirdischen" Leib, wobei die genauere Übersetzung des griechischen Textes „geist-bestimmter" Leib lautet. Damit wird deutlich, daß man sich die Auferstehung der Toten nicht in einem grob physizistischen Sinne vorstellen darf. Der Auferstehungsleib ist ein *Geistleib,* somit in gewisser Weise immateriell.
Diese Anschauung wird auch durch die Schilderung des auferstandenen Jesu durch die Evangelisten betont. Er wirkt materiell, da er sich von seinen Jüngern berühren läßt und mit ihnen ißt. Andererseits erscheint er den Jüngern trotz verschlossener Türen, und sie erkennen ihn anfangs auch nicht. In dieser Schilderung erscheinen also ebenfalls beide Aspekte – der materielle und der immaterielle.
Paulus' Vorstellung einer nicht rein materiellen Auferstehung vermeidet auch jene Peinlichkeiten, die später bei der Diskussion über die Auferstehung verstümmelter Menschen oder von Kannibalen auftraten. In welcher Form werden verstümmelte Menschen wiedererweckt, und wie verhält es sich mit Kannibalen, deren Zellen schließlich zum Großteil aus der Substanz anderer Menschen bestehen? Diese Probleme ergeben sich jedoch nur, wenn man die Auferstehung rein materiell interpretiert!

Es wäre nun völlig falsch, sich unter dem immateriellen Auferstehungsleib die Seele vorzustellen. Die Seele spielt in der Auferstehungstheorie des Urchristentums keine Rolle. Der Dualismus zwischen einer (geist)leiblichen Auferstehung und einer unsterblichen Seele kam erst durch die Verschmelzung urchristlichen Gedankengutes mit griechischen Vorstellungen zustande. In diesem Zusammenhang muß darauf hingewiesen werden, daß das Christentum zwar aus jüdischen Vorstellungen erwuchs, sich in der semitischen Welt aber nicht durchsetzen konnte. Es breitete sich jedoch sehr rasch im griechischen Kulturraum aus, wobei es natürlich verschiedene Vorstellungen dieser Kultur übernahm. Wir werden auf diesen Prozeß der Verschmelzung in Kapitel II ausführlicher eingehen. Hier soll nur festgehalten werden, daß über diesen Umweg die Vorstellung der unsterblichen Seele Eingang in das Christentum fand, womit nun – wie auch im späten Judentum – zwei parallele Un-

sterblichkeitsmechanismen wirksam waren. Man vertrat nun die Anschauung, daß sich im Tode die unsterbliche Seele vom sterblichen Körper trennt und vor Gottes Gericht tritt, während der Körper im Grabe ruht. Am Jüngsten Tag wird der Körper wiedererweckt und mit der Seele vereint.
Diese Auffassung ist auch heute noch vielfach vertreten, obwohl sie natürlich eine sehr wacklige Konstruktion darstellt. Irgendwie ist es schwer vorstellbar, daß die Seele extra abgeurteilt wird, da damit das Gottesgericht am Jüngsten Tag zu einer Wiederholung einer bereits individuell durchgeführten Gerichtsverhandlung degradiert wird. Dieser Anschauung beugen sich heute auch eine Anzahl Theologen, die folgenden Ausweg aus dem Dilemma weisen:

Die Auferstehung findet nicht am Ende aller Zeiten statt, sondern bereits im Tod.

Damit ist die Leib/Seele-Einheit gewahrt, wie sie im Judentum und im Urchristentum intuitiv gegeben war, und auch die anderen oben angeführten Widersprüche eliminiert. Wesentlich ist, daß diese Vorstellung wiederum eine nichtphysizistische Auferstehung des Leibes voraussetzt: erfahrungsgemäß erscheinen die Toten nicht mehr in unserer raumzeitlichen Dimension.
Die obigen Überlegungen unterstreichen, wie verschiedene fundamental scheinende Aussagen der Religionen oftmals implizit widersprüchlich sind, wobei diese Widersprüchlichkeit fallweise durch eine nicht völlig geglückte Verschmelzung verschiedenen Gedankengutes entstanden ist.

Die christliche Bibel

Die christliche Bibel umfaßt das *Alte Testament* und das *Neue Testament.* Das Alte Testament der Christen enthält die Bücher der jüdischen Bibel in einer etwas anderen Anordnung. Während die fünf Bücher Mose ungeändert als *Pentateuch* übernommen wurden, gliederte man die Propheten und die Schriften anders. Leider wurde dabei die zeitliche Abfolge nicht konsequent berücksichtigt, was das Lesen einiger Bücher erschwert.

Das Neue Testament besteht aus den *Evangelien* und den *Apostelbriefen*. Die Evangelien entstanden etwa im Zeitraum zwischen 70 n. Chr. und 100 n. Chr., wobei die genauen Entstehungszeiten noch umstritten sind. Es existieren vier Evangelien: das *Matthäusevangelium*, das *Markusevangelium*, das *Lukasevangelium* und das *Johannesevangelium*, die das Leben und Wirken Jesu schildern. Die ersten drei Evangelien bezeichnet man als *synoptische Evangelien*. Sie weisen große Ähnlichkeit auf, sowohl im Wortlaut vieler Aussprüche, als auch in der zeitlichen Abfolge der Berichte. Viele Theologen vertreten die Ansicht, daß das Markusevangelium als erstes entstand und anschließend von Matthäus und Lukas auf etwas unterschiedliche Art erweitert wurde.

Das Johannesevangelium unterscheidet sich jedoch in mancher Weise von den drei anderen Evangelien. Beispielsweise betonte Johannes die Einheit von Jesus zum Vater, wovon in den anderen Quellen keine Rede ist.

Neben den vier genannten Evangelien entstanden in den beiden ersten nachchristlichen Jahrhunderten noch zahlreiche andere. Ein Beispiel dafür ist das apokryphe *Thomasevangelium*, das im Unterschied zu den vier autorisierten Schriften etliche Aussagen über Jesus' Jugend enthält. Hier wird beschrieben, daß Jesus bereits als Kind über wunderbare Kräfte verfügte. Bei Raufereien mit anderen Kindern tötete Jesus die Widersacher, belebte sie aber anschließend wieder. Kein Wunder, daß die Kirche dafür wenig Verständnis zeigte. Gegen Ende des 2. Jh. wurden nur noch die vier oben zitierten Evangelien anerkannt.
Die an erster Stelle stehenden Evangelien sind jedoch nicht die frühesten Schriften des Neuen Testamentes. Diese werden durch die Briefe des Apostels Paulus gebildet, die etwa aus der Mitte des ersten Jh. n. Chr. stammen.

Der Werdegang der Bibelübersetzungen ist nicht ganz einfach. Grundlage des Alten Testamentes war die *hebräische Bibel.* Da viele Juden kein Hebräisch beherrschten, wurde die Bibel ins Griechische übersetzt. Angeblich sollen an dieser griechischen Fassung 70 jüdische Gelehrte gearbeitet haben, weshalb sie als *Septuaginta* (= 70 auf lateinisch) bezeichnet wird. Später existierten auch mehrere lateinische Fassungen verschiedener, oft mangelhafter Qualität. Um diesem Übelstand zu begegnen, bat im Jahre 303 Papst Damasus I. den Kirchenvater *Hieronymus* um die Erstellung einer sorgfältigen lateinischen Bibelübersetzung. Hieronymus kam diesem Verlangen nach und schuf in zwanzigjähriger Arbeit die *Vulgata,* die schließlich zur autorisierten Bibel der katholischen Kirche ernannt wurde. 1979 wurde sie durch die verbesserte *Nova Vulgata* (Neue Vulgata) ersetzt. Bei seiner Arbeit hatte sich Hieronymus auf den hebräischen Urtext, die Septuaginta und einige lateinische Versionen gestützt. In jüngster Zeit erheben sich Stimmen, daß die Vulgata (und auch die Nova Vulgata) grundsätzliche Mängel aufweist, die Ursache für viele diesseitsfeindliche Anschauungen des Christentums sind.
Die deutsche Bibelübersetzung wurde von *Martin Luther* in den Jahren zwischen 1522–1534 vorgenommen. Um 1900 existierte die Bibel bereits in 117 Sprachen, 1990 in 310. Einzelne Teile sind noch in wesentlich mehr Sprachen übersetzt worden.

Neben die Heilige Schrift stellt die katholische Kirche die Überlieferung (Konzilsbeschlüsse, Schriften der Kirchenväter (s. dazu Teil II), etc.) als gleichwertige Glaubensquelle. Doch weder die Heilige Schrift, noch die Überlieferung zusammen sind als ausschließliche Richtschnur des katholischen Glaubens zu sehen. Ein wichtiger zusätzlicher Faktor ist das Prinzip der „Glaubensregel“: Die unter der Leitung des Heiligen Geistes stehende katholischen Kirche ist im Besitz der unverfälschten Wahrheit.
Im Unterschied dazu sehen die Protestanten in der Heiligen Schrift die einzige Glaubensquelle.

Praktische Ethik. Sakramente

Grundlegender Moralkodex sind wie im Judentum die Zehn Gebote. Voraussetzung für den Weg zum Heil ist der Glaube. Der Christ hat diese gläubige Gesinnung im täglichen Leben durch Vollbringung guter Taten zu unterstreichen, wie Gebete, Fasten, Almosengeben, Wallfahrten, usw. Weiter wird im Christentum die *agape*, die Nächstenliebe, stark betont.

Während Katholizismus und die griechische Kirche den Glauben im Sinne eines Überzeugtseins von der Offenbarung sehen, interpretiert der Protestantismus diesen Begriff etwas anders. Für ihn ist Glaube nicht bloß ein Überzeugtsein, sondern Vertrauen zur Gnade.

Als rituelle, dem Gläubigen göttliche Gnade spendende Handlungen kennt der Katholizismus *sieben Sakramente.* Es sind dies die Sakramente der *Taufe*, der *Firmung*, der *Eucharistie*, der *Buße*, der *Krankensalbung*, der *Priesterweihe* und der *Ehe*. (Der Protestantismus erkennt nur Taufe und Eucharistie an.)

Durch das Sakrament der Taufe wird man nach katholischer Anschauung von der Erbsünde befreit und in die christliche Gemeinschaft aufgenommen. Nach protestantischer Meinung tilgt die Taufe hingegen nicht die Erbsünde selbst, sondern nur die damit verbundene, zum Verderben führende Schuld.

Die Firmung ergänzt die Taufe zu einem Zeitpunkt, wo der Mensch reif für eine bewußte Annahme des Glaubens ist. Sie wird vom Bischof erteilt.

Das wichtigste Sakrament ist die Eucharistie („gute Gabe"). Sie tilgt läßliche Sünden und schützt gegen Todsünden. Nach katholischer Anschauung verwandelt der Priester bei der Eucharistie Brot und Wein in Leib und Blut Christi. Diese Verwandlung wird als „Transsubstantiation" bezeichnet. Dabei wird die Substanz des Brotes und Weines in den Leib und das Blut Christi umgewandelt, während die äußere Gestalt von Brot und Wein erhalten bleiben. Auch die Lutheraner stehen dieser Anschauung nahe, während der Calvinismus die Anwesenheit Christi bloß sinnbildlich auffaßt.

Im Sakrament der Buße vergibt Gott dem aufrichtig bereuenden Sünder durch das Wort eines Priesters. Durch dieses Sakrament kön-

nen alle nach der Taufe begangenen Sünden nachgelassen werden.
Das Sakrament der Krankensalbung bzw. Letzten Ölung soll den Leidenden stärken und auf seinen Heimgang vorbereiten. Es tilgt läßliche Sünden und ihre Folgen.
Das Sakrament der Priesterweihe wird vom Bischof gespendet, und berechtigt zur Ausübung von Kirchenämtern. Mit diesem Sakrament wird ein „unauslöschlicher" Charakter erworben.
Im Unterschied zu allen anderen Sakramenten ist jenes der Ehe das einzige, das nicht vom Priester gespendet wird, sondern die Ehegatten spenden sich dieses Sakrament gegenseitig. In der Verbindung von Mann und Frau durch das Sakrament der Ehe spiegelt sich jene von Christus mit der Kirche. Nach katholischer Anschauung ist die Ehe unlöslich, die griechische Kirche scheidet wegen Ehebruch.

3. Der Islam

Geschichtliche Grundlagen

Am Ende des sechsten nachchristlichen Jahrhunderts rangen zwei Großmächte um die Palme der Weltherrschaft: Byzanz als Nachfolger Roms und das Persische Reich. Niemand hätte sich träumen lassen, daß von der zwischen Afrika und Mesopotamien eingekeilten arabischen Halbinsel eine Entwicklung ausgehen sollte, die in kürzester Zeitspanne die Kräfteverhältnisse im Nahen Osten völlig umkrempeln und den Anspruch von Byzanz und Persien gleichermaßen vernichten sollte.

Die Bewohner Arabiens waren semitischen Ursprungs, sie führten ihre Abstammung wie Juden und Christen auf *Abraham* zurück. Zum großen Teil waren es Beduinen, die als Wüstennomaden lebten: Sie pendelten zwischen Oasen und Weidegebieten in einem durch die Jahreszeiten festgelegten Rhythmus. Ihre religiösen Vorstellungen waren vielschichtig: Es gab Stammesgottheiten und böse Geister, gegen die man sich mit Amuletten und Zaubersprüchen wehren konnte. Weiter waren auch Anschauungen der Juden und Christen bis Ende des sechsten Jahrhunderts eingesickert.
Zu diesem Zeitpunkt war Mekka eine der wichtigsten Städte Arabiens. Hier trafen mehrere Karawanenstraßen zusammen, und es herrschte reger Handel zwischen den Karawanen und den etwa dreitausend Einwohnern.
Daß in diesem ausgedörrten Wüstental Leben überhaupt möglich war, bewirkte der auf dem Marktplatz Mekkas befindliche *Samsambrunnen*, der nach der Legende durch Ismael, einen Sohn Abrahams, entdeckt wurde. Das wichtigste Heiligtum in Mekka war die *Kaaba*. Dieser Schrein beherbergte neben dem Hauptgott *Hubal* etwa 360 weitere Götter, bot also für beinahe jeden Besucher die Möglichkeit

zu religiöser Andacht. Samsambrunnen und die Kaaba machten die Bedeutung von Mekka als Oase und religiösem Schmelztiegel aus. In diesem Ort lebte der Kaufmann *Mohammed ibn Abdallah*, dem in mittleren Jahren eine göttliche Offenbarung zuteil wurde, die er in den folgenden zwei Jahrzehnten in die Welt trug. Seine Botschaft sollte das Gesicht des Nahen Osten völlig verändern und die internationale Politik bis heute mitgestalten.

Mohammed

Über Mohammeds Leben sind wenige gesicherte Angaben vorhanden. Angeblich wurde er um 572 n. Chr. in Mekka geboren, als Sohn einer angesehenen, aber nicht wohlhabenden Familie. Sein Vater stirbt kurz vor seiner Geburt, und die Mutter gibt das Kind zu einer Amme eines Beduinenstammes. Als Mohammed sechs Jahre als ist, holt ihn die Mutter zu sich, stirbt aber bald darauf, so daß der Großvater väterlicherseits die Erziehung übernehmen muß. Nach dem baldigen Tode des Großvaters kommt Mohammed schließlich zu *Abu Talib*, einem Onkel und wohlhabenden Kaufmann.
Bei Abu Talib wird Mohammed zum Kaufmann ausgebildet, wobei er angeblich sehr erfolgreich ist. Als Fünfundzwanzigjähriger macht Mohammed durch Vermittlung seines Onkels die Bekanntschaft der vierzigjährigen reichen Witwe *Chadidscha*, die ihn als Führer ihrer Karawanenzüge einstellt. Bald darauf heiraten die beiden. Chadidscha schenkt ihm sechs Kinder, vier Töchter und zwei Söhne, die jedoch beide im Kindesalter sterben.
Jedes Jahr zieht sich Mohammed in eine Grotte auf dem nicht weit von Mekka gelegenen Berg Hira zurück, wo er sich der Meditation und dem Gebet hingibt. Eines Nachts im Jahre 610 hört Mohammed in der Grotte das Geläute von Glocken, und eine Stimme, die zu ihm über den Gott Allah und sein Wesen spricht. Mohammed vertraut sich darauf Chadidscha und einem ihrer Verwandten an, einem älteren, zum Christentum übergetretenen Vetter. Dieser beruhigt Mohammed, der an seinem Verstand zweifelt, und versichert

ihm, daß er eine Offenbarung empfangen hätte, wie sie auch den Propheten des Alten Testamentes zuteil geworden war.
Im Laufe der nächsten Monate werden Mohammed weitere Offenbarungen zuteil, die er sich alle gehorsam einprägt. Diese Botschaften sind ähnlich wie jene an die biblischen Propheten: Es wird das Bekenntnis zu einem einzigen Gott *Allah* gefordert und vor Götzendienst gewarnt. Weiter wird das Jüngste Gericht angekündigt, und das Leben nach dem Tode beschrieben: Das Paradies für die Guten, ewige Verdammnis für die Schlechten.
Mohammed fühlte das Bedürfnis, sich mitzuteilen. Zunächst sprach er nicht öffentlich, sondern nur heimlich zu kleinen Gruppen. Die ersten, die zum Islam übertraten, waren seine Frau Chadidscha, sein Vetter *Ali*, und ein befreundeter Kaufmann mit dem Namen *Abu Bakr*. Die beiden letztgenannten sollten in der Geschichte des Islam noch eine bedeutende Rolle spielen.
Im Jahre 613, drei Jahre nach der ersten Offenbarung durch den Erzengel Gabriel, predigte Mohammed zum ersten Male öffentlich und gewann in kurzer Zeit viele Anhänger. Der herrschende Adel in Mekka betrachtete diese Entwicklung aus zwei Gründen sehr sorgenvoll. Erstens schien Mohammeds Verbot der Vielgötterei die Pilgerzüge zur Kaaba zu stören, und zweitens stach ihnen das Eintreten Mohammeds für die Armen in die Nase. Dabei hatte der Prophet die *sakat* eingeführt, eine Besteuerung des überschüssigen Einkommens, die den Armen zugute kommen sollte. Daher begann der Adel Front gegen Mohammed zu machen, der jedoch trotz aller Anfeindungen mehrere Jahre in Mekka verblieb.
Als sich die Dinge immer mehr zuspitzten, verließen die Anhänger Mohammeds Mekka in kleinen Gruppen und siedelten sich in der 435 km entfernten Oasenstadt Jatrib an. Im Jahre 622 folgten ihnen Mohammed und sein Freund Abu Bakr. Diese Auswanderung wird als *Hedschra* (Flucht) bezeichnet und stellt den Bruch mit der Gesellschaft dar. Das Jahr 622 wird zum Ausgangspunkt der moslemischen Zeitrechnung, die Oase erhielt den neuen Namen *Medina*, was „Stadt des Propheten“ bedeutet.
Mit dieser Umsiedlung waren auch große materielle Probleme verbunden. Die Anhänger des Propheten waren großteils Kaufleute und

Karawanentreiber und hatten kein Geschick zur Landwirtschaft, wie es das Leben auf der Oase eigentlich voraussetzt. Daher begannen sie, die Karawanen ihrer natürlichen Feinde, der reichen Adeligen aus Mekka, zu überfallen. In den folgenden drei Jahren erzielte Mohammed bei diesen Unternehmungen größere militärische Erfolge, die ihn in der Achtung der verschiedenen Beduinenstämme stark steigen ließen: Sie kündigten den Führern Mekkas die Gefolgstreue und machten statt dessen mit Mohammed Geschäfte. Damit gewannen die Moslems immer mehr Kontrolle über die Handelsstraßen.
In diese Zeit erster größerer Erfolge fällt auch der Bruch mit den Juden. Bei der Auseinandersetzung zwischen den Anhängern Mohammeds und dem Adel aus Mekka hatten jüdische Sippen aus Medina mit dem Feind konspiriert, worauf die Moslems unbarmherzig reagierten. Seit dieser Zeit standen sich Moslems und Juden feindlich gegenüber.

Im Jahr 630 hatte Mohammed genug Anhänger, um gegen das starke Mekka vorzugehen. An der Spitze von 10 000 Mann rückte er gegen die Stadt vor, die er vor acht Jahren als Flüchtling verlassen mußte. Die Stadtväter ergaben sich überraschend schnell, und der Großteil der Mekkaner trat zum neuen Glauben über. Nach diesem Erfolg scharten sich die meisten der noch widerstrebenden Beduinenstämme um das Banner des Islams. Im Jahre 632, wenige Monate vor seinem Tode, pilgert Mohammed mit seinen Anhängern nochmals nach Mekka und zum Berg Arafa, wo er seine Abschiedsbotschaft verkündet. Dieses Ereignisses gedenken die Gläubigen durch die *Hadsch* (hadjdj). Mohammed stirbt am 8. Juli 632.

Die ersten Kalifen

Der Prophet hatte keinen Nachfolger bestimmt. Man einigte sich auf Abu Bakr, seinen Freund und Gefährten. Abu Bakr nahm den Titel *Kalif* an, was soviel wie „Nachfolger“ bedeutet. In seiner kurzen Regierungszeit von 632–634 hatte Abu Bakr mit zwei Problemen zu kämpfen. Zunächst gab es eine Partei, die mit seiner Wahl nicht zufrieden war. Mohammeds engster Verwandter war sein Vetter Ali, der ebenso wie Abu Bakr selbst zu den Getreuesten der ersten Stunde zählte. Darüberhinaus war er mit Mohammeds Tochter Fatima verheiratet und Vater des einzigen noch lebenden Enkels des Propheten. Nach Ansicht einer Minderheit schien dies Ali als Nachfolger zu legitimieren. Die zweite Schwierigkeit bestand darin, daß nun viele arabische Stämme vom Islam abfielen. Sie waren der Ansicht, daß ihre gelobte Gefolgschaft nur dem Führer Mohammed, nicht jedoch der neuen Religion gegolten habe. Abu Bakr sah seine Aufgabe darin, diese Stämme eines Besseren zu belehren, und er hatte Erfolg. Nach zwei Jahren blutiger Kämpfe war ganz Arabien unter dem Banner des Islam geeint.

Nach Abu Bakrs Tod übernahm *Omar ibn al-Chattab* die Herrschaft. Er vertrat eine Politik der starken Expansion unter dem Grundsatz des *dschihad*. Dschihad bedeutet Heiliger Krieg, womit ursprünglich der Kampf gegen die Versuchungen des Teufels gemeint war, bald jedoch als Kampf für Allah und gegen die Ungläubigen interpretiert wurde. Die Moslems überfluteten Palästina und Syrien, kämpften erfolgreich gegen die byzantinische Streitmacht, und eroberten 637 Jerusalem. Innerhalb eines Jahrzehntes waren sie bis an die Grenzen Indiens vorgedrungen.

Im Jahr 644 wurde Omar auf dem Höhepunkt seiner Macht durch einen persischen Christen mit einem vergifteten Dolch getötet. Sein Nachfolger war *Osman*, unter dem sich der Islam noch weiter ausbreitete. Trotzdem war die Zeit der größten Erfolge vorbei. Mit den riesigen Reichtümern aus den eroberten Gebieten hielten auch Laster und Korruption Einzug in Arabien, und die ursprünglich einfache Lebensweise des Islam verschwand. 656 wird Osman von ägyptischen Gesandten getötet.

Sein Nachfolger wurde *Ali*, der Vetter des Propheten, aber auch diesmal erhoben sich Stimmen gegen ihn. Zu seinen gefährlichsten Gegnern zählten *Aischa*, die Lieblingsfrau des Propheten, eine Tochter des Abu Bakr, die Mohammed nach dem Tode seiner ersten Frau Chadidscha zu sich genommen hatte. Weiter stand *Moawija*, Osmans Cousin und Gouverneur von Syrien, gegen Ali auf. Zunächst schlug Ali Aischa und ihre Anhänger in der blutigen *Schlacht von Basra*, wobei 13000 Mann umkamen. Aischa fiel in Ungnade und wurde nach Medina zurückgeschickt. Im Jahre 657 stehen sich dann die Truppen Alis und Moawijas gegenüber. Im Namen des Korans nimmt Ali einen Waffenstillstand an, obwohl er knapp vor dem Sieg steht. Daraufhin sagt sich ein Teil seiner Anhänger von ihm los. Sie werden als *Charidjiten* (die Ausziehenden) bezeichnet. Schließlich muß Ali zugunsten Moawijas auf das Kalifat verzichten und wird 661 von einem Charidjiten ermordet.

Die ersten vier Kalifen werden als die „Wohlgeleiteten“ (rachidun) bezeichnet, ihre Regierungszeit markiert das goldene Zeitalter des Islam. Alle vier Kalifen waren mit dem Propheten entweder verwandt oder verschwägert, und alle vier gehörten zu den ersten, die dem neuen Glauben beigetreten waren. In den wenigen Jahrzehnten ihrer Regierung breitete sich der Islam mit rasanter Geschwindigkeit von Ägypten über Palästina, Syrien und Persien bis an die Grenzen Indiens aus.
In den folgenden Jahrzehnten drangen die Moslems über Gibraltar nach Spanien vor und erkämpften sich den Weg über die Pyrenäen bis 150 km vor Paris. Dort setzte im Jahre 732 der Frankenkönig *Karl Martell* in der Schlacht von *Tours und Poitiers* ihrer weiteren nördlichen Expansion ein Ende.

Sunniten und Schiiten

Im gegenwärtigen Islam existieren zwei durch *Schiiten* und *Sunniten* vertretene Hauptrichtungen, die sich im wesentlichen durch die Anerkennung, bzw. Ablehnung der ersten drei Kalifen unterscheiden.
Die Schiiten fordern, daß die Nachfolger des Propheten aus seiner Familie stammen müssen. Daher lehnen sie die ersten drei Kalifen ab, und sehen in Ali den ersten legitimen Nachfolger Mohammeds. Der schiitische Islam ist wiederum in mehrere Sekten unterteilt.

Manche zeichnen sich durch die Erwartung eines *Mahdi* aus, der die Bedeutung des jüdischen Messias hat.
Im Unterschied zu den Schiiten unterstreichen die Sunniten die Rechtmäßigkeit der ersten Kalifen und weisen keine Sektenbildung auf.
Hervorzuheben ist, daß durch Sunniten und Schiiten die Einheit des Islam nicht gefährdet ist: Die grundlegenden Glaubenssätze von der Einzigartigkeit Allahs und der Sendung Mohammeds werden von beiden Strömungen voll akzeptiert.

Götter und Dämonen

Ebenso wie das Judentum und das Christentum ist der Islam eine monotheistische Religion. *Allah* bedeutet auf Arabisch „Gott". Es gibt nur diesen einen Gott Allah, der eine unteilbare, einzigartige Einheit darstellt. Er ist der Schöpfer dieser Welt, die er jeden Augenblick lenkt und erneuert. Die beiden häufigsten göttlichen Namen im Koran sind *Allverzeihender* und *Allerbarmer*.
Ebenso wie im Judentum und im Christentum existieren auch nach der Lehre des Koran Engel als himmlische Wesen. Einige preisen Allah, andere bewachen die himmlische Version des Koran, den Gabriel Mohammed in arabischer Sprache mitgeteilt hat. Wieder andere Engel haben die Funktion von Schutzengeln.
Neben diesen Lichtgestalten existieren auch böse Mächte. Der Koran kennt den *Scheitan*, das Pendant zum Satan des Christentums. Der Sündenfall Adams geht aber nicht auf den Scheitan, sondern auf *Iblis* zurück, einen gefallenen Engel (vgl. dazu den Luzifer des Christentums, der aber später mit der Figur Satans verschmilzt).

Unsterblichkeit

Am Jüngsten Tag werden die Menschen durch Allah neuerschaffen und für Ihre Taten gerichtet. Die Gerechten kommen in das Paradies, den anderen blüht die ewige Verdammnis. Bevor wir jedoch auf die Vorstellungen von Himmel und Hölle näher eingehen, wollen wir den Mechanismus der Auferstehung und die Unsterblichkeitsvorstellungen des Islam näher beleuchten. Diese Anschauungen haben sich im Laufe der Entwicklung verändert, ebenso wie im Judentum und im Christentum.

Im ursprünglichen Islam stirbt die Seele mit dem Körper. Der Tod ist wie ein tiefer traumloser Schlaf. Dieser Zustand des Menschen zwischen Tod und Auferstehung wird *barzach* genannt. In der Sure *Al-Fatir* (Die Engel)[34] schreibt der Koran über barzach:

> „Der Blinde ist dem Sehenden nicht gleich,
> Noch ist es die Finsternis dem Lichte,
> Noch ist es der Schatten der Sonnenglut,
> Noch sind die Lebenden den Toten gleich.
> Wahrlich, Allah macht hörend, wen Er will;
> und du kannst die nicht hörend machen,
> die in den Gräbern sind."

Der Zeitraum zwischen Tod und Auferstehung wird vom Individuum also nicht wahrgenommen. Das auferweckte Individuum empfindet die Auferweckung daher unmittelbar, es tritt mit seiner letzten weltlichen Erfahrung vor seinen Schöpfer. Diese subjektive Unmittelbarkeit der Erweckung spiegelt sich in der Sure *Al-Imran*[35] (Das Haus von Imran): „Haltet jene, die für Allahs Sache erschlagen wurden, ja nicht für tot – sondern lebendig bei Ihrem Herrn; ihnen werden Gaben zuteil."

Daß die Wiedererweckung für Allah kein Problem darstellt, wird an mehreren Stellen des Korans betont. Beispielsweise vergleicht Mohammed in der Sure des *Al-Qiyamah*[36] (Die Auferstehung) die Wiedererweckung mit der Erschaffung des Menschen im Mutterleib:

„War er nicht ein Tropfen fließenden Samens, der verspritzt ward? Dann wurde er ein Blutklumpen, dann bildete und vervollkommnete Er (ihn). So schuf Er aus ihm ein Paar, den Mann und das Weib. Und da sollte er nicht imstande sein, die Toten ins Leben zu rufen?"

Im späteren Islam wird barzach eher als bewußter Zustand angesehen. Es ereignete sich hier also dasselbe wie auch im Christentum, wo die griechische Vorstellung einer rein geistigen Unsterblichkeit (Seele) mit der jüdischen Vorstellung einer Auferstehung des Fleisches verschmolz.

Wie beurteilt der Islam nun die Voraussetzungen für ewige Glückseligkeit im Paradies und ewige Verdammnis? Das Hauptbekenntnis des Islam besteht aus zwei Aussagen: *„Es gibt keinen Gott außer Allah"* und *„Mohammed ist der Prophet Allahs."*

Im traditionellen Islam ist der Verstoß gegen den Monotheismus die einzige unverzeihliche Sünde. Ewige Verdammnis ist daher allen beschieden, „die Gott Teilhaber zugesellen" (die *muschikrun*), wie auch all jenen, die Gottes Wort leugnen (die *kafirun*). Diese Ansicht steht natürlich im krassen Gegensatz zu der Ansicht von Allah als Allerbarmer und Allverzeiher. Es besteht hier also dieselbe Problematik wie im Judentum und im Christentum, wo sich die Vorstellung eines unendlich gütigen Gottes mit jener der ewigen Verdammnis nicht in Einklang bringen läßt. Nun nimmt im Judentum der im 16. Jhdt. abgeschlossene Talmud jedoch eine vermittelnde Stellung ein. Hier wird auch frommen Nichtjuden das ewige Leben zuteil. Das Christentum war in dieser Frage etwas bockiger. Zu einer ähnlich toleranten Haltung läßt es sich erst in unserem Jahrhundert herab. Der traditionelle Islam ist von einer derartigen Toleranz jedoch weit entfernt.
Trotzdem gibt es einige Minderheiten, die sich mit der Auflösung dieses Widerspruches beschäftigen. Ein möglicher Ausweg für den Islam besteht darin, daß eine Unterscheidung zwischen jenem Teil des Korans getroffen wird, der auf Offenbarungen Mohammeds vor der Hedschra zurückgeht, und zwischen dem Rest. Das heißt, es wird zwischen Mohammed in Mekka und zwischen Mohammed in Medina unterschieden. Die Aussagen des ersteren sind ewig gültig, die anderen gelten nur für seine Lebensdauer. Nun stammen die Aussagen über Allah als Allerbarmer und Allverzeiher aus der ersten Epoche, die Darstellung der ewigen Verdammnis aus der zweiten

Epoche, weshalb sich der Widerspruch mit Hilfe der obigen Unterscheidung leicht beheben ließe.
Diese Vorstellung vertraten der sudanesische Theologe *Mahmoud Muhamad Taha* und der iranische Journalist *Ali Datschi*. Der erstere wurde 1985 vom Obersten Gericht des Sudan zum Tode verurteilt, der zweite nach der islamischen Revolution im Iran verhaftet und gefoltert. Er starb an den Folgen 1982.

Koran und Sunna

Die Lehre des Islam gründet sich auf zwei Quellen: den *Koran* und die *Sunna*.
Der Koran enthält die Mohammed zuteil gewordene Offenbarung durch den Engel Gabriel. Der Großteil dieser Offenbarung wurde Mohammed in wenigen Wochen übermittelt, aber noch weitere zwanzig Jahre ergänzt. Die Niederschrift der zunächst mündlich übermittelten Lehre begann zu Mohammeds Lebzeiten und endete unter dem Kalifen Othman. Seit dieser Zeit wurde am Koran nichts mehr verändert!

Der Koran besteht aus 114 *Suren* (Kapitel) und 6226 *ayat* (Versen). Jeder Gläubige sollte den gesamten geoffenbarten Text auswendig kennen. Mit einer einzigen Ausnahme beginnt jede Sure mit den Worten „Im Namen Allahs des Erbarmers, des Barmherzigen!"
Besonders beliebt ist die 112. Sure *ikhlas*, die das zentrale Glaubensbekenntnis des Islams enthält: „Sprich: Er ist der eine Gott, der ewige Gott; er zeugt nicht und wird nicht gezeugt, und keiner ist ihm gleich."
Der Koran erkennt Abraham, Moses und Jesus als Propheten an, ebenso wie ihre übermittelten Lehren, die „Schriften", die Thora und die Evangelien. Seiner Ansicht nach wurde jedoch mit der Zeit jede dieser Schriften verfälscht, so daß durch Allah ein neuer Prophet geschickt wurde. Thora und Evangelien gelten daher als Vorläufer des Koran, so wie Moses und Jesus als Vorläufer von Mohammed gelten. So wie die Christen ihre Religion als Erneuerung und Verbesserung

des Judenglaubens sehen, steht der Islam nach seiner Ansicht auf den Schultern von Judentum und Christentum.
Im Koran findet sich die Beschreibung Gottes, des Jüngsten Tages, von Paradies und Dschehenna (Hölle) sowie die Geschichte der Offenbarung von Adam bis Mohammed. Er enthält aber auch soziale und juristische Vorschriften, u.a.m.
Der Urtext der Offenbarung ist in der „Mutter des Buches" enthalten. Diese Urschrift liegt bei Allah im Himmel, und wird von Engeln bewacht.

Neben dem Koran existiert noch eine zweite wichtige Quelle des Islam: die *Sunna*. Dieses Wort bedeutet „Brauch". Zu Mohammeds Lebzeiten wurden ihm viele nicht im Koran erwähnte Fragen vorgelegt, über die er Entscheidungen treffen mußte. Seine Ansichten wurden in den sogenannten *Hadith* niedergelegt, aus denen sich die Sunna zusammensetzt.

Praktische Ethik

Jeder Muslim hat fünf grundlegende Pflichten zu erfüllen, die als *Säulen des Islam* bezeichnet werden. Dies sind

1. Das Glaubensbekenntnis (Schahada)
2. Das Ritualgebet (Salat)
3. Das Pflichtalmosen (Zakat)
4. Die Fastenzeit des Ramadan (Saum)
5. Die Pilgerfahrt nach Mekka (Hadjdj)

Das Glaubensbekenntnis hat fünfmal am Tage zu den rituellen Zeiten, wenn der Ruf des Muezzin erschallt, gesprochen zu werden. Dies geschieht am Tagesbeginn, Mittag, Nachmittag, zur Dämmerung und nach Einbruch der Nacht. Das Glaubensbekenntnis besteht aus zwei Aussagen, die wir schon früher angeführt haben: Es gibt keinen Gott außer Allah, und Mohammed ist sein Prophet. Bei

diesem Satz hebt der Muslim den Zeigefinger seiner rechten Hand zu einer symbolischen Geste.
Ebenfalls fünfmal am Tage, zu denselben Zeiten, muß das Ritualgebet verrichtet werden. Dies kann in der Moschee geschehen oder auch an einem anderen beliebigen Ort, wobei der Gläubige meist eine Matte benützt. Die Körperhaltung bei der Anbetung Allahs ist durch das Niederwerfen und das Berühren des Bodens mit der Stirne vorgeschrieben.
Das Pflichtalmosen geht auf Mohammed selbst zurück, der es in Medina als Steuer eingeführt hat. Es gebührt dem armen Muslim, im Unterschied vom wohltätigen Almosen (sadaq), das jedem Bedürftigen gegeben werden soll, unabhängig von seiner Religionszugehörigkeit.
Im Monat Ramadan muß der Muslim tagsüber fasten, wobei sich die Fastenvorschrift auf Essen, Trinken, Rauchen und Sex bezieht. Am Abend darf das Fasten dann gebrochen werden.
Schließlich sollte jeder Muslim einmal in seinem Leben eine Pilgerfahrt nach Mekka unternehmen. Die eigentliche Hadjdj beginnt in Mekka und endet auf dem etwa 20 km entfernten Berg Arafa, wo die Pilger sich einen Tag lang aufhalten.
Als sechste Säule des Islam wurde zuweilen der Heilige Krieg (Djihad) gezählt. Er bezeichnet den Kampf für Allah und gegen alle Ungläubigen. Jeder Muslim, der in diesem Kampf fällt, gewinnt das Paradies (vgl. die Sure Al-Imran).

Die arabisch-griechische Philosophie

Für das Verständnis der christlichen Theologie des Mittelalters benötigen wir einige Kenntnisse über die arabisch-griechische Philosophie, die wir uns in diesem Abschnitt aneignen wollen.
Nach dem Zeitalter der ersten Kalifen bildeten sich in der islamischen Welt langsam zwei Zentren geistiger Kultur heraus. Ein östliches um Bagdad, wo die Kunst und Wissenschaft fördernden späteren Kalifen residierten, und ein westliches in Spanien, das seit dem

8. Jh. in maurischem Besitz war. Ab dieser Zeit setzte eine Berührung griechischen Gedankengutes mit jenem des Islam ein, woraus sich die arabisch-griechische Philosophie entwickeln sollte.
Die wichtigsten Philosophen des Mittelalters sind Avicenna und Averros. *Avicenna* (980–1037) war Arzt und Naturforscher, und ein überzeugter Anhänger des Aristoteles. Noch wichtiger hinsichtlich der späteren Beeinflussung des Christentums durch die arabische Philosophie ist *Averros* (1126–1198). Seine Werke sind zum großen Teil Diskussionen der aristotelischen Vorstellungen. Unter dessen Einfluß gelangt Averros zu der Annahme, daß keine unsterbliche Einzelseele, sondern nur ein unsterblicher überpersönlicher Geist existiert. Menschen, die das Gute um seiner selbst willen tun, spricht Averros eine wesentlich höhere sittliche Haltung zu, als jenen, die nur gut sind, um die ewigen Freuden des Paradieses zu erringen.
Mit diesen und anderen Vorstellungen stand Averros natürlich in schroffem Gegensatz zu der herkömmlichen Lehre des Islam, weshalb seine Werke ebenso wie auch jene seines großen Vorgängers Avicenna von der islamischen Geistlichkeit auf das schärfste verurteilt und verbrannt wurden.

Im Zeitalter der Kreuzzüge (1096-1270) fand dann eine folgenschwere Berührung der abendländischen mit der zu diesem Zeitpunkt wesentlich höher entwickelten morgenländischen Kultur statt. Dabei fanden über die Lehren des Averros auch die Vorstellungen des im Westen völlig vergessenen Aristoteles wieder Eingang in den abendländischen Kulturkreis. Die Folgen dieser Entwicklung werden wir im Kapitel II kennenlernen.

4. Der Hinduismus

Im Unterschied zu den bisher besprochenen Religionen repräsentiert der Hinduismus keine festumrissene Religion, sondern ist eher als Sammelausdruck für eine Vielzahl unterschiedlicher Systeme zu verstehen, die sich im Lauf der Zeit auch stark verändert und gegenseitig beeinflußt haben. Hier steht rauschhafte Religiosität neben abstrakter Metaphysik, Sektierertum neben großzügigster Toleranz. Um die verschiedenen Strömungen und Ausdrucksformen des Hinduismus auch nur ausschnittsweise würdigen zu können, ist eine gewisse Kenntnis seiner geschichtlichen Entwicklung notwendig.

Geschichtliche Grundlagen

Ab etwa 1600 v. Chr. wurde Indien vom Norden her langsam durch ein Volk erobert, daß sich als *aryas* bezeichnete. Für dieses Wort haben die Sprachwissenschaftler verschiedene Erklärungen parat. Die gebräuchlichste verwendet den Begriff „edel", wonach sich die Arier als Edelleute fühlten. Sie waren großgewachsene, hellhäutige Menschen höchst kriegerischer Natur. Seltsamerweise verbanden sie mit ihrem kämpferischen Naturell einen ausgeprägten Hang zur Spiritualität, die den Gang der indischen Geschichte für die folgenden Jahrtausende prägen sollte.

Die Eroberung Indiens durch die Arier vollzog sich in einem Zeitraum von mehr als einem Jahrtausend. In diesem Zeitraum entstanden die *Veden*, eine umfangreiche Sammlung religiöser Texte, weshalb er auch als *vedisches Zeitalter* bezeichnet wird. In Sanskrit bedeutet Veda Wissen. Der Inhalt der Veden gilt dem gläubigen Hindu als heilig, er repräsentiert eine göttliche Offenbarung, die den Sehern durch die Götter vermittelt wurde.

Da die Eroberer der Urbevölkerung zahlenmäßig weit unterlegen waren, ergab sich die Notwendigkeit einer strengen Trennung. So wurde zunächst zwischen den aryas und den *tschudras* unterschieden, wobei die zweite Bezeichnung pauschal für alle unterworfenen Stämme verwendet wurde. Innerhalb der aryas hatten zunächst die Fürsten und Krieger den höchsten sozialen Status. Mit dem Übergang zu ruhigeren Zeiten war aber eine Umschichtung der Gesellschaftsordnung verbunden, die die Grundlage des indischen *Kastenwesens* bildete:

Brahmanen	(Priester)
Kschatriyas	(Fürsten und Krieger)
Vaischyas	(Kaufleute, Bauern etc..)
Tschudras	(unterworfene Stämme)
Parias	(Sklaven)

Ursprünglich hatten die Priester bei den Fürsten nur die Rolle von Ratgebern eingenommen. Indem sie jedoch die Riten immer mehr komplizierten, machten sie sich in Friedenszeiten bei allen Handlungen des öffentlichen und privaten Lebens unentbehrlich, so daß sie schließlich in den Augen des Volkes mehr als der Herrscher und sogar mehr als die Gottheiten galten, mit denen sie kommunizierten. Allerdings strebten die Brahmanen keinerlei weltliche Herrschaft an – sehr im Unterschied zur katholischen Kirche oder dem Islam – und besaßen auch kein geistliches Oberhaupt. Sie bildeten eine Schar gleichberechtigter Einzelner.

In der obigen Einteilung werden die ersten drei Kasten durch Arier gebildet, die beiden letzten durch Angehörige der unterworfenen Stämme. Im Laufe der Zeit wurde diese Einteilung immer feiner. Die Zugehörigkeit zu einer Kaste war erblich und dauernd. Allerdings durften Angehörige der Priester- und Kriegerkaste Ehen mit Frauen aus untergeordneten Kasten eingehen. Die Umkehrung war jedoch nicht möglich: Männer aus einer unteren Kaste durften nicht über ihren Stand heiraten.

Die starke Betonung der Riten mußte naturgemäß zu einer Erstarrung der vedischen Religion führen. Als Gegenströmung zu dieser negativen Entwicklung entstanden etwa im Zeitraum 800 v. Chr. bis zum Beginn unserer Zeitrechnung die *Upanischaden*. Hier wurde nicht der Ritus, sondern metaphysische Erkenntnis und moralische Lebensführung gepredigt. In der Folgezeit fanden die Upanischaden Aufnahme in die vedische Literatur.

In den folgenden Jahrhunderten mußte sich der Brahmanismus schließlich mit dem Buddhismus auseinandersetzen (sh. dazu auch Abschnitt 6).
Diese Konfrontation führte zwischen 500 und 1000 n. Chr. zu einem neuen Aufschwung des vedischen Gedankengutes. Etwa gleichzeitig entwickelten indische Philosophen die Systeme *Nyana*, *Vaischeschika*, *Sankhya*, *Yoga*, *Purva-Mimansa* und *Vedanta*. Zusammen mit dem vedischen Gedankengut bilden diese Systeme wesentliche Strömungen des Hinduismus. Weiter müssen noch die zahlreichen Schriften für häusliche Zeremonien und Rechtspflege genannt werden, sowie die für die Volksfrömmigkeit maßgeblichen Epen *Mahabharata* und *Ramayana*. In den folgenden Abschnitten wollen wir auf einige dieser Strömungen etwas genauer eingehen.

Die Veden

Der Umfang des Veda beträgt etwa das Sechsfache jenes der Bibel. Man unterscheidet vier Abteilungen des Veda:

1. Der *Rigveda* (Veda der Verse)
2. Der *Samaveda* (Veda der Lieder)
3. Der *Yajurveda* (Veda der Opfersprüche)
4. Der *Atharvaveda* (Veda um magische Formeln)

Der Rigveda wurde etwa um 1500 v. Chr. – 900 v. Chr. verfaßt und stellt den ältesten Abschnitt dar.[53] Er ist auch der einzige, der historische Angaben über die Arier enthält. Er besteht aus 1028 Hymnen zu insgesamt 10 000 Versen, die zum Gebrauch bei Opferriten bestimmt waren. Hervorzuheben ist, daß die Stimmung des Rigveda

durchaus dem Diesseits zugewandt ist. Der Zeitraum seiner Entstehung wird auch als *altvedische* Zeit bezeichnet. Hier standen noch die Fürsten und Krieger an der Gesellschaftsspitze. Die religiösen Vorstellungen dieser Zeit nahmen keine Unterscheidung zwischen Geist und Materie, Belebtem und Unbelebtem vor. Der Götterhimmel bestand aus Himmelsgöttern, atmosphärischen Göttern und irdischen Göttern. Die ersteren waren Herrscher des Himmels und der Luft, die zweiten waren für das Wetter, und die dritten für die restlichen Naturerscheinungen verantwortlich. Insgesamt existierten 33 Götter. Der wohl wichtigste Gott der altvedischen Zeit war *Indra*, der ähnliche Züge zum griechischen Zeus aufweist: Er trug einen Donnerkeil in der Hand, liebte Essen und Trinken und führte ein bewegtes Liebesleben. Die übrigen Götter wiesen ähnlich menschlich-sympathische Eigenschaften auf, mit Ausnahme von *Varuna*, dem Gott des Rechts, der ein wenig miesepetrig wirkte.
Der folgende Schöpfungsmythos verdeutlicht das hohe intellektuelle Niveau der Arier 51:

„Damals war nicht das Nicht-Sein, noch das Sein,
Kein Luftraum war, kein Himmel drüber her. –
Wer hielt in Hut die Welt, wer schloß sie ein?
Wo war der tiefe Abgrund, wo das Meer?

Nicht Tod war damals noch Unsterblichkeit,
Nicht war die Nacht, der Tag nicht offenbar. –
Es hauchte windlos in Ursprünglichkeit
Das Eine, außer dem kein andres war.

Von Dunkel war die ganze Welt bedeckt,
Ein Ozean ohne Licht, in Nacht verloren. –
Da ward, was in der Schale war versteckt,
Das Eine durch der Glutpein Kraft geboren.

Aus diesem ging hervor, zuerst entstanden
Als der Erkenntnis Samenkorn, die Liebe; –
Das Daseins Wurzelung im Nichtsein fanden
Die Weisen, forschend, in des Herzens Triebe.

Als quer hindurch sie ihre Meßschnur legten,
Was war da unterhalb, und was war oben? –
Keimträger waren, Kräfte, die sich regten,
Selbsetzung unten, Angespanntheit droben.

Doch, wem ist auszuforschen es gelungen,
Wer hat, woher die Schöpfung stammt, vernommen?
Die Götter sind diesseits von ihr entsprungen!
Wer sagt es also, wo sie hergekommen? –

Er, der die Schöpfung hat hervorgebracht,
Der auf sie schaut im höchsten Himmelslicht,
Der sie gemacht hat oder nicht gemacht,
Der weiß es – oder weiß auch er es nicht?"

Der Samaveda beschäftigt sich mit musikalischen und rhythmischen Fragen. Der Yajurveda und der Atharvaveda sind zeitlich nach den beiden erstgenannten entstanden und spekulativ ausgerichtet.

Jeder der vier oben genannten Veden läßt sich weiter unterteilen in:

1. *Mantras* (Hymnen, Gebetsformeln)
2. *Brahmanas* (Richtige Verwendung der Formeln bei unterschiedlichen Gelegenheiten)
3. *Aranyakas* („Waldtexte" für Asketen)
4. *Upanischads* („Geheimlehren)

Die Entstehung der Brahmanas fällt in das Ende der altvedischen Zeit. Sie verdeutlichen die Komplizierung der Riten durch die Brahmanen, denen damit der Aufschwung an die Gesellschaftsspitze gelingt. Die Upanischaden schließlich sind als Reaktion auf diese negative Entwicklung entstanden. Mit ihren Aussagen wollen wir uns im nächsten Abschnitt beschäftigen.

Die Upanischaden

Das Wort Upanischad bedeutet etwa geheime, nur für Eingeweihte bestimmte Lehre. Wie bei den alten Veden handelt es sich auch bei den Upanischaden um kein geschlossenes System, sondern um verschiedene Beiträge verschiedener Seher und Asketen, die beinahe alle unbekannt sind. Eine herausragende Gestalt ist der große *Yagnavalka*, der wahrscheinlich wirklich gelebt hat.

Im Unterschied zu der lebensfrohen, dem Diesseits zugewandten Stimmung der altvedischen Literatur ist die Stimmung der Upanischaden pessimistisch. Hier tritt erstmals die dem späteren indischen Denken so geläufige Auffassung des Daseins als Leiden auf. So spricht ein Wissender auf die Frage eines Königs nach seiner Weltschau:

„O Ehrwürdiger! In diesem aus Knochen, Haut, Sehnen, Mark, Fleisch, Samen, Blut, Schleim, Tränen, Augenbutter, Kot, Harn, Galle und Phlegma zusammengesetzten, übelriechenden kernlosen Leibe – wie mag man da nur Freude genießen!
In diesem mit Leidenschaft, Zorn, Begierde, Wahn, Furcht, Verzagtheit, Neid, Trennung von Liebenden, Bindungen an Unliebes, Hunger, Durst, Alter, Tod, Krankheit und dergleichen behafteten Leibe – wie mag man da nur Freude genießen! Auch sehen wir, daß diese ganze Welt vergänglich ist und so wie diese Bremsen, Stechfliegen und dergleichen, diese Kräuter und Bäume, welche entstehen und wieder verfallen . . .“

Es wäre jedoch völlig falsch, in dieser dem Diesseits reserviert gegenüberstehenden Haltung der Upanischaden einen Niedergang der vedischen Religion zu sehen. Ganz im Gegenteil gelten diese neuen Schöpfungen als eine glanzvolle Ouvertüre des erwachenden Hinduismus. Die Upanischaden sind im wesentlichen durch zwei Hauptgedanken geprägt: durch die *Lehre von Brahman und Atman* und die *Lehre von der Seelenwanderung.* Mit diesen Vorstellungen wollen wir uns nun etwas genauer auseinandersetzen.

Die Begriffe „Brahman“ und „Atman“ waren bereits der älteren vedischen Zeit geläufig. Brahman bedeutete ursprünglich „Gebet“, entwickelte sich jedoch im Laufe der Zeit zu einem allumfassenden schöpferischen Prinzip, zum „Urgrund aller Dinge“, zur „Weltseele“.
In einem frühen Text der Veda findet man die Zeilen:
„Brahman fürwahr war diese Welt zu Anfang. Dasselbe schuf die Götter. Nachdem es die Götter geschaffen, setzte es sie über diese Welten . . .“
Atman bedeutete ursprünglich „Atem“ oder „Hauch“, und entwickelte sich im Lauf der Zeit zu „Selbst“ oder „Seele“, wobei diese Worte die eigentliche Bedeutung jedoch nur sehr grob wiedergeben. Der Atman ist der innerste Kern unseres Wesens, der nach Abstreifung der körperlichen Hülle und allen Denkens und Fühlens übrigbleibt.
Die fundamentale Einsicht der Upanischaden bestand nun darin, daß Brahman, die Weltseele, und der Atman in uns eins sind, d. h. es gilt

$$\textit{Brahman} = \textit{Atman}.$$

Während in den semitischen Religionen Gott als der Herr und der Mensch als sein Knecht erscheinen, betonen die Upanischaden die Wesensgleichheit des göttlichen Urgrundes und der Menschenseele. Dieser Gedanke findet sich auch in der christlichen Mystik und in anderen Religionen.
Nach den Upanischaden liegt der Zugang zur Welt also in unserer Seele. Damit erhält die äußere Realität einen sehr geringen Stellenwert. Noch schlimmer, sie ist Täuschung, *Maya,* ein Schleier, der das wahre Wesen der Dinge verhüllt. Tatsächlich existiert keine Vielheit, sondern nur eine einzige Wirklichkeit, nämlich der Atman in uns, der Brahman ist. Daher kann die Wahrheit nicht durch Studium der äußeren Erscheinungen gewonnen werden, sie ist dem Verstande nicht zugänglich.
Wie gelangt man nun zur Erkenntnis? Die Antwort auf diese Frage gibt die praktische Ethik der Upanischaden. Völlige Abwendung von der Außenwelt ist Voraussetzung, um zur Wahrheit zu gelangen, Fasten, Meditation, Askese. Aber wie sind diese Forderungen vereinbar

mit den Erfordernissen des gesellschaftlichen und sozialen Lebens? Die Antwort lautet, daß der Sucher vier Stufen zu durchlaufen hat: Zuerst ist er Lernender im Hause eines selbstgewählten Lehrers. Auf der zweiten Stufe ist er *Grihastha* (Hausvater), er gründet eine Familie und erzieht seine Kinder, bis sie erwachsen sind. Auf der dritten Stufe zieht er sich zusammen mit seiner Frau in die Waldeinsamkeit zurück und lenkt als *Vanaprastha* seine Aufmerksamkeit vom Weltgeschehen ab und der Wahrheit zu. Auf der vierten Stufe schließlich verläßt er auch seine Frau und alles restliche Eigentum und zieht als frommer Bettler, als *Sannyasi,* durch die Welt, nur mehr den ewigen Dingen zugewandt.

Mit diesem Modell wird der geforderte Kompromiß möglich: Hier kann ein Mann in der ersten Hälfte seines Lebens seine Pflichten an der Gesellschaft wahrnehmen, um sich später den eigentlich wichtigen Dingen auf dem Wege der Askese und Weltverneinung zu nähern.

Der zweite fundamentale Gedanke der Upanischaden ist die Vorstellung der Seelenwanderung. Demnach ist unsere individuelle Existenz als eine Episode unzähliger Wiedergeburten zu verstehen. Je nach Lebensführung wird man auf einer höheren oder niedrigeren Stufe wiedergeboren. Es sind also die Taten, das *Karma*, die für die Qualität des Folgelebens maßgeblich sind. Da jedoch nach indischer Anschauung alles Leben Leiden ist, ist der Gedanke der Wiedergeburt für den Inder nicht sehr verlockend. Als Erlösung (*Mokscha*) sieht er nicht die Wiedergeburt auf einer hohen oder höchsten Stufe an, sondern die Durchbrechung des ewigen Kreislaufes. Die gefangene Seele, der Atman, soll also aus dem Kreislauf der Reinkarnationen befreit werden. Dies gelingt durch Überwindung des Lebenswillens, durch Wissen und Einsicht. Wissen wird durch die oben beschriebene Haltung erlangt, durch Weltverneinung und Selbstversenkung. Bei diesem Erlösungsgedanken geht die individuelle Seele, der Atman, in den Brahman ein. Im Unterschied zu den semitischen Religionen existiert hier also keine ewige Dauer der Individualität.

Orthodoxe und nichtorthodoxe indische Systeme

In den nachchristlichen Jahrhunderten blieb das indische Denken natürlich nicht auf der Ebene der Veden stehen. Es entwickelte sich eine Vielzahl von Strömungen, die man in zwei große Gruppen einteilen kann: Jene Systeme, die die Veden als Autorität anerkennen und auf ihnen aufbauen, bezeichnet man als *orthodoxe Systeme*, die übrigen als *nichtorthodoxe Systeme*. Zur ersten Gruppe gehören die schon früher genannten Systeme *Nyana*, *Vaischeschika*, *Sankhya*, *Yoga*, *Purva-Mimansa* und *Vedanta*. Zu den nichtorthodoxen Systemen zählen der *Materialismus der Charvakas*, der *Jainismus* und der *Buddhismus*. Unter den letztgenannten drei ist der Buddhismus mit Abstand die bedeutendste und am weitest verbreitete Religion, weshalb wir auf eine Darstellung der beiden anderen Systeme verzichten können.

Abschließend wollen wir kurz auf das bedeutendste orthodoxe System, das Vedanta, eingehen. In seiner klassischen Form wurde es von *Schankara*, dem größten Philosophen Indiens gegründet. Er lebte etwa um 800 n. Chr., und baute auf den Grundaussagen der Upanischaden auf. Sein Hauptanliegen besteht in einer Erklärung des scheinbaren Widerspruches, der zwischen der einen Wirklichkeit und der Vielheit der Erscheinungen um uns besteht. Zur Lösung dieses Widerspruches analysiert Schankara den Denk- und Sinnesapparat des Menschen, so wie Kant es fast ein Jahrtausend nach ihm getan hat. Das was wir Wissen nennen, ist nach Schankara nichts anderes als eine Verarbeitung von Sinneseindrücken. Wir können uns mit Hilfe der Erfahrung und des Verstandes nur über die Erscheinungen, nicht aber über das dahinterliegende, eigentliche Wesen orientieren. Maya ist alles, was wir auf diesem Wege gewinnen können. Wahres Wissen muß hinter den Schleier des Maya schauen, was aber nur mit Hilfe der auf göttliche Offenbarung zurückgehenden Veden gelingen kann.

Diese Gedanken sind in den Upanischaden bereits vorgebildet, finden durch Schankara jedoch einen neuen, verstärkten Ausdruck.

Auch die praktische Ethik des Vedanta ist ähnlich jener der Upanischaden, nur konsequenter, ohne Kompromißhaltung. Da Werke der Welt der Erscheinungen angehören, gewinnt man das Heil nicht durch Werke, sondern durch richtige Erkenntnis. Gute Werke sind also letztlich nicht notwendig, wenn sie auch nicht ohne Wert sind. Meditation und vor allem das Vedastudium sind nach Schankara hingegen der rechte Weg.

Mit den bisherigen Ausführungen haben wir die wesentlichsten Grundlagen für das Verständnis des gegenwärtigen Hinduismus erarbeitet. Für alles weitere wollen wir uns an dem üblichen Einteilungskonzept orientieren, wobei die folgenden Ausführungen teilweise bekannte Sachverhalte wiederholen, teilweise aber auch spätere Neuschöpfungen präsentieren.

Götter und Dämonen

Der gegenwärtige Hinduismus übernimmt weder die Götter der alten Veden noch ungeändert die Vorstellung des göttlichen Prinzips der Upanischaden. Er verehrt die Göttlichkeit in einer Dreigestalt, die durch *Brahma*, *Vishnu* und *Shiva* verkörpert wird.
Die göttliche Verkörperung des Absoluten, des tiefsten Weltgrundes, eben des Brahman, ist Brahma. Er wird mit vier Köpfen und vier Armen dargestellt und gilt als Schirmherr der Brahmanen.
Vishnu ist der Gott des religiösen Lebens, der Anbetung. Er ist ein gütiger Gott, der am Schicksal der Sterblichen Anteil nimmt und ihnen in verschiedenen Verkörperungen erscheinen kann.
Im Unterschied zu Vishnu ist Shiva ein widersprüchlicher Gott, der zwischen Großartigkeit und Grausamkeit schwankt. Shiva zerstört, um neu zu schaffen, seine Anhänger bewegen sich im Spannungsfeld zwischen Askese und Erotik.

Unsterblichkeit, Seelenwanderung

Der Gedanke der Seelenwanderung taucht bereits in den Upanischaden auf und hat sich in seiner Ausgestaltung seither kaum verändert. Jedoch hat sich das Angebot der möglichen Heilswege inzwischen vergrößert. Die wichtigsten sind der Weg des Rituals und der guten Taten (*Karma-marga*), der Weg der Andacht (*Bhakti-marga*), der Weg des Wissens (*Jnana-marga*), der *Yoga* und der *Tantrismus*.

Der letztere repräsentiert eine der jüngsten religiösen Strömungen Indiens und existiert gebietsweise in verschiedenen Formen. Dabei unterscheidet man einen intellektuell geprägten „rechten Weg" von einem durch sexuelle Symbolik und Praktiken geprägten „linken Weg", ein Spannungsfeld, das wohl durch die Orientierung verschiedener tantristischer Strömungen an *Shakti*, dem weiblichen Gegenpol Shivas, induziert wurde.

Praktische Ethik

Hier muß zwischen den Kulthandlungen im Tempel und jenen im familiären Kreis unterschieden werden. Dabei haben die ersteren erstaunlicherweise eine wesentlich geringere Bedeutung, als die zweiten. Jeder hinduistische Haushalt hat sein spezielles Heiligtum. Tätigkeiten des täglichen Lebens wird große Bedeutung zugemessen. So sieht der Tantrismus beispielsweise das Baden, die Einnahme von Mahlzeiten und das Zubettgehen als rituelle Handlung an, wodurch der Alltag eine erhöhte Würdigung erfährt. Detailliertere Angaben hängen von der jeweils betrachteten religiösen Strömung ab.

5. Der Buddhismus

Buddha

Gründer des Buddhismus ist *Gautama Siddharta*, der um 560 v. Chr. als Sohn eines Radschas im nordöstlichen Indien, nahe der nepalesischen Grenze, geboren wurde. Bei der Darstellung seiner Jugend und seiner anschließenden Suche nach Wahrheit muß berücksichtigt werden, daß die Geschehnisse erst im zweiten nachchristlichen Jahrhundert aufgezeichnet wurden, zu einem Zeitpunkt also, wo sich Legende und Wirklichkeit untrennbar verbunden hatten.
So berichtet die Legende, daß seine Mutter im Traum an einen heiligen See geführt wurde, wo ein weißer Elefant, der eine Lotosblume im Rüssel hielt, mit der Blume in ihren Schoß eindrang. Der Traum wurde dahingehend interpretiert, daß der empfangene Sohn zu einem Herrscher der Welt oder einem Lehrer der Welt heranwachsen würde. Da ihm sein Vater das Kennenlernen der dunklen Seiten der Welt ersparen möchte, umgibt er den Jungen mit Jugend und Schönheit, und läßt ihn nicht aus dem Palast. Aber Gautama flieht heimlich in die nahe Stadt, wo er vier Symbolgestalten begegnet. Zunächst einem gebeugten, alten Mann, dann einem durch Aussatz verunstalteten Kranken und einem Leichnam, der zur Einäscherung getragen wird: Alter, Krankheit und Tod also, mit denen er niemals vorher konfrontiert worden war. Schließlich sah er einen Bettelmönch, der nichts sein eigen nannte, außer dem gelben Gewand und der Bettelschale, und der voll Gleichmut schien.

Nach dieser Erfahrung findet Gautama sein bisheriges Leben schal und sinnlos. Er verläßt seine junge, schöne Frau *Jasodhara* und seinen neugeborenen Sohn und macht sich auf die Suche nach dem Sinn des Lebens, nach der Wahrheit. Zunächst sucht er sie bei den Brahmanen, dann bei den Yogis, aber keine Lehre kann ihm Frieden bringen. Schließlich unterwirft er sich der strengsten Askese. Angeblich

lebte er längere Zeit nur von einem einzigen Reiskorn am Tag, wobei er so dünn wurde, daß er seine Wirbelsäule spürte, wenn er sich den Bauch rieb. Er unterließ jede Körperpflege, bis sein Körper von Schmutz und Ungeziefer bedeckt war, aber keine körperliche Qual konnte seiner Seele Erlösung bringen. Im sechsten Jahr seiner Büßerzeit erkennt er, daß sein Weg nicht der richtige ist, und beginnt wieder Nahrung zu sich zu nehmen, die er sich erbettelt.
In seinem sechsunddreißigsten Lebensjahr setzt er sich vor den Toren der Stadt Gaya unter einen Feigenbaum und schwört, darunter solange zu verweilen, bis er das Rätsel des Leidens gelöst habe. Hier sitzt er sieben Wochen unbeweglich und wird vom Dämon *Mara*, dem Fürsten des Todes heimgesucht. Mara schickt ihm drei betörend schöne Mädchen, die alle vergänglichen Freuden, die des Körpers und die des Geistes, verkörpern. Aber Gautama weist diese und andere Versuchungen zurück und verfällt schließlich in einen Zustand zeitloser Meditation, der weder Sein noch Nichtsein, weder Leben noch Tod ist. Dieser Zustand wurde später von seinen Anhängern als *Nirwana* bezeichnet. In diesem Moment durchschaute Gautama den Prozeß des Leidens, er war *Buddha*, der „Erleuchtete" geworden.

Nach dieser Ekstase predigt Buddha zum ersten Mal. Es ist dies die berühmte *Predigt von Benares*, wo er den Menschen die *vier edlen Wahrheiten* über das Leiden und seine Aufhebung mitteilt:
Erste Wahrheit: Alles Leben ist Leiden.
Zweite Wahrheit: Alles Leiden hat seine Ursache im „Durst", in der Begierde. Durst nach Freude und Besitz mündet in Leiden wegen des Verlustes des begehrten Objektes, Durst nach Leben trifft auf den Tod.
Dritte Wahrheit: Die Aufhebung dieser Begierde führt zur Aufhebung des Leidens, und damit zur Durchbrechung des Prinzips der Wiedergeburten.
Vierte Wahrheit: Der Weg zu dieser Befreiung ist der heilige achtfache Pfad: Rechte Erkenntnis, rechte Gesinnung, rechte Rede, rechte Tat, rechte Lebensführung, rechtes Mühen, rechte Achtsamkeit und rechte Sammlung.

Bis zu seinem achtzigsten Lebensjahr zieht Buddha als Wanderprediger durch den nordöstlichen Teil Indiens und gewinnt viele Schüler und Anhänger, die seine Lehre weiterverbreiten.

Metaphysik des ursprünglichen Buddhismus

Beim ursprünglichen, das heißt bei dem auf Buddha selbst zurückgehenden Buddhismus handelt es sich um eine *atheistische Religion*, sie kennt keinen Schöpfer und Erhalter der Welt. Buddha meint dazu: „Es ist töricht anzunehmen, daß ein anderer uns Glückseligkeit oder Elend verschaffen könne." Der ursprüngliche Buddhismus kennt auch keine unsterbliche Seele. Er faßt alles Seiende als durch *Dharmas* zusammengesetzt auf. Dabei sind die Dharmas unbelebte Elemente, die gleichwohl Steine wie Menschen bilden können. Das Ganze ist also mehr als die Summe seiner Teile. Wesentlich ist ferner, daß die Dharmas nicht dauerhaft, sondern vergänglich sind. In ununterbrochener Folge entstehen und vergehen Dharmas, alles Sein ist daher ein Fließen und von Vergänglichkeit geprägt.

So gesehen ist der Buddhismus in seiner ursprünglichen Form eine einzige große Verneinung: kein Gott, keine unsterbliche Seele. Wie sieht es nun mit der Erlösung aus? Erlösung ist nach Buddha das Durchbrechen des Kreislaufs der Wiedergeburten. Der Wissende, Erleuchtete muß diesen Kreislauf durchschauen, um ihn durchbrechen zu können. Voraussetzung dafür ist der Wandel auf dem achtteiligen Pfad. Er läßt den Weisen schließlich ins Nirwana eingehen. Dieses Nirwana ist nicht vergleichbar mit einem jenseitigen Himmel, sondern bedeutet wörtlich übersetzt: „der Zustand der Flamme, wenn sie erloschen ist." Ein Nichts, in dem jedes Begehren ein Ende, wo der Weise den Frieden gefunden hat. Dieser Friede ist nach Buddha das höchste, was der Mensch erreichen kann. Von einem Zustand positiver Glückseligkeit, wie ihn die semitischen Religionen verheißen, weiß er nichts. Auch die buddhistische Erlösung ist also in gewissem Sinne negativ.

Praktische Ethik

Die Botschaft des Buddhismus ist klar und leicht zugänglich, für den einfachen Mann ebenso wie für den Hochgebildeten. Jeder kann ein „Erwachter" werden, ein niederer Rang ist kein Hindernis für die Erlösung. Vorausgesetzt wird nur der aufrichtige Wille, sich aus der Fessel der Wiedergeburt zu lösen. Daher folgen Menschen aus allen Schichten Buddhas Ruf. Den achtfachen Pfad als Mittel zur Erlösung haben wir bereits besprochen. Als Buddha gebeten wurde, das damit verbundene Verhalten auf eine kurze Formel zu bringen, formulierte er fünf Gebote:

1. Töte kein Lebewesen.
2. Nimm nicht, was dir nicht gegeben.
3. Sprich nicht die Unwahrheit.
4. Trinke keine berauschenden Getränke.
5. Sei nicht unkeusch.[15]

Die Ähnlichkeit mit den mosaischen zehn Geboten ist nicht zu übersehen. Weiter betont Buddha, Böses durch Gutes zu vergelten. „Niemals auf der Welt hört Haß durch Haß auf; Haß hört durch Liebe auf . . . !"

Heilige Schriften und weitere Entwicklung des Buddhismus

Zunächst wurde die Lehre Buddhas nur durch mündliche Überlieferung weitergegeben. In den ersten Jahrhunderten nach Buddhas Tod wurden diese mündlichen Überlieferungen dann gesammelt und niedergelegt. Naturgemäß traten große Abweichungen zwischen verschiedenen Überlieferungen auf, was zu einer Aufspaltung des Buddhismus in verschiedene Richtungen führte. Die drei Hauptrichtungen sind der *Hinayana-Buddhismus* (Kleines Fahrzeug), der *Mahayana-Buddhismus* (Großes Fahrzeug) und der *Vajrana-Buddhismus* (Diamantfahrzeug).

Der modernen Forschung ist aus den vorliegenden Quellen die Abgrenzung des ursprünglichen, reinen Buddhismus gelungen. Diese Quellen sind hauptsächlich die drei *Pitakas*, eine Sammlung von Schriften, die aus späteren nachchristlichen Jahrhunderten stammt und den Umfang der Bibel übertrifft.
Ein Vergleich mit den oben angeführten Entwicklungen zeigt, daß der Hinayana-Buddhismus der ursprünglichen Lehre am nächsten steht. Hier wird Buddha Verehrung als großer Lehrer, aber nicht als Gott zuteil, und man steht Spekulationen über die Götterwelt gleichgültig gegenüber. Anders verhält es sich mit dem Mahayana-Buddhismus, der Buddha als Gott verehrt und ihm noch eine Anzahl weiterer, untergeordneter gottähnlicher Buddhas beigesellt hat, die etwa den Heiligen der Katholischen Kirche entsprechen. Weitere Parallelen zum institutionalisierten Christentum sind buddhistische Gottesdienste, Gebete, Beichten, die Verwendung von Weihrauch und Weihwasser und vieles anderes mehr. Der Vajrayana-Buddhismus ist vorwiegend in Tibet vertreten, wo er im 7. Jh. n. Chr. aus der Verschmelzung des Volksbuddhismus mit dem Tantrismus entstand.

Abschließend wollen wir kurz auf die Ausbreitung des Buddhismus in Asien eingehen. Zunächst war ihm im Mutterland Indien ein Siegeszug vergönnt, wobei er den alten Brahmanismus völlig aus dem Felde schlug. Dann besinnt sich der Brahmanismus jedoch auf seine Vergangenheit und holt zu einem Gegenschlag aus, dem der Buddhismus unterliegt. Ab dem 12 Jh. ist der Buddhismus in Indien stark in der Minderheit, eine Tendenz, die sich bis vor kurzem noch weiter verstärkt hat. Gegenwärtig sind etwa 0,6 % der indischen Bevölkerung buddhistisch.
Von Indien ausgehend, verbreitete sich der Buddhismus über fast ganz Asien. Um die Zeitenwende kam er nach China, etwa 500 n. Chr. von dort nach Japan, wo er heute hauptsächlich in der Form des *Zen-Buddhismus* existiert. Weitere hundert Jahre später drang das große Fahrzeug nach Tibet vor, wo es sich in den folgenden Jahrhunderten zum Diamantfahrzeug wandelte. Während im heutigen China der Buddhismus gelähmt ist, hat er sich in Tibet gehalten, ist allerdings durch den Druck des kommunistischen China stark

bedroht. Oberhaupt des tibetanischen Buddhismus ist der *Dalai-Lama*.

Vorstellungen des Nirwana. Unsterblichkeit

Der Buddhismus kennt durchaus Paradiese, deren Annehmlichkeiten mit jenen des christlichen Himmels zu vergleichen sind: Durch Reinkarnation kann der Mensch aus unserer gegenwärtigen Welt in ein derartiges Paradies gelangen, allerdings ist er auch dort dem fundamentalen Reinkarnationsprinzip unterworfen, d.h. er unterliegt der ewigen Wiederkehr des Todes. Sein Aufenthalt in diesem Paradies ist also vorübergehender Natur.
Die Durchbrechung dieses Kreislaufes gelingt nur durch das Eingehen ins Nirwana. Natürlich stellt sich nun die Frage, ob Nirwana mit Himmel gleichgesetzt werden darf, d.h. ob es sich beim Nirwana um einen Ort unendlich währender Glückseligkeit handelt.
Nach weitverbreiteter Ansicht ist dies im ursprünglichen Buddhismus nicht der Fall. Dort wird das Eingehen ins Nirwana als Befreiung von aller Begierde gesehen, als unwandelbarer Zustand ohne Leben und Tod. Aber bereits hier gibt es auch schwergewichtige Gegenstimmen, die diese Vorstellung einer „Auslöschung" verwerfen. So meint Mahatma Ghandi[19]:
„Nirwana ist zweifellos nicht die letzte Auslöschung. Soweit ich in der Lage bin, das zentrale Geschehen in Buddas Leben zu verstehen, ist Nirwana die letzte Auslöschung von allen Grundgegebenheiten in uns, von allem Verderbten in uns, von allem Korrupten und Korrumpierbaren in uns. Nirwana ist nicht wie die schwarze, tote Grabesruhe, sondern der lebendige Friede, das lebendige Glück an einer Seele, die sich ihrer selbst bewußt ist und weiß, daß sie einen Platz im Herzen des Ewigen gefunden hat."

Bereits über Buddhas Ansicht vom Nirwana herrscht also eine gewisse Unklarheit. Die spätere Entwicklung des Nirwanabegriffes war natürlich an die jeweilige buddhistische Richtung gebunden. So ist im Hinayana-Buddhismus die Auslöschungsinterpretation sehr weit verbreitet, während im Mahayana-Buddhismus Nirwana durchaus Ähnlichkeit mit dem christlichen Himmel als Ort immerwährender Glückseligkeit aufweist. Ein moderner führender Vertreter des Buddhismus meint zu der Frage nach dem Nirwana[49]:

„Man wird jetzt fragen: Aber was ist Nirwana? Zur Beantwortung dieser ganz natürlichen und einfachen Frage sind Bände geschrieben worden. Sie hat im Ergebnis eher mehr verwirrt als geklärt. Die einzige vernünftige Antwort, die man auf diese Frage geben kann, ist: Sie ist niemals vollständig und befriedigend in Worten zu beantworten, weil die menschliche Sprache zu arm ist, um das wirkliche Wesen der absoluten Wahrheit oder der endgültigen Wirklichkeit, die Nirwana ist, auszudrücken . . .“

6. Der Konfuzianismus

Konfuzius

Konfuzius wurde im Jahre 551 v. Chr. im Fürstentum Lu geboren, einem der kleineren Staaten Mittelchinas. Sein chinesischer Name lautet Kung-fu-tse bzw. Kong Qiu (K'ung Ch'iu), was „Meister aus dem Geschlechte der Kung" bedeutet. „Konfuzius" ist die im 17. Jh. von jesuitischen Mönchen eingeführte lateinisierte Form dieses Namens.

Seine Familie war adlig, aber arm, und so nahm Konfuzius als Zwanzigjähriger einen untergeordneten Verwaltungsposten im Fürstentum Lu an. Dort hatte er genügend Zeit, sich mit Geschichte, Dichtkunst und den alten Sitten und Riten zu beschäftigen. 530 gründete er eine kleine Akademie, die junge Männer aus gebildeten Familien in den Formen des Anstandes unterwies. In den folgenden Jahren absolvierten über 3000 Zöglinge diese Schule und begründeten Konfuzius' Ruf als Gelehrten.

Seine Ansichten entwickelten sich nicht spontan in Form einer Erleuchtung, sondern erst allmählich und nach reiflicher Überlegung. Zu seinen Schülern meinte er: „Mit 15 war ich nur auf Lernen bedacht, mit 30 hatte ich mir eine Meinung gebildet; mit 40 begann ich frei von Zweifeln zu sein."

501 bot ihm der Fürst von Lu die Präfektur von Zhond und bald darauf das Amt des Justizministers an. Hier hatte Konfuzius Gelegenheit, seine theoretischen Grundsätze praktisch zu verwirklichen. Er führte konsequent Reformen im Geist der alten Sitten durch und erzielte dabei nach der Überlieferung außerordentliche Erfolge. Intrigen bewirkten jedoch, daß sich der Fürst von Konfuzius' Regierungsgrundsätzen abwandte, worauf dieser ins Exil ging. 483 wurde er ehrenvoll in die Heimat zurückberufen. Er nahm jedoch kein öffentliches Amt mehr an, sondern widmete sich der Sammlung und

Herausgabe der überkommenen chinesischen Weisheiten in den *Fünf Klassikern*, die sein Lebenswerk darstellen.
Im Jahre 479 v. Chr. starb Konfuzius in der Enttäuschung, seine Grundsätze nicht im täglichen Leben verwirklicht zu sehen. Tatsächlich prägten seine Gedanken die Geistesgeschichte Chinas der folgenden zweitausend Jahre in unvergleichlicher Weise.

Die Klassischen Bücher

Der klassische Konfuzianismus ist in den *Neun Klassischen Büchern* niedergelegt. Die ersten fünf kanonischen Bücher gehen auf Konfuzius selbst zurück, die anderen enthalten teils seine mündlich weitergegebenen Lehren, teils jene seiner hervorragendsten Schüler.
Das erste Buch ist das *Buch der Wandlungen* (I King). Nach der Überlieferung geht es auf einen um 3000 v. Chr. lebenden Kaiser zurück. Konfuzius hat dessen Gedanken in geordneter Form herausgegeben und einen Kommentar dazu verfaßt.
Das zweite Buch ist das *Buch der Lieder* (Schi King), das eine Auswahl von etwa hundert, lange vor Konfuzius' Zeit entstandenen Gesängen wiedergibt.
Das dritte Buch ist das *Buch der Urkunden* (Schu King), ein Abschnitt chinesischer Geschichte von über zweitausend Jahren, bis an die Zeit des Konfuzius reichend.
Das vierte Buch hat Konfuzius selbst verfaßt. Es sind die *Frühlings- und Herbstannalen*, eine Chronik seines Heimatstaates Lu über einen Zeitabschnitt von etwa 250 Jahren.
Das fünfte Buch ist das *Buch der Riten* (Li Ki), das wahrscheinlich teilweise auf Konfuzius selbst zurückgeht.
Die Lehre des Konfuzius kennen wir jedoch nicht aus den obigen fünf, sondern aus einem Teil der folgenden Bücher, die von seinen Schülern aufgezeichnet wurden.
Das sechste Buch *Unterredungen* (Lun Yü) enthält zusammen mit dem siebenten Buch *Große Wissenschaft* (Ta Hsüeh) die wesentlichen Gedanken des Konfuzianismus.

Aussprüche des Meisters finden sich auch im achten Buch *Lehre von Maß und Mitte* (Tschung Yung), das auf seinen Enkel zurückgeht. Der Schöpfer des neunten Buches ist *Mencius*, der bedeutendste Schüler des Konfuzius.

Metaphysik

An erster Stelle steht im Konfuzianismus der Mensch und seine Bedeutung in Familie, Gesellschaft und Staat, er ist also in erster Linie *praktische Ethik*. Zu metaphysischen Fragen über Gott, ein Leben nach dem Tode etc. nimmt er kaum Stellung. Konfuzius meinte: „Wenn wir noch nicht einmal wissen, wie wir den Menschen dienen sollen, wie können wir wissen, wie wir den Geistern dienen? Wenn wir nichts über das Leben wissen, wie können wir etwas über den Tod wissen?"
Es handelt sich beim Konfuzianismus also um eine *materialistische Philosophie* ohne Gottesvorstellung und ohne die Vorstellung eines Lebens nach dem Tode.
Die chinesische Reichsreligion dieser Zeit kannte ebenfalls keinen persönlichen Gott. Allerdings verehrte sie den Himmel als eine unpersönlich gedachte Macht und kannte den Glauben an Geister und Dämonen. Obwohl sich diese Vorstellungen in der Lehre des Konfuzius nicht widerspiegeln, lehnte er sie jedoch auch nicht ab.

Praktische Ethik

Wie bereits oben bemerkt wurde, liegt der Schwerpunkt des Konfuzianismus in der praktischen Ethik. Seine Forderungen sind Ernst, Respekt und Strenge gegenüber sich selbst und seinen Mitmenschen, und ein vorbildliches Verhalten in allen möglichen Situationen. Das Ideal besteht also im Unterschied zu vielen anderen Religionen nicht in einem weltabgewandten Eremiten, sondern in einem die Welt und die Menschen kennenden, abgeklärten Weisen. Voraussetzung für die Erlangung dieses hohen Ziels ist natürlich eine richtige *Erziehung*.

Als wesentliche Eckpfeiler dieser Erziehung sieht Konfuzius die Ausbildung des künstlerischen Empfindens und die Kenntnis und Befolgung der *Regeln von Sitte und Anstand*. Maßgeblich für die künstlerische Erziehung sind *Literatur* und *Musik*. Die erstere erweitert den Gesichtskreis, die zweite ist der Güte verwandt und vermittelt ein gutes Herz. Den Regeln von Sitte und Anstand mißt Konfuzius die Bedeutung einer Mauer gegen innere und äußere Haltlosigkeit zu: „Derjenige, der glaubt, daß dieser Schutzwall nutzlos sei, und ihn daher zerstört, kann sicher sein, daß er unter den Verwüstungen der dann hereinbrechenden Flut zu leiden hat."

Ein weiterer wichtiger Gedanke des Konfuzianismus ist die Lehre von der *goldenen Mitte*, das Bestreben, Gegensätzliches und Auseinanderstrebendes auf einer höheren Ebene auszugleichen. Weiter findet sich im Buch der Wandlungen bereits das dualistische Prinzip des *Yang* und *Yin*, das sich später zu einer eigenen philosophischen Richtung entwickeln sollte: In allem Seienden sind zwei Prinzipien wirksam, ein männliches, aktives (Yang), und ein weibliches, passives (Yin). Yang wird auch das Element des Hellen, des Lichtes und der Bewegung zugeordnet, während Yin die Elemente des Dunklen, Bewegungslosen, mithin der Materie, beschreibt. Sowohl der Gedanke der goldenen Mitte, wie auch das Prinzip von Yang und Yin finden sich auch in anderen chinesischen Religionen zu verschiedenen Zeiten.

Die weitere Entwicklung des Konfuzianismus. Neu-Konfuzianismus

Zunächst entwickelte sich der Konfuzianismus zur dominierenden chinesischen Religion (Religion und Philosophie gilt den Chinesen gleich), erstarrte aber in den ersten Jahrhunderten unserer Zeitrechnung zu einem staatlichen Kultus. Im Jahre 61 n. Chr. ließ Kaiser *Ming-ti* aus der Han-Dynastie unter dem Eindruck eines Traumes buddhistische Mönche aus Indien nach China holen, womit der Buddhismus Eingang in dieses allen Extremen abgeneigte Land fand. Seine Blütezeit erlebt der Buddhismus in China unter den *Tang*

(618–907). Hier fanden die Menschen den Kontakt mit dem Göttlichen, der ihnen im Konfuzianismus und auch im Taoismus (s. folgenden Abschnitt) vorenthalten wurde. Die Konfrontation mit dem Buddhismus ließ jedoch den schwach gewordenen Konfuzianismus wieder erstarken, indem er sich mehr auf seine ursprünglichen Quellen besann, von denen er sich in den letzten Jahrhunderten entfernt hatte. Die damit verbundene Weiterentwicklung seiner Grundvorstellungen beginnt etwa mit dem Ausgang des chinesischen Mittelalters um 1000 n. Chr. und währt bis zur chinesischen Revolution von 1911. Diese weiterentwickelte Philosophie wird als *Neu-Konfuzianismus* bezeichnet.

Die Argumente, die der den Menschen und sein soziales Beziehungsgeflecht in den Mittelpunkt stellende Konfuzianismus gegen den chinesischen Buddhismus ins Feld führt, sind leicht zu erraten. Die Anhänger des Konfuzius meinen, daß die buddhistische Lehre von der Entsagung praktisch nicht durchführbar sei. Der menschlichen Gemeinschaft könne niemand entfliehen, auch wenn er Familie und Freunde aufgibt. Denn gleichzeitig bilden sich doch wieder neue Gemeinschaften, buddhistische Klöster, Orden, oder eine Schar von Schülern und Jüngern. Weiter kritisieren die Anhänger des Konfuzius die Furcht der Buddhisten vor Geburt und Tod, die sie als soziale Verantwortungslosigkeit geißeln.

Ab dem 17. Jh. beginnt der Niedergang und die formelhafte Erstarrung des chinesischen Buddhismus.

7. Der Taoismus

Lao-Tse

Die historische Existenz von Lao-tse (Laozi) ist schwierig zu belegen. Angeblich wurde er um 600 v. Chr. in Hunan (Südchina) als Sohn armer Eltern geboren und war später Geschichtsschreiber des Staatsarchivs im Staat Tschou. Der Name Lao-tse bedeutet „Alter Meister", aber auch „altes Kind", womit auf den jugendlichen Charakter der Weisheit hingewiesen wird. Nach einem plötzlichen Sinneswandel ließ Lao-tse Beruf und Familie hinter sich und verließ Tschou. Am Grenzpaß bat ihn der Paßaufseher, seine Gedanken niederzuschreiben, bevor er in die Einsamkeit gehe. Lao-tse folgte dieser Aufforderung und schrieb das *Tao-te-King*, das „Buch des Alten Meisters".[59] Wohin sich Lao-tse darauf zurückzog, ist nicht bekannt. Im Jahre 517 v. Chr. soll er gestorben sein.

Metaphysik

Während Konfuzius der Metaphysik gleichgültig gegenübersteht, hat die Philosophie des Lao-tse eine ausgeprägte metaphysische Komponente. Zentraler Begriff seiner Philosophie ist das *Tao*, das auch schon in der älteren chinesischen Religion und bei Konfuzius vorkommt, allerdings nicht in derselben Bedeutung und mit weniger Gewichtung als bei Lao-tse.

Nach Lao-tse ist das Tao das Absolute, der letztlich nicht faßbare Urgrund der Welt. Daher kann es nicht eingeordnet, nicht einmal benannt werden: „Das ewige Tao hat keinen Namen", meint Lao-tse, „ich weiß seinen Namen nicht, nenne es aber Tao." Der Mensch hat sich durch seine Individualität und seine Taten vom Tao gelöst. Ziel des Menschen ist daher die Rückkehr zu dieser Quelle, das Einswerden mit dem Tao, wobei diese Verschmelzung ekstatisch erlebt wird. Das Einswerden mit dem Tao ist gleichbedeutend mit Unsterblichkeit. Anders als in den Glaubenslehren semitischen Ursprunges, die zwischen Diesseits und Jenseits klar unterscheiden, wird im Taoismus das ewige Leben als eine Fortsetzung der leiblichen Existenz angesehen.

Praktische Ethik

Der Weise muß sich der Wertlosigkeit aller Dinge außer dem Tao bewußt werden. Dies gelingt nur durch die Aufgabe des eigenen Willens, durch *Wuwei*, das heißt durch Nicht-tun. Beschränkung der Samen, Worte und Taten sind wichtige Voraussetzungen auf dem Weg zum Heil. Das menschliche Ideal des Taoismus ist daher der Eremit, der das Leben durch seine Erleuchtung und nicht durch seine Aktivität meistert. Dies ist ein markanter Unterschied zu der auf die Erfordernisse des täglichen Lebens zugeschnittenen Philosophie des Konfuzius.

Allerdings wäre es falsch, den Taoismus als reine Weltflucht und Askese anzusehen. Der Mensch soll in der Welt stehen und wirken, aber innerlich gleichzeitig „nicht von dieser Welt sein". Er soll also alle seine Aufgaben wahrnehmen und erfüllen, aber seine innerliche Unabhängigkeit bewahren. Handeln durch Wuwei, Arbeit zu verrichten, ohne Stolz darauf zu sein, Einfachheit und Schlichtheit in allem bewahren. „Der vollkommene Mensch wünscht, nicht zu wünschen, und schätzt nicht schwer zu erlangende Güter. Der Weise liebt Menschen und Dinge, aber er wird durch seine Zuneigung kein Sklave ... Des Heiligen Reich ist seine Brust, nicht Augenlust", und „Das Ruhige ist des Unruhigen Herr; daher der Weise den ganzen Tag wandelt, ohne zu weichen von ruhigem Ernst. Hat er gleich Prachtpaläste, gelassen bewohnt er sie und verläßt sie ebenso ..."

Das Tao-te-King

Von allen „heiligen Büchern" der Weltreligionen weist das Tao-te-King (gesprochen: Dau-Dö-Djing) mit Abstand den geringsten Umfang auf. Es besteht aus 81 Kapiteln von etwa einer halben bis einer vollen Seite, und spiegelt metaphysische, ethische und politische Ansichten in dichterischer Sprache wider. Als Leitfaden zieht sich der Begriff des Tao durch das Werk. Tao wird mit „Weg", aber auch mit „Vernunft" übersetzt. Wie eingrenzend eine Benennung ist, zeigt schon der Beginn des ersten Kapitels:

> Könnten wir weisen den *Weg*,
> Es wäre kein ewiger Weg.
> Könnten wir nennen den Namen,
> Es wäre kein ewiger Name.
>
> Was ohne Namen,
> Ist Anfang von Himmel und Erde;
> Was Namen hat,
> Ist Mutter den zehntausend Wesen.

Und in Kapitel 25 lesen wir:

> Ein Wesen gibt es chaotischer Art,
> Das noch vor Himmel und Erde ward,
> So tonlos, so raumlos.
> Unverändert, auf sich nur gestellt,
> Ungefährdet wandelt es im Kreise.
>
> Du kannst es ansehen als die Mutter der Welt.
> Ich kenne seinen Namen nicht.
> Ich sage *Weg*, damit es ein Beiwort erhält.
> Und wenn ich's mit Mühe benennen soll,
> Sag Ich: Das Große.
> Großsein heißt: Sich Verlieren;
> Sich Verlieren heißt: Sich Entfernen;
> Sich Entfernen heißt: Im Gegensinn gehn.

Unsterblichkeit im Taoismus

Schon der ursprüngliche Taoismus ist der Ansicht, daß mit dem Eingehen des Menschen in das Tao die Unsterblichkeit verbunden ist. In den folgenden Jahrhunderten sollten sich die damit zusammenhängenden Vorstellungen präzisieren. Ein *hsien*, ein Unsterblicher, lebt in einer Welt, die alle bekannten angenehmen Seiten unserer Welt hat, ohne deren Mängel wie zum Beispiel Alter, Krankheit und Tod aufzuweisen. Sie ist also durchaus materiell, aber reiner und schöner. Ein hsien ist prinzipiell fähig, unsere gegenwärtige Welt aufzusuchen, doch wird er daran wenig Interesse haben.
Später wurden Vorstellungen über die Erscheinungsform der hsien und die Methoden zur Erlangung von Unsterblichkeit noch wesentlich deutlicher. Zur Zeit der Han-Dynastie (206 v. Chr. – 220 n. Chr.) stellte man sich einen hsien als gefiederten Menschen vor. Die Schaffung dieses unsterblichen Körpers gelang entweder durch die taoistischen Praktiken, war jedoch auch durch Einnahme eines „Goldenen Elixiers" möglich, an dessen Herstellung die Alchemisten Chinas viel Zeit und Mühe verwandten.

Im Unterschied zum Konfuzianismus war dem Taoismus keine positive Weiterentwicklung bestimmt. Dies liegt vielleicht an seiner ursprünglich aristokratischen Geisteshaltung, die den Erfordernissen des praktischen Lebens nicht so günstig angepaßt erscheint wie der soziale Positivismus des Konfuzius. Seit der Han-Dynastie verfällt der Taoismus in eine Art Volksreligion, durchsetzt mit Aberglauben an Geisterbeschwörung und Unsterblichkeitszauberei.

8. Vergleich der Weltreligionen

In diesem Abschnitt wollen wir die wesentlichen Gemeinsamkeiten und Unterschiede verschiedener Religionsgruppen herausstreichen.

Vergleich der drei großen monotheistischen Religionen

Die drei monotheistischen Religionen Judentum, Christentum und Islam sind semitischen Ursprungs und etwa im gleichen geographischen Bereich entstanden. Alle drei Religionen akzeptieren Abraham und Moses als Propheten und die Thora als Offenbarung.
Das Christentum sieht sich als Neuerung und Ergänzung des Judentums, auf dessen Schultern es entwicklungsgeschichtlich steht, und erkennt die jüdische Bibel als Vorstufe des Neuen Testamentes an. In gleicher Weise sieht der Islam sowohl das Judentum als auch das Christentum als Vorläufer seiner Lehre an.
Die Vorstellungen über Gott, himmlische und dunkle Mächte, sowie über das Leben nach den Tode sind in allen drei Religionen ziemlich ähnlich. Der Widerspruch zwischen einem Glauben an die Auferstehung des Fleisches einerseits und eine unsterbliche Seele andererseits ist im Christentum am stärksten ausgeprägt, latent aber auch im Judentum und im Islam vorhanden.
Alle drei Religionen nehmen das sittliche Verhalten im einmaligen Diesseits als Maßstab für die ewig währende Existenz im Jenseits. Damit erlangt einerseits zwar die Heilsgeschichte eine einmalige Bedeutung, aber es existiert doch ein krasser Widerspruch zwischen der Vorstellung eines allgütigen Gottes und dem fallweise ewig verdammenden Gott.

Das sittliche Ideal des Christentums scheint praktisch am schwierigsten realisierbar zu sein. Dagegen wird vom gläubigen Muslim ein wesentlich höherer ritueller Aufwand erwartet: Dem sonntäglichen

Kirchgang des Christen steht das täglich fünfmal zu festgelegter Stunde stattfindende Ritualgebet des Muslimen gegenüber, wobei das Freitagsgebet in der Moschee verrichtet werden muß.
Die Toleranz gegenüber Andersgläubigen ist in allen drei Religionen wesentlich geringer als bei den indischen oder chinesischen Religionen. Am wenigsten kraß äußert sich die Intoleranz im Judentum, wo der im 16. Jh. abgeschlossene Talmud auch dem rechtlich denkenden Juden das ewige Leben zuspricht. Die christliche Kirche hat sich erst im zwanzigsten Jahrhundert teilweise zu dieser Haltung bequemt, während der traditionelle Islam von solcher Kompromißbereitschaft nichts ahnen läßt.

Charakterisierung der hinduistischen Religionen

In diesem Abschnitt wollen wir unter dem Begriff des Hinduismus auch den Buddhismus als nichtorthodoxes System des Hinduismus verstehen.
Im Hinduismus ist der Gedanke der *Seelenwanderung* (Reinkarnation) zentral. Falls man irgendeine Art von Existenz nach dem Tode annimmt, so scheint es dafür nur zwei fundamentale Möglichkeiten zu geben: die von den monotheistischen Religionen vertretene Auffassung eines ewig währenden Lebens, dessen Qualität von unserem Verhalten im Diesseits abhängt, und der Gedanke an eine zyklische Wiederkehr.
Mit dem Glauben an die Reinkarnation ist natürlich eine *völlig andere Erlösungsidee* verbunden, als sie uns von den großen monotheistischen Religionen vertraut ist. Ein Vorteil dieser Anschauungen liegt in der Aufhebung des krassen Mißverhältnis von Vergehen und Strafe, wie es sich im Judentum, Christentum und Islam darstellt. Als Nachteil muß dem europäischen Betrachter die Tatsache scheinen, daß die reinkarnierte Existenz nicht als Fortführung der ursprünglichen Persönlichkeit gedacht werden kann und die Durchbrechung des Reinkarnationsprinzips nicht durchwegs als Zustand immerwährenden Glückes interpretiert werden darf.

Ferner existieren innerhalb der verschiedenen hinduistischen Strömungen *große Unterschiede hinsichtlich der Gottesvorstellung.*
Ein wesentliches Merkmal des Hinduismus ist die *Geringschätzung verstandesmäßiger Erkenntnis.* Dies ist auch im Christentum und im Islam der Fall, wo die Ratio im wesentlichen zur Ausschaltung der gegnerischen Argumente benützt wird, aber nicht die eigene, auf Offenbarungsglauben gegründete Position hinterfragt.
Im Unterschied zu den monotheistischen Religionen zeigen sich die hinduistischen Systeme durchwegs *tolerant.* Der Heilsweg der jeweiligen Philosophie ist in groben Umrissen festgelegt, aber die Wahrheit erfährt der Einzelne durch Versenkung und Meditation. Dem Hinduisten ist der Gedanke völlig fremd, daß die Wahrheit nur in einer einzigen Form existiert. Mit der Verfolgung und Unterdrückung Andersgläubiger, wie sie im Christentum gang und gäbe waren und im Islam noch immer sind, hat sich der Hinduismus nie befleckt.

Charakterisierung der chinesischen Religion

Dem chinesischen Denken ist jede Art von Einseitigkeit und Extrem fremd. Stets versucht es, scheinbar Widersprüchliches in Form einer *Synthese* zu vereinigen. Am deutlichsten zeigt sich dies im Konfuzianismus, wo die „Goldene Mitte“ angestrebt wird.
Weiter springt der *weltliche Charakter* chinesischer Philosophie ins Auge. Metaphysische Spekulationen sind den Chinesen nicht fremd (siehe Taoismus), aber vorwiegend dominiert doch die *praktische Ethik.*
Aus dieser Einstellung erklärt sich vielleicht auch die extreme *Toleranz* des chinesischen Denkens, die noch wesentlich stärker ausgeprägt ist als jene des indischen Denkens und beinahe an Gleichgültigkeit gemahnt. In den früheren Jahrhunderten existierten Konfuzianismus, Taoismus und Buddhismus friedlich nebeneinander, wobei die Menschen je nach Bedarf einmal bei der einen und einmal bei der anderen Religion Hilfe suchten.

II. Vom Urchristentum zur Dogmatik

Die Zeitspanne zwischen Jesus' öffentlichem Auftreten und dem Ende des ersten Jahrhunderts wird als *Apostolische Zeit* und die damalige Formgebung des Christentums als *Urchristentum* bezeichnet. Wir haben es in seinen wesentlichen Linien in Kapitel I erfaßt. Im vorliegenden Kapitel wollen wir nun auf die dogmatische Ausgestaltung des Christentums genauer eingehen.

1. Die Apologeten

Der Großteil der Urchristen setzte sich aus den unteren Schichten der städtischen und ländlichen Bevölkerung zusammen. Die meisten Gebildeten hegten eine tiefe Verachtung für die christliche Lehre, in der sie einen Rückfall in primitiven Aberglauben sahen. Sie hingen den Anschauungen der Spätantike an, die auf harmonisches Ebenmaß, auf heitere Diesseitsbezogenheit und Toleranz ausgerichtet war und wo der menschlichen Vernunft eine dominierende Rolle eingeräumt war. Das diesseitsfeindliche Christentum mit seinem Ausschließlichkeitsanspruch und seinen widervernünftig scheinenden Offenbarungswahrheiten stand in krassem Gegensatz zu diesen Anschauungen. Doch war es für ein Überleben des Christentums unbedingt notwendig, auch die Gebildeten anzusprechen und zu überzeugen. Diese schwierige Aufgabe übernahmen die *Apologeten*. Das

Wort bedeutet „Verteidiger", womit einerseits die Verteidigung des Christentums gegen die Ablehnung der Gebildeten gemeint war, andererseits jene gegen die aufkommenden Irrlehren innerhalb der christlichen Kirche selbst (s. dazu den nächsten Abschnitt). Als Zeitalter der Apologeten bezeichnet man etwa die Zeitspanne von 130–180.

Ein wesentlicher Gedanke der Apologeten war, daß Glaubenswahrheiten nicht in einem dem vernunftorientierten Denken zugänglichen Bereich liegen. Sie versuchten, die scheinbare Torheit des Christentums als eine höhere Wahrheit darzustellen. Dabei konnten sie sich auf Paulus berufen: „Was in den Augen der Welt Torheit ist, das ist vor Gott Weisheit" (1 Kor. 1,23–25).

Ein weiterer, aus dem Leben gegriffener Beweis für die Ernsthaftigkeit des Christentums war: Das Christentum führt zum echten Leben. Darunter versteht man eine sittliche Lebensweise und eine kühle Haltung dem Tode gegenüber. Das damalige Christentum konnte beide Eigenschaften für sich verbuchen. Seine Mitglieder hatten sehr strenge Sitten, und daß sie zu sterben wußten, das machten die Märtyrer bei den Christenverfolgungen überdeutlich.

Ein weiterer, etwas weniger überzeugender Beweis der Apologeten war der sogenannte „Altersbeweis": Die Propheten des Alten Testaments haben vor den griechischen Philosophen gelebt. Wenn die Griechen also etwas Gutes erkannt haben, so haben sie es von den Propheten gelernt, oder noch etwas überspitzter ausgedrückt: Alles Gute ist letztlich christlichen Ursprungs.

2. Erste Häresien

Das Wort Häresie bedeutet Irrlehre. In den ersten nachchristlichen Jahrhunderten war das Christentum nicht nur äußerlich durch die Christenverfolgungen bedroht, sondern es erwuchsen ihm auch von innen her Gefahren. Es kamen verschiedene geistige Bewegungen auf, die einerseits verschiedene Elemente des Christenglaubens uminterpretierten oder erweiterten, andererseits eine Verschmelzung christlicher Aussagen mit solchen nichtchristlichen Ursprungs vornahmen. Vieles wurde von der Kirche aufs schärfste bekämpft, anderes fand Eingang in das dogmatisch noch nicht festgelegte Christentum. Man kann sagen, daß der Gegensatz zwischen Rechtgläubigkeit und Häresie entstanden ist durch Ausgrenzung und Assimilation aus der anfänglichen Vielfalt christlicher Anschauungen.

Die Gnosis

Am gefährlichsten war dem Christentum die im 2. Jahrhundert aufkommende Gnosis (griechisch: „Erkenntnis"). Sie existiert in vielen Spielarten, auf die wir hier nicht im einzelnen eingehen können. Wir beschränken uns daher auf das Herausstreichen der markantesten Gemeinsamkeiten.
Während die Apologeten Vernunft und Erkenntnis nur eine untergeordnete Rolle zuwiesen und die Glaubenswahrheiten als die höhere Wahrheit ansahen, rückt bei den Gnostikern die Erkenntnis wieder etwas mehr in den Vordergrund. Auch sie konnten sich auf Paulus berufen: „Der Geist erforschet alle Dinge, auch die Tiefen der Gottheit" (1 Kor. 2,10).
Daneben kann die gnostische Geisteshaltung durch ihre Stellung gegenüber dem Problem der Theodizee definiert werden. Darunter versteht man die Frage nach der Rechtfertigung Gottes angesichts des

Bösen in der Welt. Wenn Gott allmächtig und allgütig ist, wie kann dann auf der Welt soviel Leid existieren? Diese Frage stellt sich jede Religion. Im Christentum ist sie aber besonders schwierig zu beantworten. Hier wird Gott als allmächtig und allgütig angenommen, und gleichzeitig als Schöpfer der Welt angesehen. Wenn aber Gott allmächtig und allgütig ist, warum ist dann seine Schöpfung so unvollkommen? Warum existiert dann soviel Böses, soviel Leid in der Welt, von dem uns erst Christus – reichlich spät – erlöst?
Die Gnostiker lösen dieses Problem sehr elegant. Sie unterscheiden zwischen einem allmächtigen, allgütigen Erlösergott und einem weniger vollkommenen Schöpfergott, der dem Erlösergott untergeordnet ist. Als diesen zweitrangigen Schöpfergott sahen sie den Gott des Alten Testamentes an. Damit wird zwar die Existenz des Bösen verständlich, allerdings wird dadurch aber auch das Bild des Menschen etwas anders gezeichnet. Nun ist der Mensch an seiner Sündhaftigkeit nicht mehr ausschließlich selbst schuld. Damit wird aber letztlich auch die Erlösung durch Christus als einmaliger unverdienter Gnadenakt schwerer verständlich, weshalb die Gnosis bald als bedrohlichste Häresie angesehen wurde. Im 3. Jh. verschwindet die Gnosis, und an ihrer Stelle erscheint der sehr ähnliche *Manichäismus*.

Der Montanismus

Um 150 n. Chr. sammelten sich in Phrygien (Kleinasien) eine Schar Anhänger um den Propheten *Montanus*. Er verkündete das nahe Weltende und die Wiederkunft Christi und forderte daher zu einem verstärkt reinen Lebenswandel auf. Ursprünglich stand die Kirche dem Montanismus nicht feindlich gegenüber. Als das verkündete Weltende jedoch ausblieb und die geforderte Sittenstrenge die bischöfliche Verfassung überflüssig zu machen schien, da alle Montanisten als gleichermaßen heilig gelten konnten, wurde die Kirche mißtrauisch. Im Jahr 190 wurde die Bewegung durch die ersten Bischofssynoden verdammt, und wenige Jahrhunderte darauf verliert sich die Spur des Montanismus vollständig.

Der Marcionismus

Marcion war ein Reeder aus Kleinasien. Im Jahre 138 kam er nach Rom, wo er einige Jahre später eine eigene Kirche gründete. Nach der damaligen Anschauung des Christentums wird der Mensch durch die Taufe sündenfrei, und wenn er diese Befreiung durch einen sündlosen Lebenswandel beibehält, erlangt er die Erlösung. Für Marcion hat diese Anschauung einen formelhaften Beigeschmack, so wie er auch das Alte Testament als bloßes Gesetzbuch ansieht. Das fundamental Neue am Neuen Testament ist für Marcion die Liebe Jesu. Er stellt der eher formelhaft erstarrten Erlösungsidee die Erlösung durch die Liebe Jesu gegenüber. Folgerichtig kommt er zu dem Gedanken, daß der Gott der Gesetze im Alten Testament nicht der Gott der Liebe im Neuen Testament sein kann. Hier begegnet er den Anschauungen der Gnosis, weshalb er auch oft als Gnostiker eingestuft wird. Die Kirche verdankt Marcion den deutlichen Hinweis, daß das Christentum eine Erlösungsreligion ist. Wegen der gnostischen Elemente seines Denkens verurteilte sie ihn jedoch scharf.

Der Manichäismus

Der Manichäismus geht auf den Perser *Mani* (215–273) zurück. Mani verwirft die Lehre des Alten Testaments. Er geht von der dualistischen Vorstellung aus, daß seit Ewigkeit ein Reich des Lichts und ein Reich der Finsternis existiert. Herrscher im Reich des Lichts ist der Vater des Lichtes, Herrscher im Reich der Finsternis ist der Vater der Finsternis, den Mani mit dem Gott des Alten Testaments Jahwe identifiziert. Der Mensch besteht aus der dem Reich der Finsternis entstammenden Materie, die einen Funken des göttlichen Lichts enthält.

Dieser Lichtfunke ist das wahre Ich des Menschen. Sein Ziel ist die Befreiung von der Materie und die Rückkehr zum göttlichen Licht. Um sich nicht weiter mit Materie zu beflecken, wird den Anhängern strenge Askese empfohlen.

Ebenso wie in der Gnosis erkennt man auch im Manichäismus die dem Alten Testament feindliche Einstellung, und die Auffassung des Menschen als Schauplatz eines Kampfes zwischen Gut und Böse. Daher wird der Manichäismus manchmal als eine der vielgestaltigen Erscheinungen der Gnosis angesehen. Manichäische Gemeinden existieren bis ins Mittelalter.

Der Arianismus

Eine vieldiskutierte Frage des 3. Jh. war das Verhältnis von Gott zu seinem Sohn. Die Auseinandersetzungen eskalierten durch die Anschauungen des Presbyters *Arius* (? – 335) in Alexandrien. Die These des Arius lautete, daß der Sohn Gottes nicht wesenseins mit Gottvater, sondern diesem untergeordnet sei und eine Mittelfunktion zwischen Mensch und Gottvater annimmt. Dieser These widersprach *Athanasius* (? – 373), der die Wesenseinheit von Vater und Sohn vertrat. Auf dem *Konzil von Nicäa* (325) siegte Athanasius. Damit war der Streit jedoch noch nicht beendet. Erst nach dem Tode beider Kontrahenten wurde 381 durch die *Synode von Konstantinopel* das *Dogma der Trinität*, das heißt der Wesensgleichheit von Gottvater, Gottsohn und dem Heiligen Geist endgültig festgelegt.
Allerdings waren zu diesem Zeitpunkt alle germanischen Stämme mit Ausnahme der Franken arianisch. Sie wurden erst im 6. Jahrhundert zum Katholizismus bekehrt.

3. Die älteren Kirchenväter

Als Kirchenväter bezeichnet man jene Theologen der ersten nachchristlichen Jahrhunderte, die als verbindliche Zeugen der christlichen Lehre anerkannt sind. Die Zeit ihres Wirkens bezeichnet man als *Patristik* (lateinisch: pater = Vater). Dabei unterscheidet man die Zeit der *älteren Kirchenväter* (etwa 100–325) und jene der *jüngeren Kirchenväter* (325–800). Die erste Periode ist dadurch gekennzeichnet, daß sich das Christentum erstmals mit der griechischen Philosophie auseinandersetzen und gegen Häresien um seine innere Einheit kämpfen muß. Das Konzil von Nicäa im Jahre 325 stellt einen ersten Abschluß dieser Entwicklung dar. Zu diesem Zeitpunkt sind die christlichen Grunddogmen (Lehrsätze des Glaubens) bereits festgelegt, und es existiert äußerlich eine einheitliche Kirche. In der zweiten Periode werden diese Grunddogmen dann zu einem einheitlichen geschlossenen System ausgebaut.

Irenäus von Lyon

Irenäus (140?–202) stammte aus Kleinasien und wurde später Bischof in Lyon. Er war ein erbitterter Gegner der Gnosis, die er in seinem Werk *Wider die fälschlich so genannte Gnosis* bekämpfte. Im wesentlichen bringt Irenäus zwei Argumente gegen die Gnosis vor. Erstens die biblische Autorität und zweitens die Tradition. Die christlichen Gemeindeältesten haben in direkter Reihenfolge die christliche Lehre übergeben, während die Gnostiker in dieser Reihe nicht aufscheinen.

Ein weiterer wesentlicher Gedanke des Irenäus ist seine Lehre von der Schöpfung und Erlösung des Menschen, Ursprünglich besaß der Mensch die Anlage zur Unsterblichkeit, durch Adams Sündenfall wurde sie jedoch aufgehoben. Die Erlösung durch Christus ist die Wiederherstellung der perfekten Schöpfung, durch Christus erhält der Mensch die Unsterblichkeit.

Origenes

Origenes (185–254) stammt wie viele andere bedeutende Denker des 2. und 3. Jh. aus Alexandrien, der von Alexander dem Großen gegründeten ägyptischen Hafenstadt. Durch seine Beiträge hebt er die christliche Theologie in den Rang einer Wissenschaft. Zentrale Punkte seines Denkens sind das Trinitätsproblem und die Erlösung durch Christus. Die Methodik des Origenes besteht nun nicht in einer buchstabengetreuen Auslegung der Heiligen Schriften, sondern in einer geeigneten Interpretation: Stets sucht er hinter den biblischen Formulierungen nach einem verborgenen tieferen Sinn.
Vorstellungen vom Wesen Gottes legen die Grundlage für den später ausbrechenden arianischen Streit. Für Origenes ist Gott weltumspannender Geist und Einheit. Er fragt sich, wie aus dieser Einheit die Vielfalt in die Welt kommt, die er als Entfaltung der in Gott enthaltenen Ideen sieht. Dazu nimmt Origenes an, daß Gott zuerst den Sohn – den Logos – und den Geist aus sich heraustreten läßt. Den Sohn sieht er als Manifestation der in Gott enthaltenen Ideen an. Da der Logos von Gott ausgeht, ist er zwar wesensgleich mit ihm, aber ihm trotzdem untergeordnet. Origenes betrachtet ihn als Vermittler zwischen Mensch und Gott, in gleichem Abstand zwischen beiden. Dieselben Überlegungen gelten für den Heiligen Geist.
Ein weiterer wichtiger Gedanke des Origenes ist seine Erlösungsvorstellung. Durch die Erbsünde ist der Mensch dem Teufel verfallen, Christus hat ihn jedoch freigekauft, indem er seine sündlose Seele für die aller menschlichen Seelen eingesetzt hat. Der Teufel kann die sündlose Seele Jesu natürlich nicht halten, er wurde damit also um alle Seelen betrogen.
Origenes' interpretatorische Auslegung christlicher Überlieferung bot in der Folgezeit Ursache für viele Mißverständnisse und Streite-

reien. Die Kirche nahm seine Lehre zunächst mit Vorbehalt auf, um sie später in den Jahren 399 und endgültig 553 als Irrlehre zu verurteilen.

Tertullian

Tertullian (150?–222) wurde in Karthago geboren. Er war philosophisch hochgebildet und lebte als erfolgreicher Jurist in Rom. 190 wird er Christ, um in späteren Lebensjahren zum Montanismus überzutreten. Er ist der erste Theologe, der lateinisch schreibt, wodurch er die abendländische Theologie stärker beeinflußt als andere Zeitgenossen.
Ebenso wie Irenäus von Lyon und Origenes stellt auch Tertullian den Glauben über das Wissen. Ihm wird der Ausspruch „Ich glaube, weil es Torheit ist" zugeschrieben. Wie stark er den Unterschied zwischen dem offenbarungsorientierten Christentum und der vernunftorientierten griechischen Philosophie empfindet, machen folgende Zeilen deutlich[11]:

„Was hat Athen mit Jerusalem zu tun, welche Übereinstimmung gibt es zwischen der Akademie und der Kirche? Bleibe stehen, o Seele, und gib dein Zeugnis. Aber ich rufe dich nicht auf als einer, der in Schulen ist, in Bücherhallen gebildet und aufgefüttert in attischen Akademien und Säulenhallen – ein solcher würde nur seine eigene Weisheit ausspeien. Ich wende mich an dich, den Einfachen, Rauhen, den Ungebildeten und Ungelehrten. So wie du bist, unversehrt und rein, du von Straßen und Wegen und Werkstätten."

Zum Trinitätsproblem führt Tertullian erstmals die Begriffe Person und Substanz ein: Die Wesenheit Gottes liegt in drei Personen vor.

4. Augustinus

Die überragende Gestalt unter den jüngeren Kirchenvätern, wie überhaupt in der gesamten Patristik ist *Augustinus* (354–430). Er gilt als die größte philosophische Begabung seit dem Zeitalter der griechischen Philosophie, und er stellt diese Begabung in den Dienst des Christentums, das damit einen ersten, für viele folgende Jahrhunderte einzigartigen Höhepunkt erreicht.
Augustinus wurde in Tagaste in Numidien als Sohn eines römischen Beamten und einer Christin geboren. Nach jugendlichen Ausschweifungen in Karthago begann er das Studium der Philosophie. Am Christentum störte ihn die Autorität und die mangelhafte Erklärung des Theodizeeproblems. So wendete er sich dem Manichäismus zu, dem er zehn Jahre lang angehörte. Ab 374 ist Augustinus Lehrer für Rhetorik in Karthago. Zehn Jahre später wird er Rhetorikprofessor in Mailand. Zu dieser Zeit wendet er sich von den Manichäern ab und dem Studium neuplatonischer Schriften, vor allem des *Plotinos*, zu. Mit dessen Hilfe versuchte er, die Welt aus rein geistigen Prinzipien zu verstehen.
Unter dem Einfluß der Predigten des Kirchenvaters *Ambrosius von Mailand* findet Augustinus schließlich den Weg zum Christentum und nimmt 387 die Taufe. Ab diesem Zeitpunkt führt er ein sehr zurückgezogenes, dem Studium hingegebenes Leben. 387 kehrt er nach Afrika zurück, 391 veranlaßt ihn der Bischof von Hippo Regius zur Annahme kirchlicher Ämter. Im Jahre 395 wird Augustinus selbst Bischof von Hippo Regius. In den folgenden Jahren setzt er seine Glaubensvorstellungen in die Praxis um, bekämpft Häresien und legt seine Gedanken in zahlreichen Büchern nieder.
In der Schrift *Wider die Akademiker* bekämpft er Herätiker wie etwa die Manichäer, die er aus eigener Erfahrung sehr gut kennt. In den *Confessiones* (Bekenntnisse) schildert Augustinus in Form eines einzigen Gebetes sein Leben bis zum Zeitpunkt seiner Bekehrung. Am Beginn dieses dreizehn Bücher umfassenden Werkes steht der Satz

„Du hast uns zu Dir hin geschaffen, und unruhig ist unser Herz, bis es ruht in Dir“. Weitere Hauptwerke sind *Über die Freiheit des Willens*, *Über die Dreieinigkeit* und *Über den Gottesstaat*. Die zentralen Gedanken dieser Werke wollen wir nun kurz skizzieren.

Zeit und Welt

Im Zusammenhang mit Gottes Ewigkeit und seiner endlichen Schöpfung reflektiert Augustinus den Zeitbegriff. Nach seiner Ansicht ist Zeit von unserem Bewußtsein nicht zu trennen, sie scheint also eine Kategorie unseres Denkens zu sein, Als Realität empfinden wir bloß die Gegenwart, die Vergangenheit ist Erinnerung, die Zukunft Erwartung. Ist diese Einteilung auch für den umfassenden Geist Gottes Realität? Augustinus verneinte diese Frage! „Wir, unsere Tage und Zeiten, gehen durch Gottes Hand hindurch.“ Für Gott ist also alles gleich gegenwärtig, Vergangenheit, Gegenwart, Zukunft. Interessanterweise entspricht diese Auffassung des bereits Vorhandenseins von Vergangenheit, Gegenwart, Zukunft genau den Ansichten der Speziellen Relativitätstheorie.
Augustinus bleibt bei diesen Überlegungen nicht stehen. Er macht sich Gedanken über das Verhältnis von Zeit und Welt. Ist die Welt in der Zeit entstanden oder zusammen mit der Zeit? Er versucht uns zu überzeugen, daß Zeit und Welt gleichzeitig entstanden sein müssen, weil der Zeitbegriff nach seiner Ansicht nicht vom Begriff der Veränderung und somit von der Welt zu trennen ist. Gott hat also die Welt nicht nach einem bestimmten Zeitraum geschaffen, sondern Zeit und Welt wurden gleichzeitig von ihm ins Leben gerufen. Auch hier nimmt Augustinus Aussagen der modernen Physik vorweg. Der Zusammenhang von Zeit, Raum und Materie ist die fundamentale Aussage der Allgemeinen Relativitätstheorie. In ihrem Gefolge steht die Urknalltheorie, nach der das gesamte Universum samt Raum und Zeit vor etwa 18 Milliarden Jahren entstanden ist.
Vielleicht kann der folgende kurze Ausschnitt eine erste Vorstellung von Augustinus Denkart und Sprachgewalt vermitteln[4]:

„Was ist also ‚Zeit'? Wenn mich niemand danach fragt, weiß ich es; will ich es einem Fragenden erklären, weiß ich es nicht. Aber zuversichtlich behaupte ich zu wissen, daß es vergangene Zeit nicht gäbe, wenn nichts herankäme, nicht gegenwärtige Zeit, wenn nichts seiend wäre, und nicht künftige Zeit, wenn nichts bevorstünde ...
Wenn sie denn ‚sind', Zukunft und Vergangenheit, so will ich wissen, wo sie sind. Wenn ich das vorerst auch nicht vermag, so weiß ich doch so viel, daß sie dort, wo sie ‚sind', sei das wo immer, nicht Zukunft und Vergangenheit sind, sondern Gegenwart. Denn ist das Künftige auch dort als erst künftig, so ‚ist' es dort noch nicht; ist das Vergangene auch dort vergangen, so ‚ist' es dort nicht mehr. Mögen sie also beide, was immer auch sie sind, sein wo immer: sie ‚sind' nur als Gegenwart ...
Denn es sind diese Zeiten als eine Art Dreiheit in der Seele, und anderswo sehe ich sie nicht: und zwar ist da Gegenwart von Vergangenem, nämlich Erinnerung; Gegenwart von Gegenwärtigem, nämlich Augenschein; Gegenwart von Künftigem, nämlich Erwartung. Erlaubt man uns, so zu sprechen, dann sehe ich auch drei Zeiten und gebe zu: ja, es ‚sind' drei ...
Allein, wenn man sie mißt, von woher und wo hindurch und wohin verläuft die Zeit? Von woher sonst als aus der Zukunft? Wo hindurch sonst als durch die Gegenwart? Wohin sonst, als in die Vergangenheit? Also aus dem, was noch nicht ist, durch das hindurch, was ohne Ausdehnung ist, in das, was nicht mehr ist. Was aber messen wir, wenn nicht die Zeit in etwelcher Ausdehnung? Denn sprechen wir bei Dauer von einfach und doppelt und dreifach und gleich oder sonstwie in dieser Art, so gilt es ja von Zeit als Ausdehnung. In welchem Gebiet von Zeit also, der fließenden, bestimmen wir Maße von Zeit? Etwa in der Zukunft, aus der heraus sie vorüberzieht? Aber was noch nicht ‚ist', das können wir nicht messen. Oder in der Gegenwart, durch die hindurch sie vorübereilt? Aber Ausdehnungsloses können wir nicht messen. Oder in der Vergangenheit, wohin sie vorüberflieht? Aber was nicht ‚ist', können wir nicht messen.
Mir brennt der Geist danach, dies ungemein verwickelte Rätsel zu entwirren ..."

Die Dreieinigkeit

Gott ist ewig ohne Zeit, groß ohne Quantität, gut ohne Qualität. Er ist unfaßbar für unser Denken. Es gibt also eine Wirklichkeit, die von uns nicht erfaßt werden kann, eben die Realität Gottes. Somit ist jede menschliche Philosophie zum Scheitern verurteilt. Diese Ansicht haben neben anderen auch Origenes und Tertullian vertreten. Allerdings ist die Kontemplation des Augustinus viel stärker mystisch geprägt als jene der älteren Kirchenväter, weshalb sich zu allen Zeiten die Mystiker auf ihn berufen konnten. „Warum willst du draußen schweifen? Kehre in dich selbst ein, denn im Inneren wohnt die Wahrheit!“, so spricht Augustinus, der die vernunftsmäßige Erfassung des Göttlichen belächelt. „Hinaus will ich selbst über meine Kraft, die Gedächtnis heißt, hinaus will ich über sie, um an dich zu reichen, süßes Licht“[4].
In der Frage der Trinität postuliert Augustinus die Gleichheit von Gottvater, Gottsohn und dem Heiligen Geist, wobei die auf Tertullian zurückgehenden Begriffe Substanz und Person ihre Verwendung finden: Die göttliche Substanz existiert in allen drei Personen, und in jeder existiert sie ganz.

Willensfreiheit

Ein wichtiges theologisches Problem jener Zeit war die Frage nach der Willensfreiheit des Menschen. Der irische Mönch *Pelagius* vertrat um 400 die Ansicht, daß der Mensch frei von Erbsünde geboren wird. Vererbt wird zwar die sündige Natur, aber nicht die Sünde selbst. Grundsätzlich hat der Mensch die Möglichkeit, sündlos nach dem Vorbild Christi zu leben und somit seine Erlösung selbst zu bewirken. Trotzdem ist Gottes Gnade durch diese Überlegung nicht sinnlos geworden. Da die Menschen sich seit Adams Sündenfall an das Sündigen gewöhnt haben und somit in diese Gewohnheit hineingeboren werden, ist ihnen ein sündhaftes Leben ohne Gottes Hilfe nahezu unmöglich. Theoretisch also ja, praktisch jedoch meist nein.

Gegen diesen *Pelagianismus*, der zahlreiche Anhänger fand, wandte sich Augustinus mit seiner *Prädestinationslehre* (Lehre von der Vorherbestimmung). Er ist der Ansicht, daß der Sündenfall Adams alle Menschen als Erbsünde belastet. Adam hatte die Möglichkeit gehabt, durch Befolgung des göttlichen Willens Unsterblichkeit zu erlangen. Aus Hochmut und Begierde hatte er versagt. Da wir alle von Adam abstammen, haben wir ebensowenig eine Chance wie er, das Gute zu tun. Bei dieser seltsam anmutenden Schlußfolgerung sieht Augustinus unsere Verbindung mit Adam in der gemeinsamen Begierde, die er sexuell auffaßt: Wir sind Produkt dieser Sexualität, haben also keinen freien Willen. Dieser Gedanke von Schuld als Triebhaftigkeit ist die eigentliche Legitimation der Erbsündenanschauung.

Wir sind somit alle dem Tode – der Bestrafung für die Erbsünde – verfallen. Der barmherzige Gott jedoch erlöst uns in seiner Gnade. Sie erstreckt sich jedoch nicht auf alle Menschen! Nach welchen Gesichtspunkten geht Gott hierbei vor? Augustinus meint „nach dem weisen und heimlichen Wohlgefallen seines Willens". Der Mensch kann sich also durch seine Handlungen nicht selbst erlösen. Nur wenn Gott in ihm wirkt, kann er erlöst werden. Aber Gott wirkt, wo er will, das heißt, sein Urteil ist vorherbestimmt.

Die Kirche war weder mit Pelagius′, noch mit Augustinus′ Auffassung sehr glücklich. Der Pelagianismus wurde mehrfach verurteilt, endgültig auf dem Konzil von Ephesus im Jahre 431. Aber auch die allzu schroff empfundene Prädestinationslehre des Augustinus wurde etwas modifiziert: Gott erlöst oder verdammt nicht von vornherein, sondern vermöge seiner Allwissenheit weiß er die Entscheidung jedes einzelnen Menschen im voraus.

Die Theodizee

In dieser Frage ist Augustinus' Haltung zwiespältig geblieben. Auf Grund seiner Prädestinationslehre war bereits die Definition des Bösen ein Problem. Andererseits hatte Augustinus im Lauf seines bewegten Lebens viel zu oft die Macht des Bösen hautnah empfunden, um sie aus philosophischer Sicht leugnen zu können. In jener Frage, deren Unbeantwortbarkeit ihn anfänglich vom Christentum ferngehalten hatte, war er also auch am Ende seines christlichen Lebens gescheitert.

Der Gottesstaat

Die Schrift *Über den Gottesstaat* (civita dei) kann als das eigentliche Hauptwerk des Augustinus angesehen werden. Sie umfaßt 22 Bücher, und wurde nach der Plünderung Roms durch den Westgotenkönig *Alarich* (410) in den Jahren 413-428 verfaßt. Die Römer vermeinten, ihre Schmach wäre durch den Abfall von den alten Göttern und die Zuwendung zu dem seit 353 als römische Staatsreligion erklärten Christentum verschuldet worden. Im „Gottesstaat" verteidigt Augustinus das Christentum gegen diese Anschuldigungen und zeichnet ein Bild vom Verhältnis des Staates zur Kirche.
Die staatliche Existenz ist stets durch Machthunger und den Kampf verschiedener Egoismen geprägt. Deshalb ist er ein Staat des Teufels. Ihm stellt Augustinus den Staat Gottes gegenüber. Er wird durch die im Jüngsten Gericht Begnadigten gebildet. Die Kirche ist noch nicht der Gottesstaat, aber seine ihn vorbereitende Keimzelle. Die einst zum Gottesstaat gehörigen Menschen sind Mitglieder der Kirche, aber nicht alle Mitglieder werden in den Gottesstaat eingehen, da auch die Kirche Ungerechte enthält. Außerhalb der Kirche ist aber kein Heil zu erwarten. Der weltliche Staat kann nur als Ordnung für die Gefallenen angesehen werden und hat sich der Kirche unterzuordnen. Der Idealfall ist gegeben, wenn er völlig in der Kirche aufgeht.

Mit der augustinischen Philosophie hat das Christentum eine Ausgestaltung erreicht, die sich in den folgenden Jahrhunderten kaum änderte. Die nachfolgenden Philosophen der Patristik bemühten sich hauptsächlich um die Bewahrung und Verbreitung des Geschaffenen. Zu betonen ist ferner, daß das in der Patristik aufscheinende griechische Gedankengut platonisches bzw. neuplatonisches Gepräge aufweist. Der die Scholastik beherrschende Aristoteles war zu dieser Zeit im christlichen Kulturkreis vergessen. Seine Wiederentdeckung durch die Berührung christlichen mit islamischen Gedankengutes sollte die christliche Theologie im Werk des Thomas von Aquin auf einen weiteren – und letzten – Höhepunkt führen.

5. Das Zeitalter der Scholastik

Als Zeitalter der Scholastik bezeichnet man den Zeitraum von der ausgehenden Patristik um etwa 800 bis zum Ende des Mittelalters um 1500. Es läßt sich in drei deutlich unterscheidbare Perioden einteilen: die *Frühscholastik* vom 9.–12. Jahrhundert, die *Hochscholastik* im 13. Jahrhundert und die *Spätscholastik* im 14. und 15. Jahrhundert. Für eine nähere Charakterisierung dieser Perioden müssen wir zunächst die Aufgabenstellung der Scholastik skizzieren.

Die scholastische Methode

Die Aufgabe der Patristik war es, aus der Lehre Jesu und seiner Apostel ein System von Dogmen zu gewinnen. Dieses System lag am Beginn der Scholastik im wesentlichen fertig vor. Die Aufgabe der Scholastik lag nun in einer philosophischen Durchdringung dieses Gebäudes. Dabei kann ihre Methode dadurch charakterisiert werden, daß nicht die Glaubensaussagen vernunftgemäß philosophisch begründet werden – daß dies nicht möglich ist, haben schon die Kirchenväter eingesehen –, sondern daß alle gegen den Glauben vorgebrachten Argumente mit Hilfe philosophischer Methoden eliminiert werden. Glaubenswahrheiten und die grundlegende Struktur der Lehre müssen also nicht mehr überprüft oder erklärt werden: Allein die von der Vernunft vorgebrachten Argumente gegen die christliche Lehre werden nun auf wissenschaftlichem Wege ausgeräumt.
Teilweise wurde dies auch schon in der Patristik getan, allerdings nicht systematisch und auch nicht immer erfolgreich. Die Scholastik besitzt aber nun im Unterschied zur Patristik ein glänzendes, scharfgeschliffenes Instrument: die Philosophie des Aristoteles. Diese nimmt in der mittelalterlichen Theologie jene Stellung ein, die der Mathematik in der modernen Physik zukommt. Allerdings war die-

ses wichtige Werkzeug nicht einfach zu erwerben gewesen. In den ersten nachchristlichen Jahrhunderten war Aristoteles im christlichen Kulturkreis völlig in Vergessenheit geraten. Die arabischen Philosophen sahen in seinem Werk jedoch ein taugliches Mittel, die Anschauungen des Koran auf eine solide wissenschaftliche Basis zu stellen, und entwickelten darauf eine *arabisch-griechische Philosophie.* Im Zeitalter der Kreuzzüge kam das Christentum dann in direkte Berührung mit dem Islam in seiner damaligen Ausgestaltung. Auf diesem Umweg lernte es die aristotelische Lehre kennen und erkannte sie – ebenso wie die Mohammedaner – als taugliches Werkzeug zur wissenschaftlichen Untermauerung ihres Glaubens. Eine gewisse Ironie ist diesem geschichtlichen Vorgang nicht abzusprechen.

Die aristotelische Logik

Das Werk des Platon-Schülers *Aristoteles* (384 v. Chr. – 322 v. Chr.) ist enorm umfangreich. Er beschäftigte sich mit Logik, Naturwissenschaft, mit Metaphysik (= dem über die Natur Hinausgehenden), Ethik, Rhetorik, Politik, u.a.m. Im Unterschied zu Platon und dessen auf das Schöne, Ideale ausgerichteten Philosohie ist Aristoteles in erster Linie Wissenschaftler. Er ist der Ansicht, daß alles in der Welt auf wenige fundamentale Prinzipien zurückführbar ist.
Für die mittelalterliche Philosophie ist vor allem seine Logik bedeutsam. Hier analysiert Aristoteles, wie man von einer Aussage fortschreiten muß, um zu einem weiteren, richtigen Ergebnis zu gelangen. Zum erstenmal in der Geschichte der Philosophie wird hier der reine Denkprozeß des Menschen einer strengen Untersuchung unterworfen. Aristoteles analysiert den Vorgang der Begriffsbildung, ihre Verknüpfung in *Sätzen* und die darauffolgende Verbindung zu logischen *Schlüssen.* Diese Schlüsse liefern den Übergang von einem richtigen Satz zu einem weiteren wichtigen Satz, sind also die Elemente eines *Beweises.*
Die Verbindung christlicher Glaubenswahrheiten und Dogmen mit dem Gedankengut des Aristoteles findet ihren glänzenden Niederschlag im Werk des großen *Thomas von Aquin* (1225–1274).

Thomas von Aquin

Thomas wurde als Sohn eines Grafen bei Aquino, einem kleinen Ort zwischen Rom und Neapel, geboren. Bereits im Kindesalter studierte er an der Universität von Neapel die freien Künste, um als Siebzehnjähriger in den Dominikanerorden einzutreten. Die heftigen Widerstände der Familie gegen seine geistliche Laufbahn konnten Thomas in seinem gefaßten Entschluß nicht erschüttern, und so reiste er nach Paris, der Sonne mittelalterlicher christlicher Gelehrsamkeit. Dort begegnete er *Albertus Magnus*, der auf seine weitere Lebensgestaltung den größten Einfluß nehmen sollte.

Albert von Bollstädt war selbst adliger Herkunft und galt als größter Gelehrter seiner Zeit. Nach dem Studium der Naturwissenschaften und der Medizin hatte er sich als erster mit dem Riesenwerk des Aristoteles in seinem ganzen Umfang auseinandergesetzt, wobei er sich auf die arabischen und jüdischen Quellen stützte. In Bologna hatte er Theologie studiert und war in den Dominikanerorden eingetreten. Die Bezeichnung Albertus Magnus (Albert der Große) und doctor universalis (der universale Gelehrte) bezeugen den Respekt, den die Mitwelt diesem umfassenden schöpferischen Geist entgegenbrachte.

Thomas studierte drei Jahre bei Albert in Paris, und wurde dessen Lieblingsschüler. Als Albert vom Dominikanerorden nach Köln geschickt wurde, begleitete ihn Thomas und studierte dort weitere vier Jahre unter seiner Anleitung. 1252 kehrte Thomas als Professor der Theologie nach Paris zurück. Hier begann seine Laufbahn, die ihn zum gefeiertsten Theologen aller Zeiten machen sollte. In den folgenden Jahren setzte sich Thomas mit dem Werk des Aristoteles auseinander, das ihm durch die Vermittlung des *Wilhelm von Moerbecke* in einer lateinischen Version vorlag. Seine Kenntnis der aristotelischen Philosophie übertraf jene seines Lehrers Albert, der sich noch auf die arabische Übersetzung stützen mußte. Im Jahr 1274 starb Thomas auf der Reise nach dem Konzil von Lyon, wohin er vom Papst berufen worden war.

Das Lebenswerk des Thomas von Aquin umfaßt mehrere Dutzend Bände. Als Hauptwerke gelten die unvollendete *Summe der Theologie* (1266–1273) und die *Summe wider die Heiden* (1259–1264). Im Unterschied zu vielen anderen theologischen Schriften jener Zeit zeichnen sich Thomas' Werke durch einen klaren, unmißverständlichen Stil aus.

Thomas unterscheidet ein mit den Mitteln der Vernunft erkennbares, gesetzmäßig geordnetes Reich der Wirklichkeit, über dem sich ein zweites Reich der übernatürlichen Wahrheit wölbt, das mit den Mitteln der reinen Vernunft nicht durchdrungen werden kann. In diesen zweiten Bereich gehören die tiefsten Geheimnisse des christlichen Glaubens, wie die Menschwerdung Gottes, die Trinität (Dreieinigkeit) und die Auferstehung des Fleisches. Diese Wahrheiten sind gegenüber jenen des ersten Bereiches als „höher" zu bewerten und nur durch göttliche Offenbarung vermittelbar.
Da es nicht möglich ist, übernatürliche Wahrheiten zu beweisen, hat die Aufgabe der Philosophie in der Widerlegung von gegen den Glauben vorgebrachten Argumenten zu bestehen. In seiner Schrift *Von der Begründung des christlichen Glaubens gegen Sarazenen* schreibt Thomas:

„Unser Glaube kann, weil übervernünftig, nicht mit zwingenden Vernunftgründen bewiesen werden, er kann aber auch, weil wahr und deshalb nicht widervernünftig, in keiner Weise durch zwingende Vernunftgründe umgestoßen werden. Das Mühen des christlichen Apologeten kann nicht dahin gehen, die Glaubenswahrheit philosophisch zu erweisen, es muß vielmehr dahin zielen, durch Entkräftigung der gegnerischen Einwände darzutun, daß der katholische Glaube nicht falsch ist."

Als Mittel dieser Beweisführungen fungiert hier die aristotelische Philosophie. Im *Thomismus* gelingt also eine *Synthese von Glauben und Wissen unter dem Primat des Glaubens*. Der Zwiespalt zwischen Wissen und Glauben, wie er vor und verstärkt nach der Scholastik unsere abendländische Kultur durchzieht, scheint hier nochmals versöhnt werden zu können. 1879 wurde der Thomismus zur offiziellen Philosophie der katholischen Kirche erhoben und gilt auch gegenwärtig als Grundlage für Fragestellungen aus dem Bereich der spekulativen Theologie.

Die doppelte Wahrheit

Während der Thomismus in der Theologie eine zentrale Stellung einnimmt, wurde er in der Philosophie schon bald überwunden. Den Anstoß dazu gaben die englischen Franziskaner *Roger Bacon* (1214–1294?), *Duns Scotus* (1270?–1308) und *Wilhelm von Occam* (1290–1349).

Bacon war ein vielseitig gebildeter Mann, der sich neben philosophisch-theologischen Fragestellungen auch mit Experimentalphysik beschäftigte und die Gesetze der Lichtreflexion und Strahlenbrechung entdeckte. Bacon brachte drei schwerwiegende Einwände gegen die Scholastik vor:

Erstens wirft er den Scholastikern mangelnde Kenntnis der Heiligen Schrift und der aristotelischen Philosophie vor, da sie nur von fragwürdigen Übersetzungen ausgegangen waren. Ein Studium des Hebräischen, Griechischen und Arabischen ist nach Bacon die grundlegende Voraussetzung für eine Auseinandersetzung mit diesem Gedankengut.

Weiter kritisiert Bacon bei den Scholastikern die mangelnde Kenntnis der Mathematik, die er als Grundlage aller glaubwürdigen Wissenschaften sieht.

Der dritte Vorwurf Bacons zielt auf die scholastische Methode: Ihre Berufung auf Autoritäten wie die Bibel und Aristoteles scheint ihm von vornherein fragwürdig. Bacon sieht die *Erfahrung* als Grundlage jedes Wissens, und fordert daher die *Beobachtung der Natur mit Hilfe des Experimentes.*

Die beiden letzten Einwände Bacons charakterisieren schon die Einstellung der „exakten Naturwissenschaften“, die in den nächsten Jahrhunderten im Geistesleben des Abendlandes eine dominierende Rolle spielen sollten.

Duns Scotus kritisierte die Verbindung von christlichen Glaubenswahrheiten mit der Lehre des Aristoteles. Als glänzendem Kenner der Natur und Welt zugewandten aristotelischen Philosophie war ihm ihr krasser Gegensatz zur Grundhaltung des christlichen Glaubens besonders deutlich geworden. Eine homogene Verbindung von Theologie und Philosophie hält Duns für schlechthin unmöglich. Er weist darauf hin, daß ein Satz in theologischer Hinsicht wahr und aus philosophischer Perspektive falsch sein kann und umgekehrt.

Noch kompromißloser zeigt sich Wilhelm von Occam, der Thomas' Einteilung in vernunftgemäß erkennbare Wahrheiten und übernatürliche Wahrheiten belächelt. Nach Wilhelm handelt es sich bei der zweiten Gruppe nicht um übervernünftige, sondern schlichtweg um widervernünftige Wahrheiten. Man kann sie nur akzeptieren, was jeden Versuch, Angriffe gegen diese Aussagen mit Hilfe vernunftgemäßer Argumentation zu widerlegen, überflüssig macht. Daher ist die Theologie keine Wissenschaft im eigentlichen Sinn: eine für den Theologen wahre Aussage kann für den Philosophen falsch sein, und umgekehrt. *Es gibt also eine doppelte Wahrheit!* Diese bei Duns nur angedeutete Aussage hat bei Wilhelm den Charakter einer fundamentalen Wahrheit und zerschneidet das von der Scholastik mühsam geknüpfte Band zwischen Theologie und Philosophie.

Die geistige Wende zur Neuzeit

In der Folgezeit war die Philosophie der Theologie nicht mehr untergeordnet, sie war nicht mehr „Magd der Theologie", wie in der Scholastik, und jede der beiden Wissenschaften entwickelte sich nach der ihr innewohnenden Eigengesetzlichkeit. Als spezieller Zweig am Stamm der Philosophie begannen die Naturwissenschaften aufzublühen, die sich in der Folge verselbständigen sollten. Der Darstellung dieser Entwicklung ist das zweite Drittel dieses Buches gewidmet, während das letzte Drittel verschiedene Fragestellungen aus sowohl theologischer wie naturwissenschaftlicher Perspektive beleuchtet. Dabei verstehe ich unter „Naturwissenschaft“ die Physik, deren Methoden als die exaktesten unter den aller übrigen Naturwissenschaften (Biologie, Chemie, . . .) angesehen werden müssen und zu den fundamentalsten Aussagen führen.

Die christliche Theologie sah sich in den folgenden Jahrhunderten vor viele große Probleme gestellt, die sie aber überwinden konnte, ohne ihre Grundstrukturen zu verändern: Reformation und Aufklärung, die Philosophie des 19. und 20. Jahrhunderts – alle diese und viele andere Strömungen führten zwar auch zur innerkirchlichen Kritik an verschiedenen Grundsätzen, vermochten aber die traditionellen Anschauungen bis heute nicht zu erschüttern. Für die gegenwärtige katholische Lehre ist noch immer der Thomismus verbindlich.

6. Christliche Dämonologie

Die Mechanismen religiöser Erfahrungen und Wahrheitsfindung spielen im wesentlichen auf zwei verschiedenen Ebenen: einerseits im kontemplativen, irrationalen Bereich, andererseits auf der rationalen Ebene. Fundamentale religiöse Erlebnisse sind Transzendenzerfahrungen, die dem ersten Bereich zugeordnet werden müssen. Hier ist die Ratio weitgehend ausgeschaltet, der Mensch partizipiert gefühlsmäßig an einem Teil des Weltgeschehens. Die Verarbeitung dieses Erlebnisses, seine für eine Mitteilung notwendige Aufbereitung geschieht später auf der rationalen Ebene, wobei die Übersetzung zwangsläufig unvollkommen sein muß, und damit – rein rational – angreifbar erscheint.

Wir werden auf diese Mechanismen der religiösen Methodik später beim Vergleich mit der naturwissenschaftlichen Methodik näher eingehen (s. dazu Teil IV). Es ist einleuchtend, daß eine Annäherung beider Disziplinen nur bei einer gewissen strukturellen Ähnlichkeit ihrer impliziten Methodik möglich sein kann. Wie ich in Teil IV zeigen werde, existiert im Unterschied zur landläufigen Ansicht tatsächlich eine frappante Ähnlichkeit von Theologie und Physik in den Mechanismen der Wahrheitsfindung und ihrer Verarbeitung – allerdings nur, solange eine gewisse Balance zwischen Kontemplation und Ratio gewahrt ist.
In der Philosophie des Thomas erscheint die kontemplative Seite des Christentums (Glauben) mit der Ratio (Wissen) wunderbar ausbalanciert. Neben diesem fruchtbaren Gleichgewicht existiert jedoch auch eine wirbelnde Bilderflut mythischer, bizarrer Vorstellungen, die sowohl die Entwicklung der Lehre wie auch wegen des politischen Gewichtes der Kirche den historischen Ablauf deutlich geprägt hat. Ich spreche hier von der christlichen Dämonologie, die ein warnendes Beispiel für die Gefahren eines Ungleichgewichtes von Irrationalität und Ratio darstellt. In ihrem Fall bedeutet der irrationale

Bereich nicht jenen echt religiöser Kontemplation, aus dem alle Religionsgründer und Propheten geschöpft haben, sondern eine Schattenwelt des Aberglaubens, auf der dann – in Verzerrung der scholastischen Methode – ein rationales Gebäude aufzurichten versucht wird.

Der Teufel im Frühchristentum

Im Neuen Testament ist Satan die Verkörperung des Bösen. Seine Wirkung auf Menschen äußert sich im wesentlichen auf zweierlei Art. Einerseits können Satan und die ihm unterstellten Dämonen vom menschlichen Körper Besitz ergreifen. Dieser also Besessene hat die Neigung, ein wildes Leben zu führen, sich von der Gemeinschaft abzusondern, und zeigt ungewöhnliche Kräfte. Eine andere Erscheinungsform Satans ist die als Sünde im Herzen der Menschen.
Diese Vorstellungen von Satan werden ergänzt durch jene des Antichristen aus der Apokalypse des Neuen Testamentes. Die Definition des Antichristen ist nicht eindeutig. Manchmal wird er als Satan selbst interpretiert, manchmal als sein Sohn, an anderen Stellen wiederum als ein mächtiger Mensch, in dem sich der Teufel inkarniert. Sein Erscheinen bringt Grauen und Tod über die Welt, deren Ende dann kurz bevorsteht. Gott und seine himmlischen Heerscharen triumphieren letztlich über den Antichristen und leiten das Jüngste Gericht ein.

Zur Zeit der Kirchenväter werden die Vorstellungen über Satan und die Dämonen wesentlich deutlicher. So vertritt Irenäus die Ansicht, daß der Teufel kein ursprüngliches, Gott entgegengesetztes negatives Prinzip sei, sondern ein ursprünglich gutes Geschöpf Gottes. Sein Sündenfall habe zusammen mit dem der Menschen stattgefunden, da er als Schlange den Verführer machte. Damit seien die Menschen alle Sklaven der Erbsünde geworden und gleichzeitig den weiteren Einflüssen Satans unterworfen. Erst der Tod Christi am Kreuz hat die Erlösung aus diesem Sklavendasein bewirkt.

Tertullian schließt sich einer ähnlichen Auffassung an, die er etwas detaillierter zu gestalten vermag. Auch Augustinus ist von einem ursprünglich vollkommenen Zustand der Schöpfung überzeugt, d.h. Satan und Adam waren ebenfalls vollkommene Geschöpfe. Sie haben jedoch den reinen Willen, das höchste Geschenk Gottes, zur Auflehnung gegen ihren Schöpfer mißbraucht. Da die Sünde durch ihre freie Entscheidung in die Welt gelangte, kann Gott für dieses Übel nicht verantwortlich gemacht werden.

Aus allen diesen Vorstellungen wird deutlich, daß Satan nicht als gleichstarkes Prinzip des Dunklen im Kampf gegen das Licht angesehen wird, wie es beispielsweise der Manichäismus nahelegt. Satan ist ein Gott untergeordnetes Wesen, das gleichwohl über diese Welt seine Herrschaft zu errichten vermag. Der Kreuzestod Christi hat dieser Herrschaft einen empfindlichen Schlag versetzt, der endgültige Sieg ist jedoch erst nach der Wiederkehr Christi möglich. Aus eigener Kraft können sich die Menschen vom Teufel nicht befreien.
In die Zeit des Frühchristentums fallen auch die ersten Spekulationen über eine Erlösung der gesamten Schöpfung, mithin also auch über jene des Satans. Die Verdammnis ist die Strafe für Sünden, die in der Zeit begangen wurden. Kann Gott für diese zeitlichen Sünden eine unendlich währende Strafe verhängen?
Origenes ist einer der ersten, der hierüber in seiner *Theorie der Apokatastasis* eine klare Antwort gibt: Sobald Gott den Antichristen niedergeworfen und die Herrschaft über den gesamten Kosmos übernommen hat, gewinnen alle Dinge ihre ursprüngliche Reinheit zurück. Satan wird als böser Feind vernichtet, ersteht jedoch wieder in seiner ursprünglichen, engelhaft strahlenden Gestalt.
Die Kirchenlehre nahm jedoch einen anderen Weg. Origenes' Theorie von der Apokatastasis wurde 543 von Kaiser Justinian zur Ketzerei erklärt und 553 im 5. Konzil zu Konstantinopel verdammt. Die Vorstellung von einer allumfassenden Erlösung des Kosmos hatte jedoch Wurzeln geschlagen, und tauchte in den folgenden Jahrhunderten immer wieder auf. Der *Universalismus* erhebt diesen Erlösungsgedanken zur Doktrin. Er schlug sich im Spätmittelalter in England nieder und existiert heute in den Vereinigten Staaten weiter.

Teufel und Hexen im Mittelalter

Einen bizarren Aufschwung nimmt die christliche Dämonologie im Mittelalter. Nach der tändelnden Minnezeit des 13. Jahrhunderts flammen im 14. Jahrhundert die Scheiterhaufen auf und brennen dreihundert Jahre lang. Ein schauriges Vorspiel der Hexenprozesse war der 1310 beginnende Prozeß gegen den mächtigen Orden der Tempelritter. Philipp der Schöne von Frankreich und Papst Clemens V. klagten die Templer nach ihrer Heimkehr vom Kreuzzug des Abfalls vom christlichen Glauben und der Sodomie an. Heute liegen die Hintergründe dieses Prozesses offen: Clemens V. hatte sich die Papstkrone von Philipp mit einem aus sechs Punkten bestehenden Vertrag erkauft. Den sechsten mußte er blanko zusagen, da ihn Philipp erst zu einem passenden Zeitpunkt benennen wollte. Im Jahre 1310 war es soweit: Philipp forderte von Clemens die Unterstützung bei der Vernichtung des zwanzigtausend Ritter umfassenden Templerorden, um die riesigen Reichtümer dieses Ordens beschlagnahmen zu können. *Jacques de Molay*, der greise Hochmeister des Ordens stand im Rang eines regierenden Fürsten und konnte nicht so einfach unter Anklage gestellt werden. Dazu kam die bewaffnete Elitemacht, über die er verfügte. Philipp überredete Molay, einer Scheinuntersuchung zuzustimmen, um die bösartigen Gerüchte zum Schweigen zu bringen. Der Großmeister ließ sich täuschen und erkannte den ungeheuren Verrat erst, als es zu spät war. Unter grausigen Foltern wurden in Paris von den Inquisitionsgerichten die gewünschten Geständnisse erpreßt. Alle Templer gestanden den Vorwurf der Gotteslästerung und der Knabenliebe. Die Schuldigen wurden verbrannt, als letzter Jacques de Molay 1314. Philipp konfiszierte die Schätze des Ordens, starb jedoch ebenso wie Clemens im selben Jahr.

Bei diesem schaurigen Spektakel in Frankreich hatten die Inquisitionsgerichte Blut geleckt. In den folgenden Jahrhunderten sollten sie ihre Aktivitäten als Hexenjäger vornehmlich nach Deutschland verlagern. Die Analysen zum Ursprung des Hexen- und Teufelsglaubens jener Zeit füllen dickleibige Bände und können in diesem Rahmen nur gestreift werden. Darüber hinaus ist die Entstehung dieses Phänomens in seiner detaillierten Ausgestaltung bis heute nicht zweifelsfrei geklärt. Ursprünglich wurden in den ersten nachchristlichen Jahrhunderten alle möglichen Praktiken der Zauberei, Beschwörung und Weissagung als Hexerei bezeichnet. Diese Art der Hexerei wurde jedoch nicht als Verbrechen angesehen und nicht verfolgt. Dem Glauben an die Existenz dieser dunklen Geheimnisse überlagerte sich nun langsam der Volksglaube an die Existenz von Werwölfen. Plötzlich konnten sich Hexen verwandeln und ernährten sich von Menschenfleisch, wobei sie eine Vorliebe für Kinder entwickelten. Mittelalterliche Sagen von der Wilden Jagd flossen mit ein, so daß diese nächtlichen Streifzüge zu Flügen auf Besen kulminierten. So gewann die Gestalt der Hexe langsam Kontur.

Die dämonologischen Traktate der Inquisitionszeit definieren die Hexe wie folgt: eine Person, die mit dem Teufel einen Pakt geschlossen hat, der sich gegen das Wohl der menschlichen Gemeinschaft richtet. Es handelt sich also bei ihr nicht etwa um eine passiv Besessene, um ein Opfer von Satan und Dämonen, sondern um jemand, der aktiv das Böse will und Körper wie Seele in den Dienst der finsteren Mächte stellt.

Das eigentliche Salz der Hexentheorie ist jedoch der sexuelle Aspekt: Hexen haben Geschlechtsverkehr mit dem Teufel! Am Anfang der Beziehung steht das Bedürfnis der Frau nach zügellosen Ausschweifungen, die sie schließlich dem Teufel in die Arme treibt, der all ihre Bedürfnisse befriedigen kann und ihr verderbliche Macht über ihre Mitmenschen schenkt.

Eine düstere, fahle Erotik flammte auf, und die Scheiterhaufen spiegelten wahrgewordene Alpträume. Wie konnten derartige Vorstellungen nach der Zeit Walthers von der Vogelweide, nach einem Albertus Magnus und Thomas von Aquin auftreten? Um die Verwirrung komplett zu machen: Die Grundlage der Hexentheorie samt ihrer sexuellen Prägung geht auf den großen Thomas zurück! Es gibt sogar Vermutungen, daß dessen Lehre nach anfänglichem Widerstreben deshalb von der Kirche übernommen wurde, da sie in diesem Werk taugliche Aspekte sah, ihre politische Macht vermittels der

Hexentheorie zu manifestieren. Natürlich fragen Sie sich, was die Hexentheorie mit Politik zu tun hat. Die Anwort ist einfach: Schon nach kurzer Zeit waren bei den Anschuldigungen Ketzerei, Ungehorsam gegenüber der Kirche, Hexerei und Unzucht mit dem Teufel identisch. Die wichtigen Wörter sind hier *Ketzerei* und *Ungehorsam.* In der Bulle *Summis desiderantes affectibus* beauftragte Papst Innozenz VIII. 1484 die Inquisitoren *Heinrich Institor* und *Jakob Sprenger*, gegen die ketzerische Verworfenheit der Hexen im nördlichen Deutschland vorzugehen. Seine Heiligkeit schreibt, es sei ihm zur Kenntnis gelangt, daß[28]:

„ . . . *in einigen Gegenden des nördlichen Deutschlands . . . etliche Personen beiderlei Geschlechts, uneingedenk des eigenen Heils und abweichend vom katholischen Glauben, unerlaubte Beziehungen mit Inkuben und Sukkuben haben und daß sie durch Zauberei, Sprüche, Beschwörungen und anderen schändlichen Aberglauben Weissagungen und Ausschweifungen, Frevel und Verbrechen begehen oder begehen lassen, die den Tod zur Folge haben, das Erwürgen oder den Raub von neugeborenen Kindern oder Tieren, die Zerstörung der Früchte der Erde, der Ernte der Weinberge . . . Diese Personen suchen die Männer, die Frauen, die Tiere, das Vieh, die Herden heim und quälen sie mit furchtbaren äußeren und inneren Schmerzen, sie hindern die Männer an der Zeugung und die Frauen an der Empfängnis und verhindern, daß die Ehemänner mit ihren Frauen und die Ehefrauen mit ihren Männern den ehelichen Verkehr vollziehen. Mit gotteslästerlicher Zunge verleugnen sie den Glauben, den sie mit der heiligen Taufe erhalten haben.*“[44]

Die Einsetzung der Inquisitoren betonte, daß die Rechtsgewalt des Vatikans die einzig zuständige auf dem Gebiet der Hexerei und somit auf jenem der Ketzerei sei – auch innerhalb der Grenzen des Kaiserreiches! Dies bedeutete letztlich nichts anderes als Unterordnung der weltlichen Gerichte unter jene Roms.

Wie sieht nun die Hexen- und Teufelsvorstellung des Mittelalters konkret aus? Diese Anschauungen sind in einer stattlichen Reihe von Werken detailliert niedergelegt. Als ein Hauptwerk muß der *Malleus Maleficarum* (der Hexenhammer) der beiden obengenannten Inquisi-

toren genannt werden. Ein weiteres wichtiges Werk ist das auf den belgischen Jesuiten *Martin del Rio* (1552–1608) zurückgehende *Disquisitionum magicarum libri sex.* Nach diesen und anderen Vorlagen spielt sich das Teufels- und Hexenwesen folgendermaßen ab: Am Beginn steht wie schon erwähnt die übergroße sexuelle Begierde der Frau, die sie dem Teufel gefügig macht. Dieser tritt nun als Jäger oder fahrender Student auf. Den menschlichen Körper kann er sich laut Hexenhammer durch Verdichtung der Luft beschaffen. Nun stellt sich allerdings noch ein großes Problem: Der Teufel hat kein Sperma. Um sich dieses nicht unwichtige Ingredienz zu verschaffen, verwandelt er sich zunächst in ein schönes Mädchen und verführt als *succubae*, als „Darunterliegende" einen Mann. Nachdem er empfangen hat, was er so notwendig braucht, verwandelt er sich in den Kavalier und eilt zu seiner Schönen, die er mit der Diebsbeute als *incubus*, d. h. als „Daraufliegender" beglückt. Als Belohnung für den Liebesdienst beschenkt der Teufel sein williges Opfer mit übernatürlichen Fähigkeiten und drückt ihm das Hexenmal auf. Laut Hexenhammer setzen sich diese Fähigkeiten zusammen wie folgt:
1. Hexen können die Herzen der Menschen zu außergewöhnlicher Liebe verändern; 2. Hexen können die Zeugungskraft der Männer hemmen; 3. Hexen können das männliche Glied weghexen; 4. Hexen können Menschen in Tiere verwandeln; 5. Hexen können die Zeugungskraft der Frauen vernichten; 6. Hexen können Frühgeburten bewirken; 7. Hexen opfern Kinder den Dämonen.

Wie gestaltet sich nun die Fortsetzung der begonnenen Beziehung zwischen Teufel und Hexe? Sie geschieht in Form nächtlicher Versammlungen, dem Hexensabbat, wo sich zahlreiche Hexen, Hexer und Dämonen um den Meister scharen und zügellose Dinge treiben. Zwei Tage vor einer nächtlichen Versammlung wird die Hexe durch einen extra dafür abgestellten, *Magister* genannten Dämon verständigt. Diese Aufforderung ist verbindlich und kann nur in Ausnahmefällen abgelehnt werden. Zu gegebener Stunde reibt sich die Hexe ihren Körper an verschiedenen Stellen mit einer aus ermordeten Kleinkindern gefertigten Salbe ein und begibt sich vor das Haus, wo bereits Magister als Transportmittel in Gestalt eines Widders oder

Ziegenbocks wartet. Die Hexe klettert auf seinen Rücken, und die Fahrt beginnt. Neben Magister läßt sich auch ein Stock oder Besen verwenden, wenn er vorher mit der Salbe bestrichen wird.
Am Ort der Zusammenkunft hockt der Teufel bereits als Ziegenbock oder Hund auf seinem Thron. Die Ankömmlinge nähern sich ihm von rückwärts und küssen ihm den After. Nach dem Begrüßungsritual begibt man sich zum Bankett, wobei jedem Tisch ein Teufel vorsteht, der vor Einnahme der Mahlzeit den verkehrten Segen zu Ehren Beelzebubs spricht. Nachdem man sich gestärkt hat, geht's zum Tanze, wobei jeder Teufel seine Lieblingsschülerin führt. Anders als im gewöhnlichen Leben tanzt man jedoch Rücken an Rücken. Höhepunkt des Festes ist die Vereinigung der Teufel mit ihren Geliebten auf widernatürliche Weise.

Eine sehr detaillierte Schilderung also, die sich teilweise aus Überlegungen der Inquisitoren, teilweise aus den Geständnissen der bestialisch gefolterten Frauen und Männer zusammensetzt. Es lag in der Natur der Sache, daß jeder Hexenprozeß zehn neue gebar, da die Befragungen stets auf weitere Namen von Teilnehmern des Sabbats abzielte. Überflüssig zu erwähnen, daß ausnahmslos alle der Hexerei Angeklagten sich unter den erfindungsreichen Torturen als schuldig bekannten. Vor Händen in siedendem Öl, mit glühendem Eisen durchstoßenen Zungen und mit glühendem Eisen abgerissenen Brustwarzen mußte auch eine heroische Widerstandskraft versagen. Die Opfer schmückten letztendlich die Scheiterhaufen. Vor manchen Stadttoren brannten soviele Feuerstöße, daß nach zeitgenössischen Aussagen die Pfähle so dicht wie der Wald standen.

Die Vorgangsweise der Inquisition wurde jedoch nicht ausschließlich kritiklos hingenommen. So war beispielsweise die physische Realität des Hexensabbats einige Zeit umstritten, der von mancher Seite als ausschließlich in der Phantasie der Frauen spielend interpretiert wurde. Hier muß vor allem *Johannes Wier* (1515-1588) mit seinem Werk *De praestigiis daemonum*[63] genannt werden. Wier behauptet, daß sich die Geschehnisse auf halluzinatorischer Ebene abspielen. Diese Halluzinationen können seiner Ansicht nach durch die von den

Frauen verwendeten Aufgüsse und Salben herrühren (was aus heutiger medizinischer Sicht verständlich ist, da die Zusammensetzung dieser Präparate rauschgiftähnliche Wirkungen zeitigte), oder auch krankhafte Wahnvorstellungen sein. Als Kind seiner Zeit glaubt auch Wier an Teufel, aber neben seinen rationalen Erklärungsversuchen des Hexenphänomens läßt er als äußerstes Zugeständnis eine vom Teufel hervorgerufene Besessenheit der Frauen gelten, womit sie schlimmstenfalls passive Opfer des Teufels, aber keine aktiven Protagonisten sind.
Dieses unerhört mutige Werk von aufklärerischem Geist fand unter der geistigen Elite durchaus Anhänger, konnte jedoch an den Verhältnissen nichts ändern. Einen mutlosen Beweis für die Existenz des Hexenunwesens artikuliert der bedeutende Theologe *Bartolomea Spina*[54]:

„ . . . *Sollten alle diese Dinge nicht wahr sein und lediglich Träumen entsprungen, müßten die Richter der Inquisition als höchst ungerecht angesehen werden, da sie so viele Menschen zum Tode verurteilt haben. Und es kann sich nicht um Träume handeln, wenn die Kirche diese Prozesse mit vollem Wissen duldet und ihnen zustimmt und obendrein von den Fürsten und vom Volk die Einsetzung von Inquisitionsgerichten verlangt.*“

Im siebzehnten Jahrhundert verebbte der Wahnsinn langsam. Der letzte urkundlich erwähnte Hexenprozeß fand im Jahre 1856 statt, wo ein vierzehnjähriges Mädchen des Umgangs mit dem Teufel beschuldigt und enthauptet wurde. Dreiundzwanzig Jahre später erblickte Albert Einstein das Licht der Welt.

Der Teufel in Neuzeit und Gegenwart

Die Aufklärung und der Aufschwung der Naturwissenschaften versetzten dem Teufelsbild empfindliche Schläge und ließen es langsam verdämmern. Am Ende des neunzehnten Jahrhunderts ist die Teufelsvorstellung in gebildeten Kreisen weitgehend eliminiert. In seinem Buch *Il diavolo* schreibt *Arturo Graf* über diese Zeit[20]:

„. . . entledigte sich unsere Zivilisation des Teufels, der ihr zu anderen Zeiten nützlich war, aber nun eine überflüssige Last geworden ist; sie entledigte sich seiner, wie sie sich der Sklaverei, der Privilegien, des religiösen Fanatismus, des Gottesgnadentums und anderer Dinge entledigt hat."

Die Erfolge der Naturwissenschaft in der ersten Hälfte des 20. Jahrhunderts ließ eine endgültige Abkehr von der mythologischen Bilderwelt erwarten. Der Teufel hatte nur noch eine gewisse Bedeutung in der Psychoanalyse. Die Antwort der Kirche auf diese Entwicklung war trotz großer innerer Widerstände die Rückkehr zur mittelalterlichen Teufelsvorstellung. Im Jahr 1972 gibt Papst Paul VI. einige Erklärungen zum Teufelsglauben ab. Jene vom 13. November lautet wie folgt:

„Das Böse in der Welt ist nicht allein ein Mangel, sondern es ist ein lebendiges, geistiges, pervertiertes und pervertierendes Wesen. Furchtbare Realität, geheimnisvoll und erschreckend. Wer sich weigert, seine Existenz anzuerkennen, stellt sich außerhalb von Bibel und Kirche; auch, wer ihn zu einem Prinzip an sich erhebt, das seinen Ursprung nicht wie jede Schöpfung in Gott hat; oder wer ihn zur Pseudorealität erklärt, zu einem personifizierten Fantasiegebilde der unbekannten Ursachen unserer Übel . . . Der Teufel ist der Feind Nummer Eins, der Versucher schlechthin. Wir wissen somit, daß dieses dunkle, verwirrende Wesen tatsächlich existiert und noch immer tätig ist. Mit Trug bedroht er das moralische Gleichgewicht des Menschen, der falsche Zauberer, der sich in uns einzuschleichen versteht, um uns vom rechten Wege abzubringen . . ."

Auch Papst Johannes Paul II. steuert diesen Kurs. Er bestätigt den mittelalterlichen Gedanken von Satans Einflußnahme auf Mensch und Natur, und meint weiter:

„Satans geschickter Plan in der Welt besteht darin, die Menschen zu veranlassen, seine Existenz zu leugnen im Namen der Rationalität oder auch jedes anderen Denksystems, das zu allen möglichen Ausflüchten greift, um nur sein Wirken nicht eingestehen zu müssen."

7. Von der Reformation bis zur Gegenwart

Mit dem Thomismus haben wir die Grundlage der heute verbindlichen Kirchenlehre kennengelernt. Daneben hat sich in den folgenden Jahrhunderten im Zusammenspiel mit der weiteren geschichtlichen und philosophischen Entwicklung eine Vielfalt weiterer Anschauungen, Kritiken, Ergänzungen usw. herausgebildet, die bis heute im Wechselspiel mit der autorisierten – und dabei keineswegs scharf abgegrenzten – Lehre stehen. Da wir in Teil IV ausführlich auf die Analogien zwischen Theologie und Naturwissenschaft, nicht bloß hinsichtlich ihrer Aussagen, sondern auch hinsichtlich der impliziten Methodik eingehen werden, ist es notwendig, diese weitere Entwicklung der Theologie wenigstens andeutungsweise zu skizzieren, wobei wir uns allerdings auf eine stichwortartige Darstellung beschränken müssen.

Von der Glaubensspaltung zur liberalen Theologie

In den Jahren nach 1500 bereitet sich die große Glaubensspaltung vor, die das bislang religiös einheitliche Europa in zwei getrennte Lager scheiden soll. 1517 beginnt *Luther* seine Reformation in Wittenberg, *Zwingli* steht 1524 in Zürich auf und *Calvin* wirkt ein Jahrzehnt später in Genf.
Ausgangspunkt der Reformatoren ist neben den vielen Unvollkommenheiten der kirchlichen Institution deren Anspruch, Mittler zwischen Gott und Mensch zu sein. Im Unterschied dazu vertreten die Reformatoren die Ansicht, die Seele stehe Gott direkt gegenüber, sie kann nur durch Gott selbst, und nicht durch die Absolution eines Priesters von der Sünde erlöst werden.

Diesem Individualismus der Reformation steht andererseits ihr Festhalten an der Autorität der Heiligen Schrift gegenüber, die sie höher als alle nachfolgenden Auslegungen einschätzt. Konsequenterweise lehnt sie den Glauben an Heilige, an die Messe, die Ohrenbeichte und das Klosterwesen ebenso ab, wie sie dem Papst die Anerkennung verweigert. Auch ihre Einstellung zu der menschlichen Arbeit ist bemerkenswert: Das alte Christentum sah in der Arbeit eine Strafe, die der Mensch durch Adams Sündenfall auf sich herabgerufen hatte. Aus dieser Anschauung entwickelte sich das Idealbild der mönchischen, nicht werktätigen Askese. Erst nach der Reformation kommt die Vorstellung auf, daß Arbeit einen eigenen sittlichen Wert hat.
Neben diesen vorteilhaften Neuerungen haftet dem Protestantismus jedoch auch ein schwerwiegender Nachteil an: Durch seine Ablehnung der katholischen Riten, der die Phantasie des Gläubigen ansprechenden farbenprächtigen Einkleidung religiöser Begriffe zeigt er schließlich gegenüber dem Katholizismus ein Bild vergleichsweiser Armut und Vereinfachung. Dazu kommt, daß er sein ursprüngliches Ziel einer „Rückkehr" nur teilweise verwirklichen konnte, da er viele Anschauungen und Dogmen, die erst Jahrhunderte nach Jesus' Tod Eingang in die christliche Lehre gefunden hatten, kritiklos übernommen hatte.
Trotzdem breitet sich die neue Lehre schnell über große Teile Europas aus. Der Kampf gegen den Protestantismus führt zu einer inneren Erstarkung des Katholizismus und zur Gegenreformation. Der Kampf der Konfessionen eskaliert in Deutschland 1618 zum Dreißigjährigen Krieg, der trotz aller ungeheuren Opfer keine Entscheidung bringt: das religiöse Lager bleibt gespalten.

Eine Milderung des Zwiespaltes tritt ein, als sich die philosophischen Fragestellungen vermehrt mit erkenntnistheoretischen und weniger mit theologischen Problemen zu beschäftigen beginnen. Im 17. Jahrhundert existiert zunächst noch eine protestantische Scholastik, die sich um Dogmenbeweise bemüht. Diese Entwicklung wird von dem Leibniz-Wolffschen System abgelöst, das nur noch teilweise christlich orientiert ist, und dessen Kontroverse mit den Empiristen direkt zu Kant hinführt (siehe dazu auch Teil IV, Kap. 8).

Nach Kants vermittelnder Position schäumt die Welle des Rationalismus nochmals hoch, die Französische Revolution versucht, das Christentum abzuschaffen, wobei ihr allerdings kein dauernder Erfolg beschieden ist. In der folgenden Gegenbewegung kommt es zu einer Erstarkung der katholischen Kirche und des Papsttums.
Die Stärkung des Papsttums manifestiert sich in der zweiten Hälfte des neunzehnten Jahrhunderts durch die Verkündigung mehrerer Dogmen und zahlreicher Heilig- und Seligsprechungen. 1854 verkündet der Papst das Dogma von der unbefleckten Empfängnis Marias, welches besagt, daß Maria von der Erbschuld frei sei. 1870 wird auf dem Vatikanischen Konzil die Unfehlbarkeit des Papstes festgelegt.
Diese Festlegung stößt auf harten Widerspruch, neben einem Drittel aller französischen Bischöfe gehören auch viele deutsche Bischöfe der Gegenpartei an. Fachliche Argumente erinnern an Papst Honorius, der während seiner Amtszeit irrige dogmatische Sätze vertreten hatte, und weisen auf andere wunde Punkte im Verlauf der Papstgeschichte hin. Politische Überlegungen sehen Schwierigkeiten mit den Protestanten voraus. Kurz nach der Dogmenverkündung kommt es zur Abspaltung der *Altkatholischen Kirche*, die sowohl das Unfehlbarkeitsdogma wie auch jenes der Unbefleckten Empfängnis ablehnt.

Neben diesen innerkirchlichen Schwerpunkten existiert im 19. Jahrhundert eine Entwicklung verschiedener neuer theologischer Anschauungsformen bzw. Gegenströmungen, die man grob in vier Bereiche unterteilen kann: der später von Marx weiterentwickelte Materialismus Feuerbachs, die Religionskritik Kirkegaards und Nietzsches, die historische Forschung um das Neue Testament und die *liberale Theologie*.
Für *Ludwig Feuerbach* (1804–1872) ist der Gottesbegriff eine Projektion des Menschen, eine Spiegelung der menschlichen Sehnsüchte und Ideale: „Das absolute Wesen, der Gott des Menschen ist sein eigenes Wesen . . . Der Mensch ist ein großer Projektor, Gott die große Projektion." In seiner 1845 erschienenen Schrift *Das Wesen der Religion* schreibt Feuerbach[18]:

„Der Mensch glaubt Götter nicht nur, weil er Phantasie und Gefühl hat, sondern auch, weil er den Trieb hat, glücklich zu sein. Er glaubt ein seliges Wesen, nicht nur, weil er eine Vorstellung der Seligkeit hat, sondern weil er selbst selig sein will; er glaubt ein vollkommenes Wesen, weil er selbst vollkommen zu sein wünscht; er glaubt ein unsterbliches Wesen, weil er selbst nicht zu sterben wünscht. Was er selbst nicht ist, aber zu sein wünscht, das stellt er sich in seinen Göttern als seiend vor; die Götter sind die als wirklich gedachten, die in wirkliche Wesen verwandelten Wünsche des Menschen; ein Gott ist der in der Phantasie befriedigte Glückseligkeitstrieb des Menschen . . .“

Nach Feuerbach steht diese Projektion dem Menschen bei seiner Selbstverwirklichung im Weg. Um ihn zu einem menschlicheren Handeln hinzuführen, muß man ihn von der religiösen Illusion befreien.
Während Feuerbachs Religionskritik materialistisch orientiert ist, beziehen Kirkegaard und Nietzsche eine völlig andere Position.
Sören Kirkegaard (1813–1855) wirft der Kirche eine Umbildung der religiösen Botschaft vor. Das Theorietisieren verbaue den Blick auf das Wesentliche, nämlich den Anspruch Jesu, ihm nachzufolgen. Es sei eine Lüge der Kirche, daß die Menschheit auf dem von ihr aufgezeigten Weg immer christlicher würde. Im Gegenteil, das Christentum werde immer menschlicher[33]:

„Christentum ist keine Lehre. Christentum ist ein Glaube und eine ihm entsprechende Art Existieren, Nachfolge. Also Christentum ist ein Glaube und eine Nachfolge . . .
Daß die Handlungs- und Tatsituation die Voraussetzung ist, gläubig zu werden, also daß dem Glauben Situation entspringt, dies beweist das aufeinander bezogene Verhältnis von Glaube und Nachfolge . . . Es ist nicht so (wie die Menschen es umgekehrt haben): erst der Beweis, dann das Wagestück (was auch selbst Widerspruch und Unsinn ist), nein zuerst das Wagestück, hernach kommt der Beweis . . .“

Friedrich Nietzsche (1844–1900) argumentiert noch wesentlich radikaler. Er sieht (wie schon vor ihm der Theologe Franz Overbeck) das Christentum als eine von Paulus gegründete Bewegung an, die mit

Jesus' Absichten wenig gemein hat. Jesus war ein Feind der Priesteraristokratie, gegen die er ankämpfte. Dagegen sei das Paulinische Christentum der betrügerische Versuch der Schwachen, durch Priesterherrschaft den Starken zu unterdrücken. Der schwache Gott des Christentums muß sterben. Der durch Gottes Tod entstehende Freiraum kann allerdings vom gegenwärtigen Sklavenmenschen nicht ausgefüllt werden. Das Vakuum bietet aber der Entwicklung des Herrenmenschen Raum. Wer also leben will, ist gezwungen, Gott zu töten, sich von Aberglaube und Dogmatismus zu befreien.
Impulse für den Beginn der historischen Forschung um Jesu und das Neue Testament setzt *David Friedrich Strauß* (1808–1874). Auch Strauß kritisiert die Kirche scharf. In seinem Buch *Das Leben Jesu* interpretiert er die Offenbarung als mythologisch verkleidete Aussage einer dahinterliegenden Wahrheit[57]:

„Als Schlüssel für die evangelischen Wundererzählungen und so manches andere, was in den Berichten der Evangelien einer geschichtlichen Ansicht widerspricht, habe ich den Begriff des Mythos dargeboten. Es ist vergeblich, habe ich gesagt, Geschichten wie die vom Stein der Weisen, von der Verklärung, von der wunderbaren Speisung usf. als natürliche Vorgänge sich begreiflich machen zu wollen; da es aber ebenso unmöglich ist, so unnatürliche Dinge sich als wirklich vorgefallen zu denken, so sind dergleichen Erzählungen als Dichtungen zu fassen. Fragte es sich, wie man in einer Zeit, in welche die Entstehung unserer Evangelien fällt, dazu gekommen, dergleichen über Jesum zu erdichten, so wies ich vor allem auf die damalige Messiaserwartung hin . . .
Mochte Jesu Nazarenertum noch so landkundig sein: als Messias, als Davidssohn, mußte er gleichwohl in Bethlehem geboren sein, denn Micha hatte es so vorausgesagt. Mochten von Jesu noch so scharfe Tadelworte gegen die Wundersucht seiner Landsleute in der Überlieferung leben, der erste Befreier des Volks, Mose, hatte Wunder getan, so mußte der letzte Befreier, der Messias, und das war Jesu ja gewesen, gleichfalls Wunder getan haben . . .“

Trotz heftiger Widersprüche leitet diese These eine genauere historische Forschung ein, mit dem Ziel, aus den Evangelien eine Biographie Jesu erstellen zu können.

Diese mehrere Jahrzehnte währende Hoffnung wird allerdings durch *Albert Schweitzer* (1875–1965) zunichte gemacht. In seiner *Geschichte der Leben-Jesu-Forschung* weist Schweitzer überzeugend nach, daß man aus dem neuen Testament bestenfalls Aussagen über die geistige Haltung Jesu gewinnen könne:[53]

„Das Evangelium vom Reich Gottes ist in seiner spätjüdischen Gestalt in die Welt eingetreten und konnte diese nicht beibehalten. Das Reich, das alsbald auf übernatürliche Weise kommen sollte, bleibt aus, und das für alsbald erwartete Erscheinen des Menschensohnes auf den Wolken des Himmels findet nicht statt. In der Auseinandersetzung mit dieser Tatsache wird der Glaube mehr und mehr auf eine vergeistigte Vorstellung des Reiches Gottes und der Messianität Jesu hingeführt. Er begreift nunmehr das Reich Gottes als eine geistig-ethische Größe, die es in der Welt zu verwirklichen gilt, und Jesum als den geistigen Messias, der durch seine ethische Verkündigung den Grundstein zu diesem Reiche legte. Diese Anschauung wird dem Glauben so selbstverständlich, daß er sie als die Jesu ansieht und dessen Verkündigung in diesem Sinne versteht. Er übersieht die Worte in den beiden ältesten Evangelien, die eine andere voraussetzen.
Nun nötigt aber die Ehrfurcht vor der Wahrheit, zu der auch die geschichtliche gehört, unseren Glauben, diese Unbefangenheit aufzugeben und sich einzugestehen, daß er auf Grund einer stattgefundenen Entwicklung so geartet ist. Er kann dies tun, ohne an sich oder an Jesus irre zu werden. Aus einer höheren Notwendigkeit, unter dem Einfluß des Geistes Jesu wurde er, wie er ist . . .“

Die Aufgabe des wahren Christen wäre es, in diesem Geiste zu handeln – ein Anspruch, den Schweitzer in seinem eigenen Leben mit bewunderungswürdiger Konsequenz verwirklicht.

Ziel der liberalen Theologie ist es, eine Synthese zwischen Religion und Modernität herbeizuführen. Als Vorbereitung dazu beschäftigt sie sich mit der Umdeutung bzw. Eliminierung verschiedener Dogmen wie Dreieinigkeit, Jungfrauengeburt, Auferstehung.
Bedeutendster Vertreter der liberalen Theologie ist *Adolf von Harnack* (1851–1930). Harnack sieht in den Dogmen eine Amalgamierung

von christlichem und hellenistischem Denken, wodurch Christus eigentlich verdeckt wird. Jesus hat keine Dogmen gewollt, seine Botschaft ist die der lebendigen Liebe. In *Das Wesen des Christentums* heißt es[21]:

„Überschauen wir aber die Predigt Jesu, so können wir drei Kreise aus ihr gestalten. Jeder Kreis ist so geartet, daß er die ganze Verkündigung enthält; in jedem kann sie daher vollständig dargestellt werden:
Erstlich, das Reich Gottes und sein Kommen,
Zweitens, Gott der Vater und der unendliche Wert der Menschenseele,
Drittens, die bessere Gerechtigkeit und das Gebot der Liebe.
Die Größe und Kraft der Predigt Jesu ist darin beschlossen, daß sie so einfach und wiederum so reich ist – so einfach, daß sie sich in jedem Hauptgedanken, den er angeschlagen, erschöpft, und so reich, daß jeder dieser Gedanken unerschöpflich erscheint und wir die Sprüche und Gleichnisse niemals auslernen. Aber darüber hinaus – hinter jedem Spruch steht er selbst. Durch die Jahrhunderte reden sie zu uns mit der Frische der Gegenwart. Hier bewahrheitet sich das tiefe Wort wirklich: „Sprich, daß ich dich sehe.“

Theologie im zwanzigsten Jahrhundert

Um die Jahrhundertwende hat sich das bisherige Bild vom Menschen als Ebenbild Gottes stark gewandelt. Schon seit Galilei steht der Mensch als Ebenbild Gottes nicht mehr im Mittelpunkt der Welt, die Darwinsche Evolutionstheorie hat ihm den Anspruch, die Krone der Schöpfung zu sein, entzogen. Nach Freud ist er darüber hinaus auch nicht mehr Herr seiner Entscheidungen, sondern ein Spielball seiner Triebe. Schließlich hat der erste Weltkrieg in seiner barbarischen Grausamkeit brutal aufgezeigt, wie wenig sich der christliche Mensch im Zwang der Umstände christlich gebärden kann.

Vielfach wird die Mitschuld am Chaos des ersten Weltkrieges der liberalen Theologie zugeschoben, die in den Folgejahren in Deutschland von der *dialektischen Theologie* zurückgedrängt wird. Diese neue

Richtung versucht den Widerspruch zwischen göttlicher Offenbarung und diesseitiger Wirklichkeit nicht im philosophischen Dialog, sondern im gehorsamen Glauben zu überwinden.
Abschließend wollen wir kurz die Gedanken einiger der bedeutendsten Theologen des 20. Jahrhunderts skizzieren, ihre Stellung zwischen Offenbarung, Dogmatik und den Ansprüchen der Moderne.

Der Schweizer *Karl Barth* (1886–1968) gilt als Begründer der dialektischen Theologie. Er wirft der liberalen Theologie vor. sich zu wenig um die Auslegung der Bibel gekümmert zu haben. Nach Ansicht Barths kann sich Theologie nur an der Offenbarung orientieren. Wenn man diese Offenbarung ernst nimmt, so erkennt man in ihr etwas völlig anderes, als menschliche Weisheit. Man erkennt den unendlich großen Abstand zwischen Mensch und Gott, den die liberale Theologie durch ihren philosophischen Diskurs verwässert hat. Mit dieser Haltung steht Barth in der Tradition von Calvin und Kirkegaard. Der Mensch muß sich in seiner Haltung gegenüber der Offenbarung radikal entscheiden – ja, oder nein. Eine langsame Entwicklung zum Guten ist ausgeschlossen.
Auch Barths Einstellung gegenüber der Kirche ist kritisch. Er sieht die Kirche zwar als Notwendigkeit, weshalb sie den Respekt der Christen verdient. Andererseits ist sie vergängliches Menschenwerk, und kein „Gefäß übernatürlicher Vollmacht“:[5]

„Die Kirche ist nicht das mit einem menschlichen Heilsweg und Heilsapparat identisch gewordene Reich Gottes. Es ist der römisch-katholische Irrtum, von dem wir uns hier abzugrenzen haben. Die Kirche ist aber auch nicht ein freier Verein zur Pflege derjenigen Eindrücke, Erfahrungen und Anregungen, die den Menschen aus Gottes Offenbarung zugeflossen sein mögen, auf Grund derer sie sich bestimmte Überzeugungen gebildet, die sich ihnen zu bestimmenden Entschlüssen, Lebensregeln, Gewohnheiten verdichtet haben, die ihnen zum Mittelpunkt ihrer Frömmigkeit und Moral geworden sind. Die Kirche entsteht nicht aus menschlicher Wahl, Entscheidung und Stellungnahme zur Offenbarung, sondern durch eine Wahl, Entscheidung und Stellungnahme Gottes dem Menschen gegenüber, stattfindend eben in der Offenbarung, in der Gott zu ihnen kommt, in der er sich ihnen zu eigen gibt . . .

Die Kirche ist keine religiöse Gesellschaft. Wir sagen damit Nein zu dem Irrtum des modernistischen Protestantismus . . ."

Paul Tillich (1886–1965) betont den Vorrang ethischer Probleme gegenüber den dogmatischen. Nach Tillich hat Theologie eine reine Vermittlerfunktion, sie soll eine Brücke zwischen der ewigen Wahrheit und den Menschen der jeweiligen Zeit sein. So stellt sich ihm die Frage, wie die historische Kluft zwischen dem Neuen Testament und der Gegenwart überwunden werden kann. In ihrer gegenwärtigen Aufbereitung erreicht die christliche Botschaft den Menschen nicht mehr, er kann Begriffe wie Gott, Vergebung, Erlösung nicht mehr assimilieren. Um zwischen der Offenbarung und der Gegenwart vermitteln zu können, muß man sich nach Tillich aller Hilfsmittel der modernen Wissenschaft bedienen, die zum Begreifen des neuzeitlichen, in einem komplexen Gefüge verhafteten Menschen notwendig sind.
Tillich sieht also zwischen der Offenbarung Gottes und philosophischer Gotteserkenntnis keinen so krassen Widerspruch, wie Barth, sondern er deutet Zusammenhänge und Wechselwirkungen an. Auch die Bedeutung der Kirche sieht er anders als Barth[60]:

„*Es gibt drei Arten, auf die die „Funktion der Kirche nach außen" wirkt: erstens durch stilles Durchdringen, zweitens durch kritisches Urteilen, drittens durch politisches Handeln. Die erste Funktion kann beschrieben werden als die ständige Ausstrahlung ihrer geistigen Substanz auf alle Gruppen der Gesellschaft. Die bloße Existenz der Kirche übt Einfuß aus und verändert die sozialen Strukturen. Man könnte von einem Einströmen priesterlicher Substanz in die Gesellschaft sprechen, von der die Kirche selbst ein Teil ist. Angesichts der ungeheuren Säkularisierung des Lebens in den letzten Jahrhunderten ist man geneigt, diesen Einfluß zu unterschätzen. Aber wenn man sich die Kirche wegdächte, würde ihr Fehlen eine große Leere hinterlassen und sich die Bedeutung ihres stillen Einflusses zeigen, sowohl im Leben des einzelnen wie in der Gemeinschaft . . .*"

Der Ansatz des Zürcher Theologieprofessors *Leonhard Ragaz* (1868–1945) ist völlig anders geartet: Ragaz interpretiert die christliche Botschaft als einen sozialen Auftrag. Nach seiner Ansicht ist das gegenwärtige Christentum eine völlige Fehlentwicklung, sowohl die Dogmatik wie auch die Interpretation vom Reich Gottes als einem jenseitigen Reich. Nach Ragaz wollte Jesus sein neues Reich im Diesseits verwirklichen, er wollte die Hölle der bestehenden Zustände besiegen und eine gerechte Gesellschaft als Gottesreich gründen. Konsequenterweise steht Ragaz den Marxisten freundlich gegenüber[48]:

„... Wie aus dem rätselhaften Abfall von Gott jene Welt entstand, die durch das Reich Gottes überwunden werden soll, so aus einem neuen, im Grunde noch schlimmeren Abfall der Gemeinde Christi vom Reich Gottes das Christentum. Das Leben des heiligen Geistes und seine Kräfte und Gaben erlahmten, verloren sich. Die Wahrheit des Reiches Gottes zersplitterte sich in Stücke, worin ihr Wesen sich ins Gegenteil verkehrte. Aus der Botschaft von dem lebendigen Gott und der Freiheit aus ihm wurde eine fertige Lehre, die für sich galt, sich zum Dogma, d.h. einem kirchlich-staatlichen Gesetz verfestigte und ein Werkzeug der Geistesknechtschaft ohnegleichen wurde bis auf diesen Tag. Aus dem Reiche Gottes wurde die Kirche, d.h. eine weltlich-staatliche Macht, die mit dem Anspruch auftrat, die Wahrheit Christi zu verkörpern. Die Erfüllung der Verheißungen des Reiches Gottes wurde in ein Jenseits („Himmel") verlegt und alles Glauben und Sehnen dorthin gelenkt, von der Erde weg. Anstelle der gewaltigen Zuversicht auf Gottes Sieg trat ein trüber Pessimismus im Bezug auf die Welt und den Menschen ..."

III. Die wichtigsten Theorien der Physik

Bisher haben wir religiöse Vorstellungen ausschließlich aus theologisch-philosophischer Sicht behandelt. Wir wollen nun die Naturwissenschaft zu Wort kommen lassen, ihre Methodik und Aussagen analysieren und Vergleiche ziehen. Vorwegnehmend sei bemerkt, daß die physikalisch-mathematischen Einsichten der letzten Jahrzehnte den ursprünglich vorgelegten Rahmen dieser Wissenschaften zu sprengen scheinen: Die bisher ausschließlich zur theologisch-philosophischen Domäne gezählten Problemkreise wie das Geist/Materie-Problem, die Vorstellung eines Jenseits oder eines allgegenwärtigen, allmächtigen Gottes sind teilweise in Reichweite einer exakten naturwissenschaftlichen Analyse gerückt. Um die spektakulären Ergebnisse jüngster physikalischer Forschung auf populärwissenschaftlichem Niveau würdigen zu können, benötigen wir allerdings eine bescheidene physikalische Vorbildung, die wir uns auf den folgenden Seiten erwerben wollen.

1. Die naturwissenschaftliche Methode

Wir erinnern an die scholastische Methode der Theologie, die darin bestand, die geoffenbarten Wahrheiten als gültig zu postulieren und die Ratio allein zur Entkräftung von Einwänden einzusetzen, wobei die Logik des Aristoteles eine fundamentale Rolle spielte. Am Ende des Mittelalters wurde die Philosophie aus dem Dienst der Theologie entlassen, und beide Wissenschaften gingen getrennte Wege. Neben dieser Trennung von Theologie und Philosophie erfolgte kurz darauf eine weitere Spaltung: Während sich die Philosophen weiter mit den fundamentalen Grundfragen herumschlugen, interessierten sich einzelne Männer für die der beobachtbaren Natur zugrundeliegenden Gesetze. Es waren die ersten „Naturwissenschaftler", Vertreter einer Anschauungsweise, deren Verhaftung im Konkreten bei den meisten Theologen und Philosophen ein Naserümpfen hervorrief. Aus dieser anfänglichen Beschränkung auf das Konkrete, Quantitative, wuchs jedoch bald eine Lawine an qualitativen Erkenntnissen, die gegenwärtig ernstzunehmende Analysen der letzten Fragen nahelegen. Wir wollen zunächst die Herausbildung der naturwissenschaftlichen Methode darstellen und anschließend einige ihrer wichtigsten Einsichten formulieren.

Qualität und Quantität

Erstmals tritt uns die Methode der modernen Physik zur Analyse von Naturbeschreibungen bei *Johannes Kepler* (1571–1630) und bei *Galileo Galilei* (1564–1642) entgegen. Der Astronom Kepler ist uns als Entdecker der Gesetze der Planetenbewegung bekannt. Seine grundlegende Auffassung von Naturforschung besteht in der

Rückführung qualitativer Unterschiede auf die quantitative Ebene, die dann den Einsatz der Mathematik gestattet. „Wo Materie ist, da ist Mathematik“, und

„Das Buch der Natur ist in Mathematik geschrieben“

sind berühmte Aussprüche Keplers, die die Grundhaltung der folgenden Entwicklung der Physik verdeutlichen.
Noch konsequenter als Kepler vertritt Galileo Galilei die rein quantitative Orientierung der Naturphilosophie, weshalb er oftmals auch als erster Physiker in der modernen Bedeutung des Wortes bezeichnet wird. In seiner 1636 erschienenen Schrift *Discorsi e dimostrazioni matematiche intorno a due Nuove Scienze attenenti alla Mecanica e i Movimenti locali* (Unterredungen und mathematische Demonstrationen über zwei neue Wissenszweige, die Mechanik und die Fallgesetze betreffend) formuliert er wichtige Grundlagen der Mechanik und der Infinitesimalrechnung. Unter Mechanik versteht man in der Physik die Lehre von der Bewegung von Körpern unter dem Einfluß von Kräften. Die Infinitesimalrechnung ist eine rein mathematische Erfindung, deren Anwendung auf die Beschreibung von Naturvorgängen sich als äußerst geeignet erweist. Grob gesagt beschäftigt sie sich mit der rechnerischen Erfassung des unendlich Kleinen und des unendlich Großen, sowie mit der quantitativen Fassung des Begriffes der Änderung einer Größe. Wir werden darauf später noch zurückkommen.
Betrachten wir als Beispiel den Unterschied in der Untersuchung des Fallproblemes zwischen Aristoteles und Galilei. Während Aristoteles gefragt hatte

„Warum fallen die Körper?“,

so beschränkt sich Galilei auf die scheinbar weit bescheidenere Frage

„Wie fallen die Körper?“

Ihn interessiert also nicht der qualitative, sondern der quantitative Aspekt, er will wissen, wie beim freien Fall die Geschwindigkeit eines

Steins von der Höhe abhängt, etc. Der Physiker und Philosoph *Carl Friedrich von Weizsäcker* beschreibt Galileis Vorgangsweise folgendermaßen[62]:

„Galilei tat seinen großen Schritt, indem er wagte, die Welt so zu beschreiben, wie wir sie nicht erfahren. Er stellte Gesetze auf, die in der Form, in der er sie aussprach, niemals in der wirklichen Erfahrung gelten und die darum niemals durch irgendeine einzelne Beobachtung bestätigt werden können, die aber dafür mathematisch einfach sind. So öffnete er den Weg für eine mathematische Analyse, die die Komplexität der wirklichen Erscheinungen in einzelne Elemente zerlegt. Das wissenschaftliche Experiment unterscheidet sich von der Alltagserfahrung dadurch, daß es von einer mathematischen Theorie geleitet ist, die eine Frage stellt und fähig ist, die Antwort zu deuten. So verwandelt es die gegebene ‚Natur' in eine manipulierbare ‚Realität'. Aristoteles wollte die Natur bewahren, die Erscheinungen retten, sein Fehler ist, daß er dem gesunden Menschenverstand zu oft Recht gibt. Galilei zerlegt die Natur, lehrt uns, neue Erscheinungen willentlich hervorzubringen, und den gesunden Menschenverstand durch Mathematik zu widerlegen."

Einige vielleicht befremdlich anmutende Bemerkungen Weizsäckers werden wir später im Zusammenhang mit der Hertzschen Scheinwelt (s. dazu den folgenden Abschnitt und vor allem Teil IV) begreifen lernen.

Natur und Mathematik

Die obigen Bemerkungen markieren nur eine erste grobe Orientierung. Nichts wäre falscher, als die Anwendung der Mathematik bei der Beschreibung von Naturphänomenen rein aus dem Blickwinkel rechentechnischer Möglichkeiten zu sehen. Es ist vielmehr so, daß sich die der Natur zugrundeliegenden Strukturen erstaunlicherweise in die von empirischer Beobachtung unabhängig entwickelten formalen Strukturen der Mathematik übersetzen lassen, wobei diese Strukturen mit fortlaufender Entwicklung eine geradezu esoterische

Formgebung aufweisen. Ein Schlüsselsatz für die Methode der modernen Physik ist der wunderbare Ausspruch des Physikers *Heinrich Hertz* (1857–1894) geworden:

„Wir machen uns innere Scheinbilder oder Symbole der äußeren Gegenstände, und zwar machen wir sie von solcher Art, daß die denknotwendigen Folgen der Bilder stets wieder die Bilder seien von den naturnotwendigen Folgen der abgebildeten Gegenstände."[24]

Die Wirklichkeit wird also auf eine virtuelle Ebene abgebildet, wobei die resultierenden Bilder in passender Form (als „denknotwendige Folge") mit Hilfe mathematischer Analyse weiterentwickelt werden. Das Erstaunliche an dieser Vorgangsweise ist, daß die derart neugeschaffenen Bilder im virtuellen Bereich wieder konkreten Naturerscheinungen der Realität entsprechen. Der Mathematiker *David Hilbert* (1862–1943) spricht in diesem Zusammenhang von der *prästabilierten Harmonie*:

„Sicherlich stammen die ersten und ältesten Probleme in jedem mathematischen Wissenszweig aus der Erfahrung und sind durch die Welt der äußeren Erscheinungen angeregt worden . . .

Bei der Weiterentwicklung einer mathematischen Disziplin wird sich jedoch der menschliche Geist, ermutigt durch das Gelingen der Lösungen, seiner Selbständigkeit bewußt; er schafft aus sich selbst heraus oft ohne erkennbare äußere Anregung allein durch logisches Kombinieren, durch Verallgemeinerung, Spezialisieren, durch Trennung und Sammlung der Begriffe in glücklichster Weise neue fruchtbare Probleme und tritt dann als der eigentliche Frager in den Vordergrund . . .

Inzwischen, während die Schaffenskraft des reinen Denkens wirkt, kommt auch wieder von neuem die Außenwelt zur Geltung, zwingt uns durch die wirklichen Erscheinungen neue Fragen auf, erschließt neue mathematische Wissensgebiete und, indem wir diese Wissensgebiete für das Reich des reinen Denkens zu erwerben suchen, finden wir häufig die Antworten auf alte ungelöste Probleme und fördern so am besten die alten Theorien. Auf diesem stets sich wiederholenden und wechselnden Spiel zwischen Denken und Erfahrung beruhen, wie mir scheint, die zahlreichen und überraschenden Analogien und jene scheinbar prästabilierte Harmonie, welche der Mathematiker so oft in den Fragestellungen, Methoden und Begriffen verschiedener Wissensgebiete wahrnimmt.“

Diese auf dem internationalen Mathematikerkongreß 1900 in Paris geäußerten Worte sind heute ebenso gültig wie damals.
Problematisch bleibt der Begriff der „Notwendigkeit“ in der Hertzschen Aussage. Für eine Verallgemeinerung und Weiterentwicklung der abstrakten Bilder existieren zunächst unendlich viele Möglichkeiten. Nur eine davon ist aber richtig und führt zu Strukturen, die wieder als Bilder der naturverbundenen Phänomene gedeutet werden können. Über das Problem der Verallgemeinerung schreibt der französische Physiker und Mathematiker *Henri Poincaré* (1854–1912):

„Um aus der Erfahrung das Gesetz zu entnehmen, muß man es verallgemeinern. Das ist eine Notwendigkeit, die sich dem allerbedächtigsten Beobachter aufdrängt. Wie aber verallgemeinern? Jede einzelne Wahrheit kann ersichtlich auf unendlich verschiedene Arten ausgedehnt werden. Man muß eine Wahl treffen, wenigstens vorläufig.“

Auf die Frage, nach welchen Kriterien diese Wahl getroffen werden soll, antwortet Poincaré:
„Das kann nur die Analogie. Aber wie unbestimmt ist dieses Wort! Der natürliche Mensch kennt nur die groben Analogien, die den Sinnen auffallen, die der Farben und der Töne . . .“

Die „wirklichen, tiefen Analogien“, meint Poincaré, lehrt uns „der mathematische Geist“, weshalb jede exakte Naturforschung mathematisiert sein muß!
Es leuchtet ein, daß der Gültigkeitsbereich von Verallgemeinerungen von vornherein nicht klar abgegrenzt ist. Die Geschichte der theoretischen Physik zeigt uns, daß sie als Wechselspiel von Verallgemeinerungen und nachfolgenden Einschränkungen gesehen werden kann, die wiederum weitergehende Verallgemeinerungen nach sich zogen, etc. Man kommt so zu einer Hierarchie von physikalischen Theorien, die jeweils unter bestimmten Voraussetzungen gültig sind,

wobei die „höher entwickelte" Theorie unter allgemeineren Voraussetzungen funktioniert als die „niederentwickelten Einzeltheorien", und folgerichtig bei Vorgabe speziellerer Voraussetzungen in ihrer Struktur und ihren quantitativen Ergebnissen in die entsprechende niedriger entwickelte Theorie übergeht. Es ist das hohe Ziel der theoretischen Physik, eine Theorie zu schaffen, die sämtliche Naturerscheinungen als Konsequenz eines einzigen, den Mikrokosmos und den Makrokosmos gleichermaßen umspannenden, fundamentalen Gesetzes beschreibt. Das virtuelle Abbild dieses Gesetzes wäre die oft zitierte *Weltformel.* In der Vergangenheit haben schon öfter Forscher geglaubt, dieser Weltformel nahegekommen zu sein. Die Versuche reichen von *Albert Einstein* (1879–1955) über *Werner Heisenberg* (1901–1976) bis in die Gegenwart. Wir werden darauf später zurückkommen. Hier wollen wir nur anmerken, daß diese Versuche den vertrauten Rahmen unserer Sicht vom „Diesseits" sprengen.

Man kann sich vorstellen, daß die Strukturgebung von hierarchisch aufgebauten physikalischen Theorien, die einerseits als Bilder der Natur gedeutet werden können, andererseits bei geeigneten Spezialisierungen auseinander hervorgehen sollen, höchste Anforderungen an die menschliche Phantasie stellt. Seltsamerweise sind es gerade die ästhetisch ansprechendsten Strukturen, die eine passende Theorie auszeichnen. Neben analytisch geprägter Intelligenz benötigt der Physiker daher ebenso wie jeder wahre Künstler ein ausgeprägtes Gefühl für Schönheit der Form und Dichte der Aussage.
Ohne die reiche Klaviatur der Mathematik wäre eine Erforschung der Natur im Sinne rationaler Durchdringung nicht möglich. Das in Theologie und Philosophie gebräuchliche Instrumentarium der sprachlichen Analyse wäre dafür völlig untauglich. Man könnte nun vermuten, daß sich jeder mathematisch formulierbare Sachverhalt auch durch eine keine mathematischen Begriffe enthaltende verbale Aussage darstellen lassen muß. Dies ist praktisch jedoch nicht möglich! Die ausschließlich verbale Definition einer Begriffsbildung wie jene des Riemann-Tensors (siehe Abschnitt 5) würde in verbaler Darstellung mehrere Bücher füllen. Im Unterschied dazu geht die Mathematik von allereinfachsten Begriffen aus, und baut daraus kompli-

ziertere Bausteine mit Hilfe abstrakter Verknüpfungen. Dabei ergeben sich oftmals bemerkenswerte Symmetrien, die implizit zwar in der vorliegenden Struktur bereits vorhanden sind, aber nur in sehr verdeckter Form. Eine Aussage über die Existenz einer derartigen fundamentalen Symmetrie wird in möglichst allgemeingültiger Form durch einen mathematischen Satz formuliert, dessen Kenntnis bei dem Aufbau weiterer subtiler Begriffsbildungen notwendige Voraussetzung ist. Auf diese Art entwickelt der Mathematiker einen Kosmos an Bildern großer Leuchtkraft und Tiefe, mit ausgeprägten, ästhetisch ansprechenden Symmetrien, die der Physiker bei Bedarf übernimmt und gegebenenfalls als Abbild einer in der Natur vorhandenen Struktur erkennt.
Natürlich gibt es bei dieser Vorgangsweise auch viele Sackgassen. Hier entscheidet unerbittlich das Experiment, das in der Vergangenheit schon viele inspirierte Theorien vernichtet hat. Diese empirische Überprüfungsmöglichkeit ist leider beim Aufbau eines philosophischen Systems oder bei der Übernahme einer geoffenbarten theologischen Glaubenswahrheit nicht gegeben.

Die obigen Ausführungen sollten uns etwas nachdenklich machen. Wenn schon die Beschreibung des „primitiven" Diesseits einen derartig subtilen Apparat benötigt, kann es dann wirklich sein, daß sich über das doch als „höher entwickelt" anzusehende Jenseits Aussagen mit den einfachen Mitteln bildhafter Vorstellungen und sprachlicher Analyse machen lassen? Die Begriffe Gott und Jenseits müssen unendlich viel komplexer angesehen werden als beispielsweise der Riemannsche Krümmungstensor. Eine vernunftorientierte theologische Betrachtung müßte also intellektuell ein weit höheres Niveau aufweisen, als es die derzeit modernsten Bilder aus Mathematik und theoretischer Physik besitzen. Dies ist aber sicherlich nicht der Fall! Dieses Mißverhältnis zwischen der Komplexität des Gegenstandes und der vergleichsweisen Naivität einer sprachlichen Annäherung muß daher zwangsläufig Mißtrauen erwecken.
In den folgenden Abschnitten wollen wir einige wichtige physikalische Theorien skizzieren. Dabei soll die Darstellung einerseits die angesprochene naturwissenschaftliche Methodik verdeutlichen, an-

dererseits die für spätere Überlegungen notwendigen physikalischen Grundkenntnisse und einige ihrer philosophischen Implikationen vermitteln. Themenkreise sind daher die Begriffsbildungen von Raum, Zeit und Materie, der Bau unseres Universums, die schattenhafte Welt der Quantentheorien mit ihren bizarren Bildern und den daraus folgenden Paradoxen, u. a. m.

2. Newtons Universum

Der älteste Zweig der theoretischen Physik ist die *klassische Mechanik.* Ihr Schöpfer und erster Vollender ist *Isaac Newton* (1643–1727). Nachdem bereits Kepler und Galilei wertvolle Einsichten erarbeitet haben, gelang Newton die Schöpfung einer streng fundierten, mathematisch konsistenten Theorie, die eine quantitative Erklärung der gesamten damals beobachtbaren Welt ermöglichte.
Um Newtons Leistungen zu würdigen, müssen wir uns nochmals die Zielsetzung der klassischen Mechanik vor Augen halten: Es galt, die Bewegung materieller Körper unter dem Einfluß von Kräften zu beschreiben. Die einzige damals bekannte Kraft war die Gravitationskraft: zwei Körper mit einer bestimmten Masse ziehen sich mit einer bestimmten Kraft an. Um die obige Aufgabenstellung zu lösen, mußten also zwei Fragen beantwortet werden:

1. Wie groß ist die Gravitationskraft zwischen zwei in einem bestimmten Abstand befindlichen Körpern mit vorgegebener Masse?
2. Wie bewegt sich ein Körper unter dem Einfluß der Gravitation eines anderen Körpers?

Newton konnte beide Fragen beantworten. Die Antwort auf die erste Frage gab er durch das nach ihm benannte *Gravitationsgesetz*:

> *Die Gravitationskraft zwischen zwei Körpern ist proportional dem Produkt ihrer Massen, und verkehrt proportional dem Abstandsquadrat.*

Die Gravitationskraft ist also um so größer, je größer die beteiligten Massen sind und je näher sich die beiden Körper sind. Die Antwort auf die zweite Frage gab Newton durch das nach ihm benannte *dynamische Grundgesetz*:

Das Produkt aus der Masse eines Körpers und der Änderung seiner Geschwindigkeit ist gleich der einwirkenden Kraft.

Eine doppelt so große Kraft bewirkt also nicht eine doppelt so große Geschwindigkeit, sondern eine doppelt so große Geschwindigkeitsänderung.

Wir wollen diese Aussagen nun auf das Universum mit seinen Sonnen, Planeten und Kometen anwenden. Zu einem beliebig herausgegriffenen Zeitpunkt haben alle diese Körper eine bestimmte Position im Raum. Das Newtonsche Gravitationsgesetz erlaubt zunächst die Berechnung aller zu diesem Zeitpunkt wirkenden Kräfte. Das dynamische Grundgesetz erlaubt weiter die Ermittlung der momentan gültigen Geschwindigkeitsänderungen aller Körper. Durch diese momentanen Geschwindigkeitsänderungen bewegen sich alle Körper auf eine gewisse Weise. Wir wollen diese Bewegung nur für eine winzig kurze Zeit betrachten. Wir kommen so zu einem neuen Zeitpunkt, der sich von dem alten nur durch das winzige Zeitintervall unterscheidet. Für diesen neuen Zeitpunkt wiederholen wir nun die Vorgangsweise, d.h. wir betrachten die leicht veränderte räumliche Anordnung aller Körper zu dem neuen Zeitpunkt und ermitteln die neuen Gravitationskräfte samt den korrespondierenden Geschwindigkeitsänderungen, usw.
Auf diese Art können wir die gesamte zeitliche Entwicklung des Systems analysieren, wir kennen also zu jedem Zeitpunkt sämtliche Positionen und Geschwindigkeiten der Körper samt allen wirkenden Kräften: Das System ist somit in allen Einzelheiten beschreibbar, für alle Zeiten, die größer als der beliebig wählbare Ausgangszeitpunkt sind.

Nun sind wir in der Analyse des Systems nicht nur auf künftige Zeiten beschränkt. Nichts hindert uns daran, die Entwicklung des Systems für vergangene Zeiten, also rückwärts in der Zeit auf dieselbe Weise zu untersuchen, d.h. wir kennen nicht nur jeden zukünftigen Systemzustand, sondern auch jeden in der Vergangenheit angenommenen Systemzustand. Zusammenfassend gilt:

Ist der Systemzustand eines mechanischen Systems bloß für einen einzigen, beliebig wählbaren Zeitpunkt bekannt, so ist er durch die Newtonschen Gleichungen auch für alle zukünftigen und alle vergangenen Zeiten eindeutig festgelegt.

Der mathematisch nicht vorgebildete Leser wird sich fragen, warum wir nur in ganz kleinen Zeitintervallen vorgegangen sind, statt einen großen „Zeitschritt" zu tun. Als Antwort verweisen wir auf die Tatsache, daß der Begriff der „Änderung" exakt nur für ein ganz kleines Zeitintervall definiert ist. Die Aussagen über die Änderungen der Geschwindigkeiten in Abhängigkeit von den wirkenden Gravitationskräften ist somit nur für ein kleines Zeitintervall, exakt nur für einen Zeitpunkt gültig (s. dazu auch Abschnitt 9). Diese Begriffsbildungen sind typisch für die Infinitesimalrechnung, und es verdoppelt Newtons Leistung, daß er nicht nur die Gesetze der klassischen Mechanik aufgestellt, sondern sogar die dafür notwendige Infinitesimalrechnung entwickelt hat! Einstein bezeichnet diese Tat als die Grenze dessen, was ein menschlicher Geist vermag.
Es muß darauf hingewiesen werden, daß die Durchführung der mathematischen Analyse natürlich nicht in diesen kleinen Schritten vor sich geht, wie wir sie zur Veranschaulichung des Ineinandergreifens der beiden Gesetze Gravitationsgesetz/dynamisches Grundgesetz beschrieben haben: Die Infinitesimalrechnung erlaubt hier die Angabe einer Lösung, wo die Zeit als kontinuierlich veränderliche Größe auftritt.

Newton hat sich nicht nur über die Bewegung von Körpern Gedanken gemacht, sondern auch die einer Beschreibung von Bewegungen zugrundeliegenden Kategorien von Raum und Zeit untersucht. Dabei kam er zu folgender Anschauung:

„Die wahre physikalische Zeit verfließt an sich und vermöge ihrer Natur gleichförmig und ohne jede Beziehung auf einen äußeren Gegenstand."

Ein Laplace-Dämon und kein Gott?

Wir wollen nun das Bild eines auf der Newtonschen Physik basierenden Universums nochmals zusammenfassen:

1. *Raum und Zeit sind voneinander unabhängige Kategorien, und unabhängig von den in ihnen ablaufenden physikalischen Prozessen.*
2. *Die Bewegung aller Körper im Universum wird durch das Gravitationsgesetz und das dynamische Grundgesetz vollständig festgelegt. Kennt man das Systemverhalten zu einem einzigen Zeitpunkt, so kennt man es auch für die gesamte Vergangenheit und die gesamte Zukunft.*

Nach der zweiten Aussage stellt sich das Newtonsche Universum als ein gigantisches Räderwerk dar: Weder der Zufall noch Gott haben eine Existenzberechtigung. Dieses Bild faßte der französische Physiker und Weiterentwickler der Newtonschen Mechanik *Pierre-Simon de Laplace* (1749–1827) folgendermaßen zusammen:

„Wir müssen also den gegenwärtigen Zustand des Weltalls als Ergebnis seines früheren Zustandes und als Ursache seines zukünftigen Zustandes betrachten. Ein Dämon, der für einen Augenblick alle Kräfte, die die Natur beleben und die Lage aller Dinge, aus denen sie besteht, kennen würde – ein Dämon, der genügend groß wäre, alle diese Daten einer Analyse zu unterziehen -, könnte in derselben Formel die Bewegungen der größten Körper des Weltalls und die des kleinsten Atoms einschließen. Für ihn würde nichts unbestimmt sein, und die Zukunft wie die Vergangenheit würde offen vor ihm liegen".

Man spricht in diesem Zusammenhang vom *Laplace-Dämon.* Er wurde die philosophische Grundlage der deterministischen Physik des 19. Jahrhunderts.

Der Gültigkeitsbereich der Newtonschen Physik

Wie ist es nun um die Richtigkeit der Newtonschen Mechanik und ihrer Folgerungen bestellt? Die experimentellen Überprüfungen der folgenden zweihundert Jahre bestätigten die Theorie fast in allen Details, so daß man schließlich ihre Allgemeingültigkeit annahm. Die weitere Entwicklung zeigte jedoch, daß diese Annahme falsch war. Betrachten wir dazu nochmals die oben zusammengefaßten Aussagen der Newtonschen Mechanik:
Zunächst postuliert sie die Unabhängigkeit von Raum und Zeit sowie die Unabhängigkeit dieser grundlegenden Kategorien von jedem darin ablaufenden physikalischen Geschehen. Nun zeigte die am Beginn des 20. Jahrhunderts entwickelte Spezielle Relativitätstheorie, daß Raum und Zeit nicht als getrennte Wesenheiten, sondern als Aspekt einer höheren Einheit, der Raumzeit, anzusehen sind. Weiter zeigte die zehn Jahre später entwickelte Allgemeine Relativitätstheorie, daß diese Kategorien sehr wohl durch das physikalische Geschehen beeinflußt werden: Die Anwesenheit von Materie krümmt die Raumzeit. Allerdings treten alle diese Effekte nur bei extremen Bedingungen auf, d.h. bei extrem großen Massen und bei großen Geschwindigkeiten. Betrachten wir nun die zweite Aussage. Auch hier hat sich herausgestellt, daß sie in der oben formulierten Allgemeinheit nicht zutrifft. Bei Berücksichtigung der genaueren Einsteinschen Vorstellung von Raum und Zeit muß sowohl das Gravitationsgesetz als auch die dynamische Grundgleichung modifiziert werden.
Die bisherigen Einschränkungen sind nur bei extrem großen Massen und hohen Geschwindigkeiten zu berücksichtigen. Es sind also Modifizierungen bei der Anwendung auf den Makrokosmos. Wie sieht es nun mit der Anwendbarkeit im Mikrokosmos, also bei Problemen im atomaren Bereich, aus? Auch hier ergeben sich wieder Abweichungen von der Newtonschen Physik! Für extrem kleine Massen sind nicht die Gesetze der klassischen Mechanik, sondern jene der Quantenmechanik gültig!

Bei allen diesen Modifizierungen wurde noch etwas übersehen: Wir haben bisher mit Newton und seinen Zeitgenossen stillschweigend angenommen, daß die Gravitationskraft die einzige existierende Kraft ist. Die weitere Entwicklung der Physik zeigte jedoch, daß dies nicht zutrifft. Gegenwärtig kennt man vier fundamentale Kräfte: die Gravitationskraft, die elektromagnetische Kraft, die schwache Kraft und die starke Kraft (siehe dazu die Abs. 5 und 7). Die Beschreibung des Universums kann also nicht ausschließlich auf der Basis der Gravitation geschehen, wie wir dies oben getätigt haben, sondern muß die Wirkungen aller vier Kräfte berücksichtigen.
Diese Verhältnisse sind ein lehrreiches Beispiel dafür, wie eine scheinbar unumstößliche Gewißheit, die sich zudem auf eine zweihundertjährige experimentelle Überprüfung stützen konnte, in sich zusammenstürzt, wenn das Gesichtsfeld erweitert wird.

Wir wollen die notwendigen Modifizierungen der Newtonschen Theorie nochmals zusammenfassen: Selbst wenn man sich ausschließlich auf die Gravitationskraft beschränkt, so sind Newtons Anschauungen sowohl für extrem große Massen und Geschwindigkeiten, wie auch für extrem kleine Massen nicht oder nur näherungsweise gültig. In diesen Fällen müssen sowohl die Vorstellung von Raum und Zeit als auch die Newtonschen Grundgleichungen korrigiert werden. Man erkennt hier das in Abschnitt 1 angesprochene Wechselspiel von Verallgemeinerung und Einschränkungen: Da die Newtonsche Mechanik für Planeten ebenso großartig funktionierte wie für Sandkörner, bei allen zur damaligen Zeit beobachtbaren Geschwindigkeiten, wurde ihre Gültigkeit für alle Massen und alle Geschwindigkeiten gefolgert. Diese Verallgemeinerung war nicht zulässig und mußte nach Aufkommen der Relativitätstheorie und der Quantenmechanik modifiziert werden. Diese neuen Theorien haben einen wesentlich größeren Gültigkeitsbereich als die Newtonsche Mechanik und gehen bei nicht zu extremen Bedingungen (Massen nicht zu groß bzw. zu klein, Geschwindigkeiten klein gegenüber der Lichtgeschwindigkeit) kontinuierlich in die Newtonsche Theorie über: Bei diesem Übergang „glättet“ sich die gekrümmte Raum-Zeit, die Zeit spaltet sich scheinbar ab vom Raum, und die komplizierte-

ren Grundgleichungen der Relativitätstheorien und der Quantenmechanik nehmen die einfache Gestalt des Newtonschen Gravitationsgesetzes und des dynamischen Grundgesetzes an.
Die Newtonsche Theorie ist also strenggenommen falsch, stellt allerdings eine höchst brauchbare Näherung bei gewöhnlichen Verhältnissen dar. Unzulässig ist somit zunächst auch die Folgerung des strengen Determinismus, die Verbannung von Zufall und Gott.

Sir Isaac Newton

Abschließend wollen wir einige Worte jenem Manne widmen, der sich diese für die damalige Zeit ungeheuerlichen Dinge ausdenken konnte. *Sir Isaac Newton* (1642–1727) gilt neben Einstein als die Inkarnation der Physik schlechthin, wobei seine Begabung als Mathematiker in gleicher Weise herausragend ist. Er studierte in Cambridge an der philosophischen Fakultät, wo er 1669 den Lucasischen Lehrstuhl für Mathematik übernahm. 1686 veröffentlichte er die *Philosophie naturalis principia mathematica* (Mathematische Prinzipien der Naturlehre)[42], das vielleicht bedeutendste wissenschaftliche Werk, das je geschrieben wurde. In den folgenden hundertfünfzig Jahren hatte es unter den Naturwissenschaftlern die Bedeutung einer Bibel. Hier entwickelte Newton die Infinitesimalrechnung, beschrieb die Bewegung der Planeten im Sonnensystem auf der Basis der universellen Gravitation und vieles andere.
Neben seinen mathematischen und physikalischen Studien beschäftigte sich Newton auch mit Alchimie, Theologie und Okkultismus. Als Fünfzigjähriger kehrte er der wissenschaftlichen Welt den Rücken und nahm den Posten eines Direktors des Königlichen Münzamtes an. Er starb 1727, reich, geachtet und geadelt, und wurde in der Westminster Abbey beigesetzt.

3. Das Newton-Faraday-Maxwell-Universum

Bis ins 18. Jahrhundert herrschte uneingeschränkt die Newtonsche Physik, als plötzlich einige Phänomene auftraten, deren Erklärung auf dem Boden der klassischen Mechanik Schwierigkeiten bereitete. Als Beispiel betrachten wir ein Plastiklineal und einen Haufen kleiner Papierschnitzel. Bringt man dieses Lineal nach kräftigem Reiben mit diesen Schnitzeln in Kontakt, so bleiben etliche davon längere Zeit am Lineal kleben. Man sagt, das Lineal sei durch Reiben „elektrisch aufgeladen" worden.

Es war also die Elektrizität, die sich dem Naturwissenschaftler des 18. Jahrhunderts in einer Vielfalt von Phänomenen präsentierte und für kräftige Verwirrung sorgte. Man sah sich gezwungen, den eigenartigen „elektrischen Zustand" eines Körpers durch den Begriff einer „elektrischen Ladung" quantitativ zu beschreiben. Ein Körper konnte also neben seiner Masse auch noch Ladung besitzen. Während zwei Körper mit einer bestimmten Masse über die Gravitationskraft in einer durch die Newtonsche Mechanik beschriebenen Weise wechselwirken konnten, waren zwei geladene Körper fähig, auch über die im Zusammenhang mit dieser Ladung auftretende „elektrische Kraft" wechselzuwirken. Diese Kraft zeigte zunächst eine weitgehende Analogie zur Gravitationskraft, d.h. man erkannte ein zum Gravitationsgesetz äquivalentes Kraftgesetz für die elektrische Kraft:

> *Die elektrische Kraft zwischen zwei Ladungen ist proportional dem Produkt der Ladungen, und verkehrt proportional dem Abstandsquadrat.*

Dieses Gesetz wurde nach seinem Entdecker *Charles Augustin de Coulomb* (1736–1806) als *Coulombsches Gesetz*, die „elektrische Kraft" als *Coulombkraft* bezeichnet.

Es war naheliegend, das Bild des Newtonschen Universums nun dahingehend zu ergänzen, daß Körper nicht nur als Träger einer Masse, sondern als Träger einer Masse und (fallweise) einer Ladung angesehen werden, so daß zu der bisher ausschließlich betrachteten Gravitationskraft die Coulombkraft hinzukommt.
Leider stellte sich dieses schöne, geschlossene Bild sehr bald als fehlerhaft heraus. Man entdeckte, daß die der Gravitationskraft so ähnliche Coulombkraft bloß eine Seite einer viel komplexer aufgebauten Kraft war, die wir heute als *elektromagnetische Kraft* bezeichnen. Um einen ersten Eindruck von der Komplexität dieser Kraft zu geben, machen wir ein Gedankenexperiment. Wir stellen uns eine Ladung zusammen mit zwei beobachtenden Physikern vor, wobei sich alle drei Körper an verschiedenen Raumpunkten befinden sollen. Zunächst nehmen wir an, daß keinerlei Bewegung zwischen den drei Körpern stattfindet. Dann wirkt von der Ladung auf die beiden Physiker eine dem jeweiligen Abstand entsprechende Coulombkraft (die Wirkung der Gravitation wollen wir hier unberücksichtigt lassen). Nun soll sich die Ladung zusammen mit Physiker 1 von Physiker 2 wegbewegen, wobei die Bewegung derart erfolgen soll, daß der Abstand zwischen Ladung und Physiker 1 stets gleich bleibt. Für Physiker 1 hat sich die Situation im Grunde nicht geändert, er sieht wieder eine bezüglich seiner Position im gleichen Abstand ruhende Ladung. Daher wird es niemanden überraschen, daß er auch jetzt wieder das vorige Versuchsergebnis wahrnimmt: er mißt eine Coulombkraft derselben Stärke wie im ersten Teil des Experimentes. Völlig anders stellt sich die Situation jedoch für den Physiker 2 dar, der eine von sich wegfliegende Ladung beobachtet. Er nimmt eine völlig anders strukturierte Kraftwirkung wahr. Einerseits bemerkt er eine Coulombkraft, die jetzt natürlich durch die wegfliegende Ladung entsprechend schwächer wird. Daneben tritt aber eine weitere Kraft auf, die durch die Änderung des Bewegungszustandes der Ladung induziert wurde. Man bezeichnet diesen Kraftanteil als *magnetische Kraft.*
Das Versuchsergebnis hängt also vom Bewegungszustand des Beobachters gegenüber der Ladung ab! Da die Aufteilung der Gesamtkraft in elektrischen Teil und magnetischen Teil beobachterabhängig ist,

erkennt man diese beiden Anteile als verschiedene Seiten einer höheren Einheit, was sich in der Bezeichnung „elektromagnetische Kraft“ niedergeschlagen hat.
Es muß betont werden, daß das obige Beispiel keineswegs alle Aspekte des Elektromagnetismus spiegelt. Diese betrübliche Feststellung mußten auch die Physiker des 18. und frühen 19. Jahrhunderts machen. Der Traum, daß die elektromagnetische Kraft in ähnlicher Weise wie die Gravitationskraft beschrieben werden konnte, schien ausgeträumt, der Dominanzanspruch der Newtonschen Mechanik ungerechtfertigt.

Ein Buchbinder als Visionär

Es war die Großtat von *Michael Faraday* (1791–1867), Ordnung in das verworrene Bild verschiedenartigster Phänomene zu bringen und damit die Elektrizitätslehre zusammen mit Maxwell auf ihren klassischen Höhepunkt zu führen. Faraday war ursprünglich Buchbinder gewesen, und besaß nur eine oberflächliche Schulbildung. Sein Interesse an Experimentalphysik brachte ihn an die Royal Institution in London, wo er seine Vorstellungen und Beiträge zur Theorie des Elektromagnetismus entwickelte, die ihm den Namen des größten Experimentalphysikers des 19. Jahrhunderts einbringen sollten. Faraday gewann die Überzeugung, daß man die Beziehung zwischen Elektrizität und Magnetismus weiter fassen müsse als bisher, daß also nicht nur wie im obigen Beispiel Magnetismus durch sich ändernde Elektrizität „induziert“ werden kann, sondern umgekehrt auch Elektrizität durch sich ändernden Magnetismus. Mit dieser Einsicht wurde er der Vater des Elektromotors und Generators und legte damit den Grundstein zur modernen Elektrotechnik.

Ein fast noch wichtigerer Beitrag ist die Faradaysche Entwicklung des Konzeptes der *Feldwirkung* oder *Nahwirkung*. Dazu betrachten wir wieder die zwischen zwei geladenen Körpern wirkende Coulombkraft. Es existieren nun zwei verschiedene Möglichkeiten zur Interpretation der Kraftwirkung. Einerseits kann man sich vorstellen, daß die Kraftwirkung von Ladung 1 auf Ladung 2 unmittelbar ist, d.h. den dazwischenliegenden leeren Raum überspringt. Die Frage nach einem Mechanismus der Kraftübertragung wird hier nicht gestellt, man begnügt sich mit einer quantitativen Beschreibung der Wirkung. Diese bis in die Mitte des 19. Jahrhunderts geläufige Interpretation wird als *Fernwirkungstheorie* bezeichnet. Auch die Newtonsche Gravitationswirkung war im Konzept der Fernwirkungstheorie beschrieben worden.

Faraday wies nun einen anderen Weg. Er stellte sich die zunächst allein vorhandene Ladung 1 als Ursache eines den unendlichen Raum erfüllenden, unsichtbaren, materiefreien „Spannungszustandes" vor, den wir zunächst ohne weitere Erklärung als *elektromagnetisches Feld* bezeichnen wollen. Sobald nun die Ladung 2 in den Raum gebracht wird, übt das von Ladung 1 herrührende Feld eine Kraft auf die Ladung 2 aus. Natürlich ist auch die Ladung 2 von einem derartigen Fluidum umgeben, das seinerseits eine Kraft auf die Ladung 1 ausübt. Dabei werden die Felder derart festgelegt, daß das Produkt aus Feldstärke und Ladung gerade die meßbare elektromagnetische Kraft ergibt. Diese auf Faraday zurückgehende Anschauung wird als *Nahwirkungstheorie* oder *Feldwirkungstheorie* bezeichnet. Die Bezeichnung „Nahwirkungstheorie" verdeutlicht, daß der Mechanismus der Kraftübertragung auf eine Ladung durch das in der unmittelbaren Umgebung dieser Ladung existierende, von einer anderen Ladung herrührende elektromagnetische Feld bestimmt wird.

Die Einführung eines materiefreien, unsichtbaren Fluidums zur Erklärung handfester physikalischer Erscheinungen dürfte manchem Leser ziemlich spekulativ erscheinen. Allerdings fußt Faradays Vision auf einer experimentellen Tatsache: Er hatte die Kraftlinien gesehen, die durch Eisenfeilspäne in der Nähe eines Magneten sichtbar gemacht werden können, was ihn zu dem Bild der Nahwirkung inspirierte.

Das Erstaunliche an Faradays Anschauungen ist, daß er sie intuitiv, ohne mathematische Hilfsmittel formulieren konnte. Die mathematische Durchdringung und Vervollkommnung der Faradayschen Vorstellungen blieb einem anderen Großen der Physik vorbehalten.

Maxwells wunderbare Gleichungen

War Faraday der größte Experimentalphysiker des 19. Jh., so gilt *James Clerk Maxwell* (1831–1879) als der größte Theoretiker dieser Zeit. Er stellte vier Gleichungen auf, die die Gesamtheit aller elektromagnetischen Phänomene beschreiben. Die Symmetrie und Eleganz dieser Gleichungen veranlaßte einen anderen bedeutenden Physiker jener Zeit zu dem Ausruf: „War es ein Gott, der jene Zeilen schrieb?" Tatsächlich wirken die Maxwell-Gleichungen in ihrer Universalität als ein übermenschliches Werk. Das Abendrot, ein zitternder stromdurchflossener Froschschenkel, das elektrische Feld einer elektrischen Ladung, das magnetische Feld eines Magneten, ein Blitz, etc. – alle diese und unendlich viele andere Verkleidungsformen des Elektromagnetismus sind letztendlich durch Maxwells Gleichungen quantitativ faßbar!
Diese Gleichungen können als mathematische Formulierung des von Faraday angenommenen Fluidums, des elektromagnetischen Feldes, gelten. Maxwell zeigte, daß dieses Fluidum durch eine abstrakte Elastizität die elektromagnetischen Kräfte produzieren konnte. Seine Vorstellungen legte er in dem 1873 erschienenen Buch „*Treatise of Elektricity and Magnetism*" nieder. Es besitzt auf dem Sektor des Elektromagnetismus eine ähnliche Bedeutung, wie sie Newtons *principia* im Zusammenhang mit der Gravitationsbeschreibung zukommt.

Das Newton-Faraday-Maxwell-Universum

Wie sieht das Bild des Universums nun im letzten Drittel des vorigen Jahrhunderts aus? Die Antwort findet sich etwas vereinfacht in folgenden Punkten:

1. *Raum und Zeit sind voneinander unabhängige Kategorien, und unabhängig von den ablaufenden physikalischen Prozessen;*

2. *Die Bewegung aller Körper im Universum wird sowohl durch die Gravitationskraft als auch durch die elektromagnetische Kraft bestimmt. Dem für Gravitationswirkungen zuständigen Gravitationsgesetz Newtons müssen die für elektromagnetische Kraftwirkungen maßgeblichen Maxwell-Gleichungen zur Seite gestellt werden. Das dynamische Grundgesetz Newtons gilt unverändert, nur muß an Stelle der Gravitationskraft die Summe aus Gravitationskraft und elektromagnetischer Kraft gesetzt werden. Kennt man das Systemverhalten zu einem einzigen Zeitpunkt, so kennt man es auch für die gesamte Vergangenheit und die gesamte Zukunft.*

Der Laplace-Dämon ist also noch immer am Werk, für Zufall und Gott noch immer kein Platz. Dem aufmerksamen Leser wird auffallen, daß wir bisher die Vorstellung der Feldwirkung ausschließlich für den Elektromagnetismus verwendet haben. Sie läßt sich aber ganz analog für die Gravitationskraft anwenden. Der Raum des Newton-Maxwell-Faradayschen Universums ist also sowohl von einem elektromagnetischen Feld als auch von einem Gravitationsfeld durchzogen, wobei das Gravitationsfeld die masseabhängige Gravitationskraft, das elektromagnetische Feld die ladungsabhängige elektromagnetische Kraft hervorruft. Das ganze Gebäude scheint von einer wunderbaren Geschlossenheit und Allgemeingültigkeit. Bis auf einige winzige Kleinigkeiten allerdings, und denen wollen wir uns im folgenden Abschnitt widmen.

Die Unvereinbarkeit der Newtonschen und der Maxwellschen Physik

Zunächst wollen wir die Mechanismen der Kraftübertragung für das elektromagnetische Feld und das Gravitationsfeld noch etwas genauer analysieren.

Der Mechanismus der elektromagnetischen Kraftübertragung ist höchst faszinierend: Das elektromagnetische Feld breitet sich wel-

lenförmig im leeren Raum aus, ähnlich wie ein ins Wasser geworfener Stein Wasserwellen erzeugt. Zu jedem Zeitpunkt zeigt ein sich räumlich ausbreitendes elektromagnetisches Feld ein Wellenmuster. Das Feld breitet sich jedoch auch zeitlich wellenförmig aus: In jedem Punkt des Raumes nimmt man bei einer Messung ein sich zeitlich periodisch veränderndes elektromagnetisches Feld wahr. Wenn man also von einer elektromagnetischen Welle spricht, so wollen wir uns dabei immer ihre Wellenform in Raum und Zeit vorstellen.
Die elektromagnetische Wellenform ist eine Konsequenz der abstrakten Struktur des elektromagnetischen Feldes. Wir haben schon darauf hingewiesen, daß Elektromagnetismus bei bestimmten Betrachtungsweisen sich sowohl als reine Elektrizität wie auch als reiner Magnetismus präsentieren kann. Diese Verflochtenheit von Elektrizität und Magnetismus ist die tiefere Ursache für die Wellenform der Gesamtstruktur, eben des elektromagnetischen Feldes. Eine weniger komplexe Verflochtenheit würde auf keine Wellenform führen.
Diese elektromagnetische Welle breitet sich nun mit Lichtgeschwindigkeit aus. Aus diesen und anderen Gründen erkannten die Forscher des 19. Jh., daß Licht nichts anderes als ein elektromagnetischer Vorgang ist. Wie wirkt nun ein geladener Körper auf einen anderen geladenen Körper? Ganz einfach: Beide Ladungen senden eine elektromagnetische Welle aus, die nach einer gewissen Zeitspanne, die aus der räumlichen Distanz und der Lichtgeschwindigkeit der Welle eindeutig festgelegt ist, die jeweils andere Ladung erreicht und dort die Kraftwirkung überträgt. Die Übertragung der elektromagnetischen Kraft ist also verzögert, man spricht von einer *retardierten Wirkung.*

Wir betrachten nun den Mechanismus der Kraftübertragung durch das Gravitationsfeld. Wird diese Kraft durch eine Gravitationswelle übertragen? Wir haben bereits darauf hingewiesen, daß die Wellenform des elektromagnetischen Feldes aus der Verflochtenheit von Elektrizität und Magnetismus resultiert. Nun kann die Newtonsche Gravitation aber nicht als höhere Einheit zweier sich vom Bewegungszustand des Beobachters verschieden darstellender Phänomene aufgefaßt werden. Daher wird es niemanden wundern, daß sich das

Gravitationsfeld nicht wellenförmig ausbreitet. Es besitzt auch keine endliche Ausbreitungsgeschwindigkeit, die Kraftwirkung ist nicht retardiert, sondern unmittelbar, d.h. unendlich schnell!
Dies ist ein fundamentaler Unterschied zwischen der Newtonschen und der Maxwellschen Physik: *die Gravitationswirkungen breiten sich unendlich schnell, die Wirkungen des Elektromagnetismus jedoch nur mit Lichtgeschwindigkeit aus.* Falls eine Masse ihre räumliche Lage ändert, so überträgt sich die damit verbundene Änderung der Gravitation auf eine andere Masse zum selben Zeitpunkt. Bei räumlicher Lageänderung einer Ladung erfolgte die Änderung der elektromagnetischen Feldwirkung jedoch erst nach einem Zeitintervall, den ein Lichtstrahl benötigt, um die entsprechende räumliche Distanz zurückzulegen.

Die Verschmelzung der Newtonschen Physik mit der Maxwellschen ist also doch nicht so gelungen, wie es anfangs ausgesehen hatte. Die weiteren Überlegungen werden zeigen, daß der Zwiespalt noch viel tiefer sitzt. Dazu müssen wir auf die Aussage der Maxwelltheorie zurückgreifen, nach der sich eine elektromagnetische Welle stets mit Lichtgeschwindigkeit ausbreitet. Diese Aussage muß in ihrer Allgemeinheit zunächst unsinnig erscheinen, da die Wellengeschwindigkeit natürlich für zwei verschieden bewegte Beobachter verschieden sein müßte, womit die obige Aussage nur für einen speziellen Beobachter sinnvoll erscheint. Das Eigenartige an den Maxwell-Gleichungen ist nun, daß sie für jeden beliebig bewegten Beobachter gelten. Die Lichtgeschwindigkeit erscheint in den Gleichungen als zahlenmäßig festgelegte Konstante und nicht als beobachterabhängige Variable. Diese eigentümliche Eigenschaft ließ Zweifel an der Allgemeingültigkeit der Maxwell-Gleichungen aufkommen. Andererseits war ihre Struktur so subtil und elegant, daß man sich nur schwer zu einer diese Struktur zerstörenden Modifizierung entschließen konnte. Abgesehen davon stand die Theorie im Einklang mit allen damals durchgeführten Experimenten. Die ganze Sache war also höchst seltsam: Scheinbar widersprüchliche Gleichungen besaßen eine ungewöhnlich ästhetische Struktur und standen mit dem Experiment nicht im Widerspruch, wohl aber mit grundlegenden Vorstel-

lungen über die unterschiedliche Beobachtungsmöglichkeit eines Naturvorganges.
Wie verhalten sich nun die Newtonschen Gleichungen in diesem Fall? Sind sie auch so grotesk widersprüchlich? Die Antwort lautet „Nein", bei den Newtonschen Gleichungen kommt ein derartiger Widerspruch nicht vor. Hier sehen zwei verschieden bewegte, die Lichtgeschwindigkeit messende Beobachter zwei verschiedene Lichtgeschwindigkeiten, je nach ihrem eigenen Bewegungszustand. Hier schien also alles in Ordnung zu sein.

Zusammenfassend gilt: Die Newtonsche Physik spricht von einer unmittelbaren, d.h. sich unendlich schnell ausbreitenden Feldwirkung, was etwas schwer vorstellbar ist. Ihre Aussagen sind aber scheinbar vernünftig für verschieden bewegte Beobachter.
Dagegen hat man es in der Maxwellschen Physik mit retardierten Wirkungen zu tun, d.h. einer endlichen, mit Lichtgeschwindigkeit ausbreitenden Feldwirkung, was im Unterschied zur Newtonschen Vorstellung ziemlich anschaulich ist. Allerdings scheinen die Aussagen der Maxwell-Gleichungen für zwei verschieden bewegte Beobachter unsinnig zu sein.
Alle zur Lösung dieses Widerspruchs am Ausgang des 19. Jh. unternommenen Versuche waren zum Scheitern verurteilt. Erst Einstein fand den Schlüssel zu diesem Problem, und schuf damit eine völlig neue Vorstellung von Raum und Zeit.

4. Die Spezielle Relativitätstheorie

Bei den obigen Überlegungen haben wir öfter vom Bewegungszustand der Beobachter gesprochen. Darunter versteht der Nichtphysiker eine Bewegung im Raum, wobei der Zeitablauf für beide Beobachter derselbe ist. Auch die Physiker des 19. Jh., die auf dem Fundament der Newtonschen Vorstellungen von Raum und Zeit standen, vertraten diese Ansicht. Raum und Zeit wurden als etwas absolut Gegebenes angenommen, die Vorstellung von der Zeit als etwas gleichmäßig Fließendem, vom Bewegungszustand des Beobachters Unabhängigem, sowie die Vorstellung einer absoluten Gleichzeitigkeit für zwei an verschiedenen Stellen stattfindende Ereignisse waren im zeitgenössischen Denken fest verankert. Die Revision dieser Anschauungen durch *Albert Einstein* (1879–1955) bildet das Kernstück der Speziellen Relativitätstheorie. Im Gefolge dieser Überlegungen stehen die vielzitierten Paradoxen der Lorentzkontraktion, der Zeitdilatation, die Modifizierung der Anschauungen über Vergangenheit, Gegenwart, Zukunft, Kausalität, u.a.m.

Raum, Zeit, Relativität

Mit Hilfe einiger verblüffend einfacher Gedankenexperimente zeigte Einstein, daß man sich zwei zueinander mit konstanter Geschwindigkeit bewegende Beobachter nicht nur als sich verschieden im Raum bewegend, sondern zusätzlich auch als sich verschieden in der Zeit bewegend vorstellen muß! Der Zeitablauf ist also nicht für beide Beobachter derselbe, sondern jeder führt praktisch seine eigene Zeit mit sich. Dabei wird der Unterschied der beiden Zeitabläufe quantitativ durch die Größe der Relativgeschwindigkeit zwischen den beiden Beobachtern festgelegt. Bei einer kleinen Relativgeschwindigkeit

ist der unterschiedliche Zeitablauf verschwindend gering, bei einer Relativgeschwindigkeit in der Größenordnung der Lichtgeschwindigkeit wird er riesig.
Besonders interessant wird es, wenn man auf dieser Grundlage die Geschwindigkeit eines Lichtstrahls von zwei zueinander gleichförmig bewegten Beobachtern messen läßt. Vereinfachend wollen wir annehmen, daß Beobachter 1 sich gegenüber dem Licht mit 99% der Lichtgeschwindigkeit in Richtung des Lichtstrahls bewegt, während Beobachter 2 gegenüber dem Licht ruhen soll. Auf Grund der alten Newtonschen Anschauungen würde man natürlich erwarten, daß Beobachter 1 dem sich entfernenden Lichtstrahl nur 1% der Lichtgeschwindigkeit zuordnet (er ist schließlich fast gleich schnell), während Beobachter 2 den vollen Wert der Lichtgeschwindigkeit mißt. Dies ist aber nicht der Fall. Der Lichtstrahl erscheint beiden Beobachtern gleich schnell! Man kann sich Licht also weder nähern noch entfernen. Gleichgültig, wie schnell man sich selbst gegenüber der Lichtquelle bewegt, man mißt stets die Lichtgeschwindigkeit. Dieses scheinbar widersinnige Ergebnis wurde durch das *Michelson-Morley-Experiment* tatsächlich bestätigt.
Historisch gesehen wurde das Michelson-Morley-Experiment vor Einsteins im Jahre 1905 erschienener Arbeit *Zur Elektrodynamik bewegter Körper* durchgeführt. Allerdings konnte man sich das Ergebnis schwer erklären. Erst Einsteins Raum-Zeit-Analyse zeigte die dahinterstehende Gesetzmäßigkeit. *Hermann Minkowski* (1864–1909), ein ehemaliger Lehrer Einsteins formulierte sie in seiner berühmten Vorlesung im September 1908 folgendermaßen:

„Meine Herren! Die Anschauungen über Raum und Zeit, die ich Ihnen entwickeln möchte, sind auf experimentell-physikalischem Boden erwachsen. Darin liegt ihre Stärke. Ihre Tendenz ist eine radikale. Von Stund an *sollen Raum für sich und Zeit für sich völlig zu Schatten herabsinken, und nur noch eine Art Union der beiden soll Selbständigkeit bewahren.*"

Die Anwendung dieser Überlegungen auf die oben dargestellte Problematik der Unvereinbarkeit von Newtonscher Physik und Maxwellscher Physik war spektakulär. Wenn man nämlich für zwei Beobachter die von Einstein geforderte unterschiedliche Bewegung in der Zeit verwendete, waren die Maxwell-Gleichungen plötzlich nicht mehr widersprüchlich: Die Tatsache, daß in ihnen die Lichtgeschwindigkeit ohne Spezialisierung des Bezugssystems aufscheint, war nun selbstverständlich. Schließlich handelte es sich nach den neuen Erkenntnissen bei der Lichtgeschwindigkeit um eine universelle Naturkonstante, die unabhängig von jedem Beobachter stets denselben Wert besitzt. Die Maxwellsche Physik erschien damit völlig konsistent, alle Unklarheiten waren beseitigt.

Wie verhielt sich aber die Newtonsche Physik zu Einsteins seltsamen Vorstellungen von Raum und Zeit? Bei Vorgabe der Einsteinschen Raum-Zeit spielten sie total verrückt. Da die Gleichungen auf einem fehlerhaften Fundament basierten, mußten sie modifiziert werden. Diese Aufgabe übernahm in den wesentlichen Teilen Minkowski, der so zusammen mit Einstein aus der Newtonschen Mechanik die *relativistische Mechanik* hervorzauberte. Einsteins wichtigster Beitrag war hier die Erkenntnis, daß Masse und Energie gewissermaßen äquivalent sind, was in seiner berühmten Formel $E = mc^2$ zum Ausdruck kommt: Jeder Masse entspricht ein Energieäquivalent, das sich aus der Masse durch Multiplikation mit dem Quadrat der Lichtgeschwindigkeit ergibt. Wegen der enormen Größe der Lichtgeschwindigkeit von etwa 300 000 km/sec. besitzt bereits eine winzige Masse eine ungeheure Energie. Atomreaktor und Atombomben sind anschauliche Beweise dieser Aussage.

Umgekehrt muß aber auch beispielsweise einer Strahlungsenergie vermöge der obigen Beziehung eine bestimmte Masse zugeordnet werden. Dies scheint zunächst etwas verwirrend. Kann Licht Masse besitzen? Die Antwort heißt „Ja". Zum besseren Verständnis muß darauf hingewiesen werden, daß nach den Aussagen der relativistischen Mechanik die Masse bewegungsabhängig ist: Die Masse eines Körpers wächst entsprechend seiner Geschwindigkeit, wobei sie im Falle einer (technisch nicht exakt realisierbaren) Bewegung mit Lichtgeschwindigkeit unendlich groß wird. Umgekehrt kann man zeigen, daß eine mit Lichtgeschwindigkeit bewegte endliche Masse im Zustand der Ruhe stets die Masse Null hat, d.h. masselos ist. Licht bewegt sich mit Lichtgeschwindigkeit, hat also die Ruhemasse Null. Man könnte kein Lichtelement mit der Pinzette nehmen und auf eine Waage legen. Die mit Lichtgeschwindigkeit bewegte Masse des Lichtes ist jedoch von Null verschieden, man kann den Strahlungsdruck des Lichtes sehr leicht messen.

Es hatte sich also alles umgekehrt gestaltet, wie vorher angenommen wurde. Nicht die scheinbar widersprüchlichen Maxwell-Gleichungen waren modifiziert worden, sondern die geheiligten Newtonschen Gleichungen. Die Maxwell-Gleichungen hatten in sich bereits eine „höhere Wahrheit" getragen, verdeckt im 19. Jh., nun am Beginn des 20. Jh. durch Einsteins Analyse von allen Schlacken befreit.
Seit der Speziellen Relativitätstheorie spricht man in der theoretischen Physik von einem vierdimensionalen Raum-Zeit-Kontinuum. Da Raum und Zeit nicht getrennt angesehen werden können und sich alles Weltgeschehen sowohl im Raum als auch in der Zeit abspielt, faßt man die Zeitkoordinate mit den drei Raumkoordinaten zu einem vierdimensionalen Raum zusammen, den man als *Minkowski-Raum* bezeichnet. Jedes Einzelereignis in Raum und Zeit markiert einen Punkt, die (zeitliche und räumliche) Entwicklung dieses Ereignisses eine Linie im Minkowski-Raum.
Wir wollen noch ganz kurz auf die oft zitierten Paradoxen eingehen. Zunächst besagt das Phänomen der *Lorentz-Kontraktion*, daß sich ein bewegter Maßstab im Vergleich zu einem relativ ruhenden verkürzt. In ähnlicher Weise geht eine bewegte Uhr langsamer, als eine relativ zu ihr ruhende. Hektisch herumhastenden Menschen wird daher von physikalisch Halbgebildeten eine etwas erhöhte Lebensdauer zugeschrieben, gemäß dem Spruch „Wer rastet, der rostet". Abgesehen davon, daß dieser aus der Speziellen Relativitätstheorie resultierende Zeitgewinn bloß Bruchteile einer Millionstel Sekunde betragen würde, müssen diese Überlegungen auf der Basis der Allgemeinen Relativitätstheorie durchgeführt werden, da in der Speziellen Relativitätstheorie nur gleichförmig bewegte Beobachter betrachtet werden: Beschleunigungen und Verzögerungen sind also unzulässig!
Allen diesen scheinbaren Paradoxen liegt die Tatsache zugrunde, daß wegen des vom individuellen Bewegungszustand abhängigen Zeit-

ablaufes natürlich kein global gültiger Begriff der Gleichzeitigkeit existiert: Was einem Beobachter als gleichzeitig erscheint, muß für einen anderen Beobachter nicht gleichzeitig sein. So bedeutet beispielsweise die Längenmessung eines Stabes die gleichzeitige Markierung von Anfangs- und Endpunkt des Stabes, und die wird bei zwei verschieden bewegten Beobachtern verschieden ausfallen. So wird der Effekt der Lorentz-Kontraktion verständlich.

Vergangenheit, Gegenwart, Zukunft, Kausalität

Ein der Physik des 19. Jh. zugrundeliegendes Prinzip war das *Kausalitätsprinzip*. Darunter versteht man die Forderung, daß eine Ursache zeitlich gesehen stets *vor* der entsprechenden Wirkung liegt. Natürlich fragte man sich bei Aufkommen der Einsteinschen Raum-Zeit-Vorstellungen zunächst, ob sie mit dem Kausalitätsprinzip vereinbar seien. Wenn nach dem obigen Beispiel durch eine entsprechende raumzeitliche Bewegung eines Beobachters die Gleichzeitigkeit manipuliert werden konnte, so war es doch vielleicht auch möglich, Ursache und Wirkung umzukehren. Dies war zum Glück nicht der Fall, da wir sonst eine schöne physikalische Theorie weniger hätten. Man konnte zeigen, daß Ursache und Wirkung nur für mit Überlichtgeschwindigkeit bewegte Beobachter vertauschen könnten. Die Lichtgeschwindigkeit erscheint aber in der Relativitätstheorie als die höchstmögliche Geschwindigkeit überhaupt, womit eine Verletzung des Kausalitätsprinzips nicht auftreten kann.
Das Zeitintervall zwischen zwei verschiedenen Ereignissen kann also von verschiedenen, mit Unterlichtgeschwindigkeit bewegten Beobachtern unterschiedlich wahrgenommen werden, somit auch die Gleichzeitigkeit (Zeitintervall Null). Dies gilt aber grob gesagt nur in einer Richtung. Umgedreht werden könnte die zeitliche Reihenfolge nur für sich mit Überlichtgeschwindigkeit bewegende Beobachter. Die Reise in die Vergangenheit zur Elimination des Vaters eines gegenwärtigen mißliebigen Menschen ist also auch in der Speziellen Relativitätstheorie nicht möglich.

Allerdings legen es die Aussagen der Speziellen Relativitätstheorie nahe, die Begriffe Vergangenheit, Gegenwart und Zukunft im neuen Rahmen neu zu überdenken. Da der Zeitablauf individuell ist, kann nun auch keine für alle Elemente unseres Universums gleichermaßen global gültige Definition dieser Begriffe gegeben werden. Man ist gezwungen, jedem Ereignis dieser Welt eine eigene Vergangenheit, Gegenwart und Zukunft zuzuordnen. Nun beeinflussen sich verschiedene Ereignisse kausal, es muß also für diese Ereignisse doch eine gewisse zeitliche Relation existieren. Die tatsächlichen Verhältnisse sind in der folgenden Abbildung veranschaulicht:

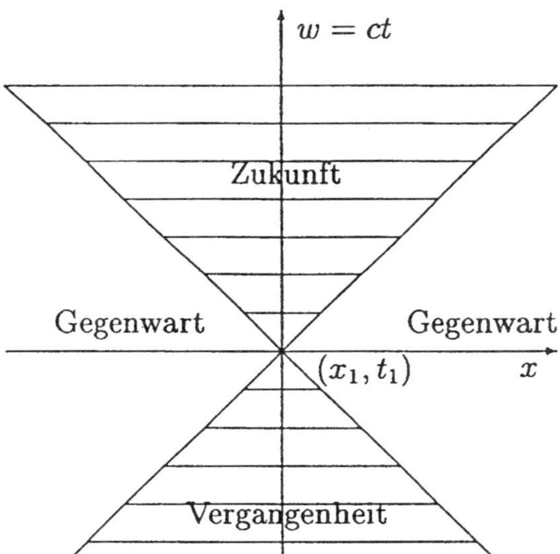

Abb. III.1

Natürlich ist eine anschauliche graphische Darstellung des Minkowski-Raumes nicht möglich. Da der Minkowski-Raum vierdimensional ist, brauchte man zu seiner graphischen Veranschaulichung einen fünfdimensionalen Raum, ebenso wie man zur Veranschaulichung einer eindimensionalen Kurve ein zweidimensionales Blatt Papier braucht. Daher beschränken wir uns auf eine eindimensionale Bewegung im Raum. In Abb. III.1 repräsentiert x die eindimensionale räumliche Koordinate und $w = ct$ die mit der Lichtgeschwindigkeit c multiplizierte Zeitkoordinate. (x_1, t_1) bezeichnet ein zur Zeit t_1 am Ort x_1 stattfindendes Ereignis. Die obige Abbildung zeigt einen Doppelkegel, dessen Spitze im Ereignis (x_1, t_1) ruht.
Die auf das Ereignis (x_1, t_1) bezogene Zukunft besteht nun definitionsgemäß aus allen Ereignissen, die vom Ereignis (x_1, t_1) beeinflußt werden können (aber nicht beeinflußt werden müssen). Da sich Wirkungen stets mit einer Geschwindigkeit ausbreiten müssen, die kleiner oder höchstens gleich der Lichtgeschwindigkeit ist, so müssen alle diese Ereignisse im oberen Teil des Doppelkegels liegen (man beachte die zunehmende Zeit). Die Grenze des Kegels wird gerade durch zwei von (x_1, t_1) ausgehende Lichtstrahlen in positiver bzw. negativer x-Richtung gebildet. Man bezeichnet den oberen Teil des Doppelkegels auch als *Vorwärtskegel* oder *Zukunftskegel.*
Die auf das Ereignis (x_1, t_1) bezogene Vergangenheit besteht definitionsgemäß aus allen Ereignissen, die (x_1, t_1) beeinflußt haben können (aber nicht müssen). Analog zu den obigen Verhältnissen liegen alle derartigen Ereignisse im unteren Teil des Doppelkegels, dessen Mantel durch zwei von vergangenen Ereignissen ausgesandte, in positive bzw. negative x-Richtung laufende, den Raumpunkt x_1 zur Zeit t_1 erreichende Lichtstrahlen gebildet wird. Der untere Teil des Doppelkegels wird auch als *Rückwärtskegel* oder *Vergangenheitskegel* bezeichnet.
Und die Gegenwart? Sie wird durch all jene Ereignisse festgelegt, die weder vergangen noch zukünftig für das Ereignis (x_1, t_1) sind, die also weder im oberen Bereich, noch im unteren Bereich des Doppelkegels liegen. Die durch das Ereignis (x_1, t_1) definierte Gegenwart besteht also aus all jenen raumzeitlichen Ereignissen, die auf (x_1, t_1) keinen Einfluß haben und von (x_1, t_1) nicht beeinflußt werden können.

Spektakulär an diesen Überlegungen ist zweierlei: einerseits die für jedes Weltereignis unterschiedliche Zeiteinteilung, andererseits die Tatsache, daß alle Zeiten irgendwie schon vorhanden sind, und daß sich die Ereignisse nur in ihnen bewegen.

Offene Fragen

Das Universum der Speziellen Relativitätstheorie ist genaugenommen das leerste von allen bisher verwendeten Modellen. Dies liegt daran, daß wir nur zueinander gleichförmig bewegte Beobachter zugelassen haben. Nun ist aber Masse untrennbar mit dem Begriff der Beschleunigung verbunden. Diese fundamentale Aussage der Newtonschen Mechanik gilt ungeändert auch in der modifizierten relativistischen Mechanik. Ein ausschließlich nach den Gesetzen der Speziellen Relativitätstheorie funktionierendes Universum darf also gar keine Massen enthalten. Da materielle Körper immer mit Massen verbunden sind, dürfen weder Planeten noch Menschen dieses Universum bevölkern, ja nicht einmal Strahlung, da auch jener eine Masse zukommt.

Die Spezialisierung auf den gleichförmigen Bewegungszustand (materiell gar nicht exakt realisierbarer Systeme) hat uns damit strenggenommen jede Möglichkeit einer konkreten physikalischen Anwendung genommen. Natürlich gilt dieses vernichtende Urteil nur, wenn man die eingeführten Voraussetzungen der Theorie in höchster Strenge zu verwirklichen sucht. Näherungsweise funktioniert eine auf den Gesetzen der Speziellen Relativitätstheorie aufbauende Beschreibung des Universums großartig, wie dies ja auch schon bei der Newtonschen und Maxwellschen Physik der Fall war.

Trotzdem bleibt festzuhalten, daß die Spezielle Relativitätstheorie eine relativistische Formulierung des Elektromagnetismus gestattet, aber keine der Gravitation. Die Verallgemeinerung der Newtonschen Mechanik zur relativistischen Mechanik beschränkt sich auf die relativistische Beschreibung der Bewegung unter dem Einfluß von Kräften. Dieser Aspekt macht jedoch nur einen Teil der Newtonschen

Physik aus. Der zweite Teil besteht in der Beschreibung der Gravitationswirkung, und hier war auf der Basis der Speziellen Relativitätstheorie keine Modifizierung möglich. Die Gravitationswirkung breitet sich also noch immer unendlich schnell aus, im Widerspruch zur Speziellen Relativitätstheorie. In seiner Allgemeinen Relativitätstheorie gelang Einstein die relativistische Formulierung der Gravitation zusammen mit jener des Elektromagnetismus, womit der Gipfel der klassischen Physik erreicht war.

5. Allgemeine Relativitätstheorie

Während andere Wissenschaftler der Entdeckung der Speziellen Relativitätstheorie nahegekommen waren, ist die Schöpfung der Allgemeinen Relativitätstheorie Einsteins alleiniges Werk. Sie verallgemeinert die in der Speziellen Relativitätstheorie vorgenommene Einschränkung auf gleichförmig bewegte Beobachter für beliebig bewegte, also beschleunigte (Verzögerung = negative Beschleunigung!) Beobachter. Das Zulassen von Beschleunigungen erlaubt den Einschluß der Gravitation über das im folgenden zu besprechende Äquivalenzprinzip.

Die Äquivalenz von träger und schwerer Masse

Eine fundamentale Annahme der Allgemeinen Relativitätstheorie ist das sogenannte *Äquivalenzprinzip*. Zu seiner Erläuterung benötigen wir die bereits in der Newtonschen Physik wichtigen Begriffe der trägen und schweren Masse. Wie wir schon öfter bemerkt haben, enthält die Newtonsche Physik zwei verschiedene Problemkreise: Einerseits soll die Bewegung von Massen unter dem Einfluß von Kräften beschrieben werden, andererseits soll jedoch auch das Zustandekommen der Kraftwirkung in Abhängigkeit der „felderzeugenden“ Masse verständlich gemacht werden. Die Masse tritt also in zwei Zusammenhängen auf: Einmal wird der Aspekt ihrer Bewegung angesprochen, und einmal ihre Eigenschaft als felderzeugende Substanz. Dabei haben wir bisher stets implizit vorausgesetzt, daß beide verschiedene Aspekte durch die Angabe einer einzigen Kenngröße, eben der „Masse“ beschrieben werden können. Strenggenommen müßte man jedoch zwischen einer *trägen Masse* (im Zusammenhang mit ihrer Bewegung) und einer *schweren Masse* (im Zusammenhang mit der Eigenschaft ihrer Felderzeugung) unterscheiden. Nun haben alle seit Newtons Zeit und auch später durchgeführten Messungen keinen quantitativen Unterschied zwischen den beiden Größen feststellen können, weshalb man einfach von „Masse" sprach. Trotzdem existiert in der Newtonschen Physik ein qualitativer Unterschied, die Gleichheit der Massen ist in der Newtonschen Theorie nicht organisch enthalten, sondern wird auf Grund experimenteller Erfahrung „per Hand" in die Theorie eingefügt.

Nach Einstein sind nun Schwerkraft und Beschleunigungseffekte als äquivalent anzusehen, somit auch die damit verknüpften Begriffe der trägen und schweren Masse. Man bezeichnet dieses Postulat als *Äquivalenzprinzip*.
Zur Erläuterung machen wir folgendes Gedankenexperiment: Wir betrachten einige Personen in einem geschlossenen Fahrstuhl. Zunächst möge sich der Fahrstuhl auf der Erdoberfläche in Ruhe befinden. Durch die Schwerkraft der Erde werden die Personen auf den Boden des Fahrstuhls gedrückt, sie haben die Empfindung ihres normalen Gewichtes (Abb. III.2a). Nun bringen wir den Fahrstuhl an einen Punkt des Raumes, in dem keine Schwerkraft wirkt, und beschleunigen ihn genau mit der Erdbeschleunigung gemäß Abb. III.2b. Die Testpersonen werden dann mit der gleichen Kraft auf den Fahrstuhlboden gedrückt wie in Abb. III.2a. Sie können also nicht unterscheiden, ob die Schwerkraft der Erde oder eine Beschleunigung des Fahrstuhls auf sie eingewirkt hat: *Schwerkraft und Beschleunigung erweisen sich als ununterscheidbar.*

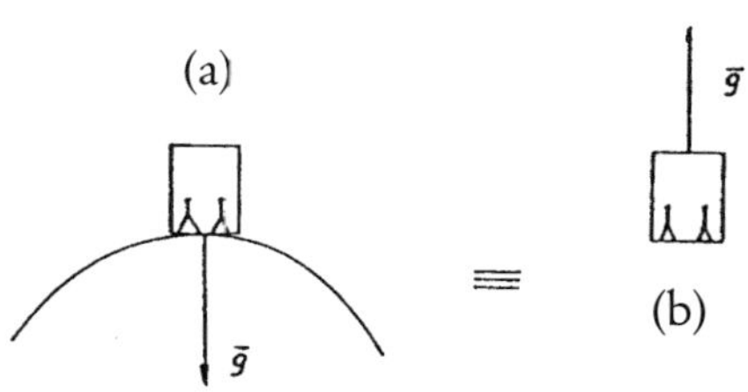

Abb. III.2

Man kann dieses Bespiele noch weiter ausführen: Dazu betrachten wir den Fahrstuhl im Schwerefeld der Erde frei fallend. In diesem Fall werden die Testpersonen im Fahrstuhl schweben, sie besitzen also kein Gewicht (Abb. III.3a). Nun bringen wir den Fahrstuhl wieder an einen Punkt des Raumes, wo keine Schwerkraft existiert. Dann sind die Testpersonen ebenfalls schwerelos (Abb. III.3b). Wiederum ist für die Testpersonen eine Unterscheidung zwischen dem frei fallenden System in einem Gravitationsfeld und einer nichtbeschleunigten Bewegung bei Abwesenheit eines Gravitationsfeldes nicht möglich.

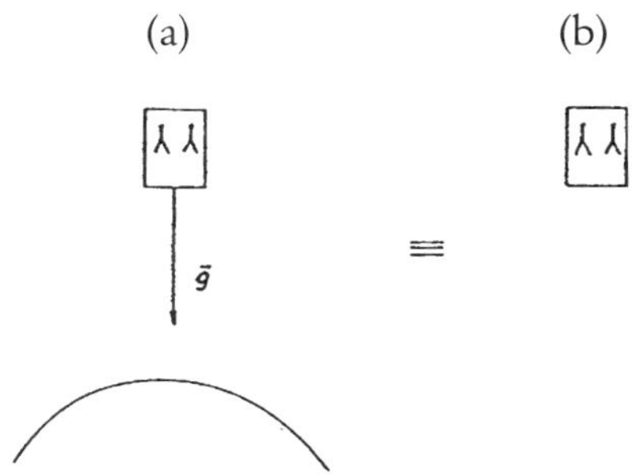

Abb. III.3

Die bisherigen Überlegungen lassen eine Äquivalenz zwischen Beschleunigungseffekten und Gravitation erkennen. Es muß nun darauf hingewiesen werden, daß diese Äquivalenz nur lokal, d.h. an einem bestimmten Punkt gültig ist. Dazu betrachten wir beispielsweise nochmals Abb. III.2: Das Gravitationsfeld der Erde ist *inhomogen*, d.h. es existiert in jedem Punkt des Fahrstuhlinneren genaugenommen ein leicht unterschiedliches Gravitationsfeld. Gemäß Abb. III.2b kann dem Lift jedoch nur eine Beschleunigung erteilt werden. Die Gleichheit zwischen Gravitation und Beschleunigung ist daher *nur in einem Punkt* des Fahrstuhlinneren exakt erfüllbar, in allen anderen Punkten nur näherungsweise. Man spricht aus diesem Grund von einer *lokalen Äquivalenz zwischen Beschleunigung und Gravitation.*

Wir wollen nun das Äquivalenzprinzip mit Einsteins eigenen Worten formulieren:

> *Alle lokalen, frei fallenden, nichtrotierenden Laboratorien sind für die Durchführung aller physikalischen Experimente völlig gleichwertig.*

Diese Aussage geht über die bisherigen Betrachtungen hinaus, weil sie nicht nur die Äquivalenz von frei fallenden Bezugssystemen im Hinblick auf die Beschreibung von Gravitationswirkungen, sondern für alle physikalischen Ereignisse postuliert. Man erkennt außerdem eine Verallgemeinerung der Aussage der Speziellen Relativitätstheorie, wo die Äquivalenz aller mit konstanter Geschwindigkeit relativ zueinander bewegter Bezugssysteme postuliert wurde. Mit der obigen Formulierung des Äquivalenzprinzips wurde der Relativitätsbegriff also verallgemeinert: Die Forderung einer konstanten Relativgeschwindigkeit entfällt.

Die Lichtablenkung im Gravitationsfeld

Wir betrachten die Ausbreitung eines Lichtstrahls in einem Labor, das sich wieder an einem schwerkraftfreien Punkt des Raumes befinden soll. Für ein nichtbeschleunigtes Labor (Abb. III.4a) würde sich der Lichtstrahl geradlinig fortbewegen. Für ein beschleunigtes Labor (Abb. III.4b) folgt beim Durchqueren des Labors eine Abweichung von der Geraden, die sich elementar aus den Gesetzen der Newtonschen Mechanik berechnen läßt: Der Lichtstrahl erscheint gekrümmt:

(a) (b)

Abb. III.4

(a) Labor im Raum ohne Gravitationswirkung, unbeschleunigt.
(b) Beschleunigtes Labor.

Nach dem Äquivalenzprinzip ist nun der Fall Abb. III.4b identisch mit einem auf der Erdoberfläche ruhenden Labor (vgl. Abb. III.4a). Daraus folgt, daß der Lichtstrahl im Schwerefeld der Erde in gleicher Weise gekrümmt ist. Es gilt also:

Lichtstrahlen werden bei Anwesenheit von Massen gekrümmt!

Dabei ist die Stärke der Krümmung durch die Stärke des Gravitationsfeldes, somit durch die Größe der Masse definiert.
Nach den Anschauungen der klassischen Optik breitet sich ein Lichtstrahl zwischen zwei Punkten des dreidimensionalen Raumes längs der kürzesten Verbindungslinie zwischen den beiden Punkten aus. Diese kürzeste Verbindungslinie zwischen zwei Punkten wird auch als *geodätische Linie* bezeichnet. In unserem anschaulichen dreidimensionalen Raum sind diese geodätischen Linien Gerade.
Gleiches gilt für einen kräftefrei bewegten Massenpunkt: In der klassischen Physik bewegt er sich längs einer geodätischen Linie im dreidimensionalen anschaulichen Raum, also ebenfalls auf einer Geraden.

Einstein hatte nun die Idee, die durch Massenwirkung hervorgerufene Krümmung des Lichtes sowie die Krümmung der Bahn von

Massenpunkten durch Verwendung eines „gekrümmten Raumes" zu beschreiben. Was soll man sich unter einem gekrümmten Raum nun vorstellen? Als Beispiel betrachten wir ein Blatt Papier und eine beliebige gekrümmte Fläche. In beiden Fällen handelt es sich mathematisch gesprochen um zweidimensionale Räume. Das Blatt Papier repräsentiert jedoch einen „ebenen" zweidimensionalen Raum. Die geodätischen Linien auf dem Blatt Papier sind Gerade. Die geodätischen Linien auf der gekrümmten Fläche müssen jedoch keine Gerade sein, in den meisten Fällen werden auf der Fläche nicht einmal gerade Linien existieren. Diese Überlegungen können nun auf beliebige Dimensionen verallgemeinert werden. Mathematisch kann man gekrümmte Räume von drei, vier oder auch beliebig vielen Dimensionen definieren und beschreiben, worauf wir im folgenden Abschnitt etwas näher eingehen wollen. Als wichtiges Ergebnis der gegenwärtigen Überlegungen wollen wir festhalten, daß die geodätischen Linien eines gekrümmten Raumes keine Geraden mehr sein müssen!

Riemannsche Geometrie

Wir haben schon früher darauf hingewiesen, daß eine Weiterentwicklung der Physik meistens mit der Verwendung subtilerer mathematischer Bilder verbunden ist. „Das Buch der Natur ist in der Sprache der Mathematik geschrieben", erinnern Sie sich? Für die mathematische Formulierung der Einsteinschen Vorstellung benötigt man die komplexe *Theorie der Riemannschen Räume*, die eine wichtige Klasse allgemeiner gekrümmter Räume darstellen. Diese Theorie ist eine sehr weitgehende Verallgemeinerung der von Newton entwickelten Infinitesimalrechnung. Ihre Mutter ist die klassische *Differentialgeometrie*, die sich bereits im 18. Jahrhundert mit der Untersuchung von im dreidimensionalen Raum eingebetteten, gekrümmten Flächen beschäftigte.

Einen ersten Höhepunkt erreichte die Differentialgeometrie durch das auf *C.F. Gauß* (1777–1855) zurückgehende *theorema egregium* (herausragender Satz). Dieses Theorem besagt, daß zweidimensionale, auf einer in den dreidimensionalen Raum eingebetteten gekrümmten Fläche lebende Wesen eine Aussage über die Krümmung ihrer zweidimensionalen Welt machen können. Oder etwas anders ausgedrückt: Die Krümmung ist eine innere Eigenschaft der Fläche, sie kann ohne Kenntnis des einbettenden Raumes beschrieben werden.

Der Gauß-Schüler *Bernhard Riemann* (1826–1866) verallgemeinerte diese Betrachtungen in seinem berühmten Habilitationsvortrag *Über die Hypothesen, welche der Geometrie zu Grunde liegen*, wo er beliebig gekrümmte Räume beliebiger Dimension betrachtete. Auch wenn man sich derartige Räume nicht vorstellen kann, mathematisch sind sie existent – und wie Einstein sechzig Jahre später zeigen konnte, auch physikalisch.

Riemanns Vortrag stammt aus dem Jahr 1854 (!!), und außer dem alten Gauß dürfte unter den Zuhörern wohl keiner gewesen sein, der diese neuen, spektakulären Anschauungen erfassen konnte. Aus einem etwas anderen Geist ist die Äußerung eines Philosophen jener Zeit erwachsen. *Arthur Schopenhauer* (1788–1860) meinte, daß sich in der Mathematik letzten Endes alles auf die stupide Tätigkeit des Zählens zurückführen läßt, und fügte hinzu: „Daran ermesse man den mathematischen Tiefsinn."

Es ist einsichtig, daß die Krümmungsverhältnisse eines beliebigdimensionalen, zerquetschten Raumes wesentlich komplexer sind, als jene einer zweidimensionalen Fläche. Die mathematische Begriffsbildung, die ein Erfassen der durch die innere Geometrie des Raumes definierten Krümmungsverhältnisse gestattet, ist der *Riemann-Tensor*. Es handelt sich hier um eine wunderbare, aber nicht ganz leicht zu begreifende mathematische Struktur, die später auch in Einsteins Allgemeiner Relativitätstheorie eine fundamentale Rolle spielen sollte. Eine wichtige Klasse Riemannscher Räume sind die sogenannten *flachen Räume*. Sie können als Verallgemeinerungen des ebenen zweidimensionalen Raumes für beliebige Dimensionszahl angesehen werden: Das Blatt Papier, der von Newton postulierte (physikalisch nicht existente) dreidimensionale Raum, der (physikalisch ebenfalls nicht existente) vierdimensionale Minkowskiraum,

sie alle sind flache Räume. Für flache Räume verschwindet der die Krümmungsverhältnisse beschreibende Riemann-Tensor, flache Räume sind also nicht gekrümmt.
In den folgenden Jahrzehnten wurde die Riemannsche Geometrie noch von anderen bedeutenden Mathematikern wie *Christoffel*, *Ricci* und *Levi-Civita* weiterentwickelt. Einen Abschluß erreichte diese Entwicklung just zu diesem Zeitpunkt, wo Einstein sie als das passende Werkzeug für seine Gravitationstheorie erkannte.

Die Einsteinschen Gleichungen

Kehren wir nach diesem Abstecher in mathematische Gefilde wieder zur Physik zurück. Prinzipiell existieren zwei Möglichkeiten, die Ablenkung einer Masse durch eine andere zu beschreiben. Die eine Möglichkeit besteht in der Annahme einer zwischen den Massen wirkenden Gravitationskraft, die zweite Möglichkeit in der Beschreibung des physikalischen Vorganges in einem gekrümmten Raum. Newton war den ersten Weg gegangen, Einstein beschritt nun den zweiten. Anstelle von gekrümmten Raum wollen wir in Zukunft jedoch stets von einer gekrümmten Raum-Zeit sprechen, da schon die Spezielle Relativitätstheorie die Notwendigkeit eines kontinuierlichen Raum-Zeit-Kontinuums erhärtet hat. Die Existenz von Masse krümmt also die Raum-Zeit. Da auch Strahlung eine Masse zugeschrieben werden muß, müssen wir uns unter der die Raum-Zeit krümmenden Materie nicht nur Planeten, sondern auch Strahlung vorstellen. Zusammenfassend gilt also:

Materie (Planeten und Strahlung) krümmt die Raum-Zeit.

Um die Vorgänge quantitativ zu fassen, mußte Einstein eine Beziehung zwischen der Materie des Weltalls und der damit verbundenen Krümmung der Raum-Zeit aufstellen. Dazu war zunächst die quantitative Erfassung der die Bewegung und Energie von Materie beschreibenden energetischen Verhältnisse notwendig. Diese Beschreibung leistet der sogenannte *Energie-Impuls-Tensor* oder *Welttensor*. Er legt die energetischen und dynamischen Eigenschaften aller Materie (Planeten + Strahlung) des gesamten Universums fest. Die gesuchte Beziehung zwischen den Krümmungsverhältnissen der Raum-Zeit und der in ihr existierenden „krümmungserzeugenden" Materie ergab sich mathematisch nun als Gleichsetzung einer aus dem die Krümmungsverhältnisse beschreibenden Riemann-Tensor abgeleiteten Größe – dem Einstein-Tensor – und dem Welttensor:

Einstein-Tensor = Welttensor.

Diese Beziehung wird als *Einsteinsche Feldgleichung* bezeichnet. Auf der linken Seite erscheint reine Geometrie, die physikalisch als Gravitationswirkung interpretiert wird, rechts steht die krümmungserzeugende Materie (Planeten, Strahlung, . . .). Strahlung hoher Energie und Planeten großer Masse bewirken in den raumzeitlichen Bereichen ihres Auftretens eine starke Verzerrung der Raum-Zeit, Strahlung geringer Energie und kleiner Masse bewirken eine entsprechend schwache Verzerrung der Raum-Zeit. Falls in gewissen Raum-Zeit-Bereichen keine Strahlung und keine Masse vorhanden ist, existiert keine Krümmung der Raum-Zeit. Hier verschwindet der Riemannsche-Tensor, und das entsprechende Raum-Zeit-Gebiet ist flach, d.h. es weist lokal die Struktur des Minkowskiraumes auf. An diesem Bild erkennt man wieder die Verallgemeinerung der Aussagen der Speziellen Relativitätstheorie.

Das Einstein-Maxwell-Universum

In früheren Abschnitten haben wir die Grundlagen des Newtonschen und des Faraday-Maxwellschen Universums sowie ihrer Synthese schlagwortartig zusammengefaßt. Um den Kontrast zu den früheren Vorstellungen zu verdeutlichen, wollen wir dies auch für das gegenwärtige, auf den Aussagen der Allgemeinen Relativitätstheorie und der Maxwelltheorie gegründeten Universums tun.

1. *Raum und Zeit sind keine voneinander unabhängigen Kategorien, sondern Aspekte der vierdimensionalen Raum-Zeit. Diese Raum-Zeit ist nicht unabhängig von dem im Universum ablaufenden Geschehen.*
2. *Die Bewegungen aller Körper des Universums in Raum und Zeit sind durch die Einsteinschen Gleichungen in Verbindung mit den Maxwellgleichungen und die relativistischen Bewegungsgesetzen vollständig festgelegt. Kennt man das Systemverhalten zu einem einzigen Zeitpunkt, so kennt man es auch in Vergangenheit und Zukunft.*

Dieses Bild ist von einer einzigartigen Geschlossenheit und Schönheit. Sowohl die Gravitation als auch der Elektromagnetismus sind nun auf relativistischer Basis in Raum und Zeit beschrieben worden, wobei der Rahmen des Bildes selbst – die Raum-Zeit – von der Beschreibung mit erfaßt wird.
Auch hier herrscht noch immer die Kausalität und der Determinismus, allerdings in einer etwas modifizierten Form, die wir schon im Rahmen der Speziellen Relativitätstheorie angedeutet haben. Weiter ist anzumerken, daß die Einsteinschen Feldgleichungen chaotisch sind, wobei dieser Ausdruck hier in seiner mathematischen Bedeutung verwendet wird: Eine kleine Änderung in den Anfangsdaten führt bei einer Verfolgung des Systemverhaltens in Vergangenheit und Zukunft nicht zu kleinen, sondern zu völlig unvorhersehbaren Änderungen! (s. dazu auch Abschnitt IV.4.)
Wie sieht es nun mit der Gottesvorstellung in den Allgemeinen Relativitätstheorie aus? Ist Gott ebenfalls verbannt, so wie in der Vor-Einsteinschen Physik, oder ergibt sich auf der neuen Basis eine neue theologische Perspektive? Um uns der Antwort zu nähern, müssen wir uns zunächst mit der im Gefolge der Allgemeinen Relativitätstheorie auftretenden Relativistischen Kosmologie auseinandersetzen.

Albert Einstein

Was war das für ein Mensch, der sich all diese Ungeheuerlichkeiten ausdenken konnte? Diese Frage kann auch die umfangreichste Monographie nur teilweise erhellen, während wir uns in diesem be-

schränkten Rahmen mit einer flüchtigen Skizzierung begnügen müssen.
Albert Einstein wurde am 14. März 1879 als Sohn jüdischer Eltern in Ulm geboren. Der Vater war ein wenig erfolgreicher Ingenieur, dessen schlechte Geschäfte die Familie Einstein 1894 zur Emigration nach Mailand zwangen. Zwei Jahre später immatrikulierte sich Albert an der ETH Zürich für das Studium des Fachlehrers der Mathematik/ Physik. Er war ein guter, aber kein hervorragender Student. Einer seiner Lehrer war *Hermann Minkowski*, der bei der Weiterentwicklung der Speziellen Relativitätstheorie eine bedeutende Rolle spielen sollte. An der ETH befreundete sich Einstein auch mit dem Studenten *Marcel Großmann*, der später als Universitätsprofessor für Mathematik Karriere machte und Einstein bei den mathematischen Problemen der Allgemeinen Relativitätstheorie unterstützte.
Im Jahre 1900 beendete Einstein sein Studium an der ETH und bewarb sich um eine Assistentenstelle. Er wurde jedoch abgewiesen und fristete die beiden folgenden Jahre sein Dasein als Hilfs- und Privatlehrer. Die Familie Großmann verschaffte ihm schließlich eine Anstellung am Eidgenössischen Patentamt in Bern. Kurz darauf heiratete er *Mileva Maric*, die ihm zwei Söhne schenkte. In den Jahren zwischen 1902 und 1904 veröffentlichte Einstein einige kleinere Arbeiten in den *Annalen der Physik*. Im Jahre 1905 verfaßte er neben seiner Dissertation drei Arbeiten, von denen ihn jede einzelne als einen der ersten Physiker seiner Zeit ausgewiesen hätte. Die erste Arbeit repräsentiert einen fundamentalen Beitrag zur Quantenphysik: Hier entdeckt Einstein die Lichtquanten, wofür ihm 1921 der Nobelpreis für Physik verliehen werden sollte. Die zweite Arbeit gehört in den Bereich der Thermodynamik, wo Einstein die reale Existenz von Atomen überzeugend belegen konnte. Die dritte Arbeit schließlich ist die Spezielle Relativitätstheorie.

Es hat gewisse Auseinandersetzungen darüber gegeben, wie weit die Spezielle Relativitätstheorie Einstein zuzuschreiben ist, und wie weit sie das Verdienst von anderen Physikern ist. So geht die berühmte Lorentz-Transformation auf den Physiker *Hendrik Antoon Lorentz* (1853– 1928) zurück. Allerdings war man sich vor Einstein der physikalischen Bedeutung dieser Transformation nicht bewußt. Noch einen Schritt weiter als Lorentz ging der französische Mathematiker und Physiker *Henri Poincaré* (1854–1912). In seiner im Juli 1905 veröffentlichten Arbeit *Sur la dynamic de l'electron* formulierte er bereits das Relativitätsprinzip. Die meisten bedeutenden Physiker sind sich jedoch darüber einig, daß Einsteins im Juni 1905 erschienene Arbeit *Zur Elektodynamik bewegter Körper* weit über die Arbeiten seiner Vorgänger hinausging, indem er den physikalischen Begriffen von Raum und Zeit einen neuen Inhalt gab.

In kurzer Zeit verbreitete sich Einsteins Ruf in der Fachwelt. 1911 bot ihm die deutsche Universität in Prag einen Lehrstuhl an, den er ein Jahr später wieder aufgab und der Berufung an die ETH Zürich folgte, die ihn zehn Jahre früher nicht als kleinen Assistenten akzeptiert hatte. Wieder zwei Jahre später wechselte Einstein nach Berlin, wo er zum Mitglied der Preußischen Akademie der Wissenschaften und zum Direktor des Forschungsinstitutes für Physik an der Kaiser-Wilhelm-Gesellschaft ernannt wurde. Seine Frau Mileva blieb mit den beiden Söhnen in Zürich zurück.

In dieser Zeit arbeitete Einstein an der schier unlösbaren Aufgabe, eine relativistische Theorie der Gravitation zu schaffen. 1916 veröffentlichte er als Ergebnis seiner Bemühungen die Allgemeine Relativitätstheorie, die als Höhepunkt der klassischen Physik angesehen wird. Einsteins fundamentale Einsicht bestand darin, die Gravitation durch geeignete Transformationen zwischen beschleunigten Bezugssystemen zu ersetzen. Er wurde von den mathematischen Problemen lange aufgehalten, bis ihn Freund Großmann auf die Arbeiten von Riemann, Christoffel, Ricci und Levi-Civita aufmerksam machte. Die von ihnen entwickelte Tensorrechnung war das geeignete mathematische Werkzeug für die Allgemeine Relativitätstheorie. Damit konnte Einstein die Beziehung zwischen Gravitation, Raum-Zeit-Geometrie und Materie quantitativ formulieren.

Mit Hilfe der Allgemeinen Relativitätstheorie läßt sich die Lichtablenkung im Gravitationsfeld berechnen. Die totale Sonnenfinsternis im Jahre 1919 bot die Möglichkeit einer experimentellen Überprüfung, die von *Sir Arthur Eddington* und seinen Mitarbeitern durchgeführt wurde. Das Ergebnis bestätigte Einsteins Theorie, dessen Popularität daraufhin über Nacht explodierte. In dieses Jahr fällt auch seine Scheidung von Mileva, mit der er sich in den letzten Jahren auseinandergelebt hatte, und die neue Eheschließung mit seiner Cousine *Elsa.* Als Einstein zwei Jahre später den Nobelpreis erhielt, überschrieb er die damit verbundene beträchtliche Geldsumme Mileva und seinen Söhnen.

Neben maßloser Bewunderung schlug Einstein auch eine kräftige Welle der Abneigung entgegen. Schon zu Beginn des ersten Weltkrieges hatte er sich durch seine pazifistische Haltung im Berlin des Kaiserdeutschlands Feinde gemacht. Nun erhoben sich auch Stimmen gegen die von ihm geschaffene „jüdische Physik", deren physikalisches Sprachrohr der Nobelpreisträger *Philipp Lenard* war. Es wurde eine Anti-Relativitäts-GmbH gegründet, und 1931 erschien ein Buch mit dem Titel *100 Autoren gegen Einstein.* J. Kremer schreibt hier:

„Ich weiß nicht, ob in der Geschichte der Wissenschaften ein ähnlicher Fall von Massensuggestion und Irreführung ernster Gelehrter in einem kaum für möglich zu haltenden Maßstabe vorgekommen ist. Es scheint unfaßbar, wie Mathematiker, Physiker, Philosophen, ja vernünftige Menschen überhaupt sich derartiges auch nur vorübergehend einreden lassen konnten . . ."

Einstein kümmerte sich kaum um derlei Kritik. Zu dem Buch der „Hundert Autoren" meinte er: „Wenn ich unrecht hätte, wäre einer genug"! In der Allgemeinen Relativitätstheorie war Einstein die Rückführung der Gravitation auf reine Geometrie gelungen. Seit ihrem erfolgreichen Abschluß arbeitete er daran, sowohl die Gravitation als auch den Elektromagnetismus durch „Geometrisierung" zu erfassen: Mit dieser Problematik schlug er sich bis an sein Lebensende herum, wobei ihm leider kein Erfolg beschieden war. Nach der Machtübernahme durch die Nazis emigrierte Einstein in die USA, wo er eine Professur am Institute for Advanced Study in Princeton übernahm. Sein Vermögen in Deutschland wurde konfisziert, und auf seinen Kopf eine Prämie ausgesetzt. Bald nach der Emigration starb Einsteins zweite Frau Elsa.

Obwohl er als Jude die biblische Gottesvorstellung ablehnte, brachten die antisemitischen Tendenzen der letzten Jahre Einstein dem Zionismus nahe. Er gab Empfehlungen zur Entwicklung einer Atombombe ab, weil er befürchtete, die Deutschen könnten in dieser Richtung den ersten Schritt tun. Gleichzeitig schlug er aber eine internationale Kernwaffenkontrolle vor. Unter dem Eindruck der Katastrophe von Hiroshima und Nagasaki übernahm Einstein das Präsidium des Emergency Committee of Atomic Scientists (Kommitee zur Verhütung eines Atombombenkrieges). 1952 starb *Chaim Weizmann*, der erste Präsident des Staates Israel, und man bot Einstein das Amt des Staatspräsidenten an. Er lehnte das Angebot mit der Begründung ab, daß seine Stärke nicht im Umgang mit Menschen, sondern in der Beschreibung von Naturvorgängen liege. Albert Einstein starb am 18. April 1955 in Princeton.

Die Theorie von Kaluza und Klein

Abschließend wollen wir noch auf eine interessante Verallgemeinerungsmöglichkeit von Einsteins Gravitationstheorie eingehen. Einstein war die Geometrisierung der Gravitation gelungen, indem er Zerrungen der Raum-Zeit zuließ. Die Geometrisierung von Gravitation und Elektromagnetismus widerstand jedoch allen seinen Bemühungen. Ein interessanter Schritt in dieser Richtung gelang dem polnischen Physiker *Theodor Kaluza* (1885–1954). Er versuchte eine geometrische Formulierung des Elektromagnetismus, ohne die Maxwellgleichungen abzuändern. Dabei bemerkte er, daß eine Geometrisierung der Maxwelltheorie auch dann nicht möglich war, wenn er eine Verzerrung der Raum-Zeit zuließ. So erweiterte er die Geometrie derart, daß er neben den bisher verwendeten vier Dimensionen – drei Raumdimensionen und die Zeit – noch eine weitere Raumdimension zuließ. Kaluza konnte zeigen, daß in diesem Fall Elektromagnetismus mathematisch als ein Teil der Gravitation darstellbar ist, der in der fünften Dimension operiert. Damit hatte er eine einheitliche Feldtheorie gefunden, in der Elektromagnetismus und Gravitation verschmolzen waren und eine geometrische Formulierung erlaubten. Der Haken an dieser brillanten Idee war, daß der Raum unserer Wahrnehmung klar und deutlich dreidimensional ist.

Im Jahr 1926 stellte der schwedische Physiker *Oscar Klein* (1894–1974) folgende Hypothese zur Rettung von Kaluzas Theorie auf: Wir bemerken die vierte Dimension deshalb nicht, weil sie zu einer winzigen Größe „aufgerollt" ist. Jeder Punkt des dreidimensionalen Raumes ist in Wirklichkeit ein winziger Kreis, der die vierte Dimension umrundet. Der Grund, warum diese Schleifen noch nicht bemerkt wurden, liegt an ihrem kleinen Durchmesser. Klein berechnete sogar den Radius dieser Schleifen um die vierte Raumdimension, wobei er als Ergebnis 10^{-32} = 0.00000000000000000000000000000001 Zentimeter erhielt. Dieser Wert ist viel kleiner als die kleinste bisher bekannte atomare Struktur.

In den dreißiger Jahren entdeckte man die schwache und die starke Kraft, womit der Wunschtraum einer vereinheitlichten Feldtheorie für lange Zeit ausgeträumt schien. Jeder Versuch der Vereinheitlichung von Naturkräften mußte nun die vier Wechselwirkungen

Elektrodynamik	schwache Wechselwirkung
Gravitation	starke Wechselwirkung

berücksichtigen.

6. Relativistische Kosmologie. Friedmann-Universen

Ein die Physiker aller Zeiten beschäftigendes Problem ist die Frage nach der Vergangenheit und der Zukunft unseres Universums. Hat das Universum ewig existiert, oder gab es eine Schöpfung? Wird es in alle Zeiten weiterbestehen, oder sind limitative Mechanismen am Werk, die nur eine begrenzte Lebensdauer gestatten? Man wird schwer der Versuchung widerstehen können, diese Fragen auf der Basis der Allgemeinen Relativitätstheorie näher zu untersuchen. Dies ist deshalb möglich, weil für kosmische Distanzen von den vier heute bekannten fundamentalen Kräften Gravitation, Elektromagnetismus, schwache Wechselwirkung und starke Wechselwirkung nur die Gravitation zu berücksichtigen ist, da die anderen Kräfte entweder kurzreichweitig sind, oder sich kompensieren. In der Kosmologie spielt somit die Allgemeine Relativitätstheorie die dominierende Rolle.
Eine Analyse des Universums auf der Basis der Allgemeinen Relativitätstheorie setzt nun allerdings Kenntnisse über den Aufbau des Universums in unserer gegenwärtigen kosmischen Epoche voraus: Es müssen die Einsteinschen Gleichungen für den momentanen Welttensor gelöst werden. Diese Kenntnisse sind strenggenommen nicht gegeben, da nur ein kleiner Teil des Universums unserer Beobachtung zugängig ist. Allerdings lassen sich aus dem vorliegenden Beobachtungsmaterial Schlüsse über den Aufbau des gesamten Universums ziehen. Die Erarbeitung dieser Daten und ihre Verarbeitung auf der Grundlage der Allgemeinen Relativitätstheorie sind Aufgabe der sogenannten *Relativistischen Kosmologie*, die wir im vorliegenden Abschnitt präsentieren wollen.

Das kosmologische Prinzip

Wir stehen nun vor dem Problem, den Welttensor für das gegenwärtige Weltall aufzustellen und anschließend die Einsteinschen Gleichungen zu lösen. Es stellt sich daher die Frage, wie dieser Tensor anzusetzen ist. Mittelt man über Regionen, die groß gegenüber dem Abstand der Galaxien sind, so kann man die „Mikrostruktur" des Weltalls vernachlässigen und im Sinne der Kontinuumsphysik mit kontinuierlich veränderlichen Größen rechnen. Man stellt sich also die Materie des Weltalls als kontinuierlich verschmiertes Gas vor, dessen Atome durch Galaxien repräsentiert werden.
Neben dieser plausiblen Annahme existiert noch eine zweite grundlegende Vereinfachung: mittelt man über Distanzen, die groß gegenüber dem Abstand von Galaxien sind, so zeigt sich, daß die Materiendichte in dem unserer Beobachtung zugänglichen Teil des Universums (ca. 3 000 000 000 Lichtjahre) örtlich konstant und richtungsunabhängig ist. Die örtliche Konstanz bezeichnet man als *Homogenität*, die Richtungsunabhängigkeit als *Isotropie*. Der beobachtbare Teil des Universums ist also homogen und isotrop. Es erscheint nun legitim, diese Tatsache für das gesamte Weltall zu verallgemeinern:

> *Die Welt sieht von allen Punkten gleich aus, es gibt keine ausgezeichneten Richtungen.*

Diese Annahme wird als *kosmologisches Prinzip* bezeichnet.

Die kosmologische Konstante

Nach den bisherigen Ausführungen tragen zum Welttensor sowohl die energetischen Verhältnisse von Massen als auch jene der vorhandenen Strahlung bei. Nun zeigt die Quantenfeldtheorie (s. Abs. 7), daß man unter Umständen auch dem Vakuum eine Energiedichte zuschreiben muß, womit im Welttensor auch der vom Vakuum herrührende Energieanteil berücksichtigt werden muß. Die dafür maßgeblichen Ursachen werden wir später kennenlernen. Dieser Vakuumenergieanteil wird durch die sogenannte *kosmologische Konstante* L beschrieben. Leider läßt sich der mögliche Wertebereich von L derzeit nur sehr grob eingrenzen. Abgesehen von kosmologischen Untersuchungen wird der Anteil L gegenüber den von Materie und Strahlung herrührende Anteil des Energie-Impuls-Tensors stets vernachlässigt.

Die Friedmannschen Weltmodelle

Für die Konstruktion des Energie-Impuls-Tensors des gesamten Universums sind also folgende Gesichtspunkte zu beachten:

i) Die Ersetzung der gesamten Materie durch ein kontinuierliches Gas.
ii) Die Berücksichtigung des kosmologischen Prinzips.
iii) Die Berücksichtigung eines durch die kosmologische Konstante L beschriebenen Energieanteils des Vakuums.

Löst man die Einsteinschen Feldgleichungen für den aus den obigen Annahmen folgenden Energie-Impuls-Tensor, so erhält man als Lösungen Geometrien des Universums, die man als *Friedmannsche Weltmodelle* bezeichnet. Wie aus den obigen Voraussetzungen hervorgeht, handelt es sich dabei um „großräumige" Aussagen. Daß in gewissen lokalisierten Raum- und Zeitbereichen die tatsächliche Geometrie starke Abweichungen von den Friedmann-Modellen zeigen kann, ist unmittelbar einsichtig.
Wir wollen nun die Friedmannschen Weltmodelle ausführlich diskutieren. Zunächst ist zu beachten, daß die Gestalt des Universums natürlich vom tatsächlichen (derzeit nicht genau bekannten) Zahlenwert der kosmologischen Konstanten abhängt. Neben L tritt in den Friedmannschen Lösungen noch eine weitere Konstante k auf, die einen der Werte −1, 0, +1 annehmen kann. Welchen Wert sie tatsächlich besitzt, ist derzeit ebenfalls nicht bekannt. Die Frage nach

dem tatsächlichen Zahlenwert von k ist deshalb von Bedeutung, weil k die Krümmung des dreidimensionalen Raumes beschreibt. Die Friedmannschen Lösungen zeigen also, daß unser dreidimensionaler Raum eine *konstante Krümmung* aufweist.
Falls $k = 1$ ist, so bedeutet dies, daß wir in einem positiv gekrümmten dreidimensionalen Raum leben, den wir uns als dreidimensionale Verallgemeinerung einer zweidimensionalen Kugelfläche vorstellen können.
Falls $k = 0$ ist, so ist der dreidimensionale Raum flach (nichtgekrümmt), wie dies die Physik vor Einstein stets als selbstverständlich angesehen hat. Einen derartigen Raum kann man sich als dreidimensionale Verallgemeinerung einer zweidimensionalen Ebene vorstellen.
Im Falle $k = -1$ wäre der dreidimensionale Raum negativ gekrümmt, er repräsentiert die dreidimensionale Verallgemeinerung einer zweidimensionalen Hyperboloidfläche. Dabei versteht man unter einem Hyperboloid eine Fläche, die durch Rotation einer Hyperbel um eine Symmetrieachse erzeugt wird.

Wir wollen nun die einzelnen Friedmann-Modelle unter Verwendung der Fallunterscheidung $\Lambda = 0$, $\Lambda < 0$, $\Lambda > 0$ diskutieren, wobei wir für jeden der drei Fälle stets $k = -1, 0, 1$ unterscheiden.

1) *Der Fall* $\Lambda = 0$:

Im Fall $k = 0$ ergibt sich ein Schaubild gemäß Abb. III.5:

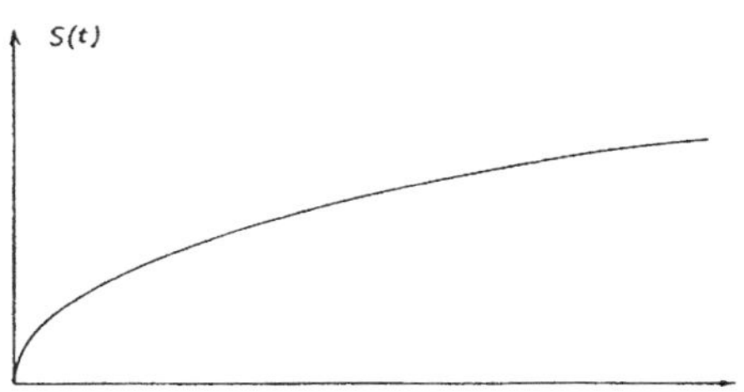

Abb. III.5

S (t) bezeichnet den Durchmesser des Universums in Abhängigkeit von der Zeit t. Man erkennt, daß das durch k = 0 beschriebene flache Universum für alle Zeiten *expandiert*.
Dieses Modell wird auch als *Einstein-De Sitter Universum* bezeichnet.
Im Fall k = 1 gilt der in Abb. III.6 verdeutlichte Zusammenhang:

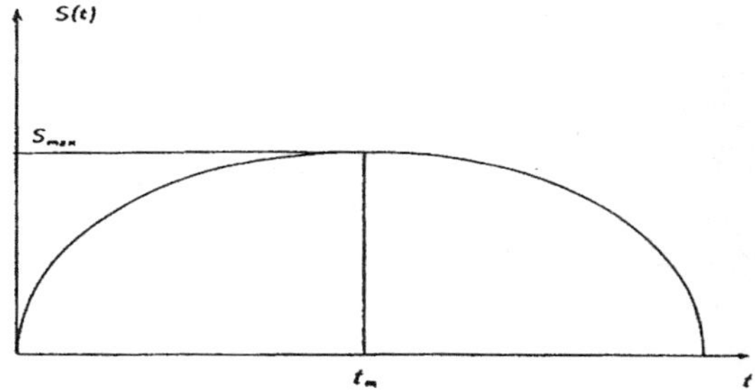

Abb. III.6

Das Universum expandiert für $0 < t < t_m$, und kontrahiert anschließend im Zeitraum $t_m < t < 2t_m$. Man spricht in diesem Zusammenhang von einem *pulsierenden Universum*. Smax gibt die maximale Ausdehnung des Universums zum Zeitpunkt $t = t_m$ an. Die durch Abb. III.6 beschriebene geometrische Figur ist eine sogenannte *Zykloide*.
Für k = −1 erhält man das in Abb. III.7 veranschaulichte, für alle Zeiten expandierende Universum:

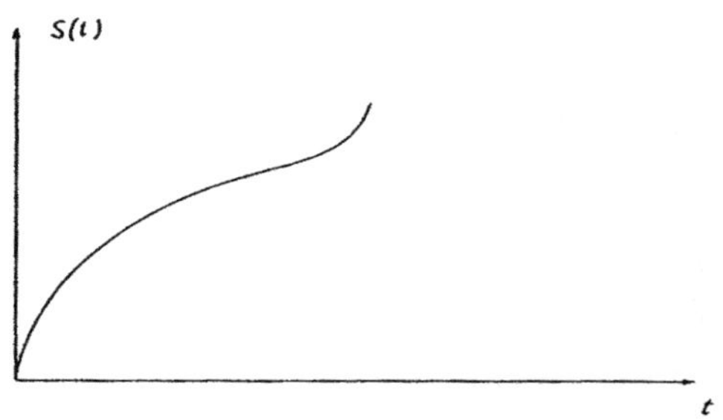

Abb. III.7

2. *Der Fall* $\Lambda < 0$:

In diesem Fall ergibt sich für alle Werte von k ein Verlauf gemäß Abb. III.6, man erhält ein pulsierendes Universum.

3. *Der Fall* $\Lambda > 0$:

Für die Fälle $k = 0, -1$ ergibt sich wieder das Schaubild Abb. III.7. Im Fall $k = 1$ müssen noch weitere Fallunterscheidungen im Hinblick auf die Größenordnung von L getroffen werden. Wir unterscheiden die Fälle $0 < \Lambda < \Lambda_C$ (Abb. III.8a), $\Lambda = \Lambda_C$ (Abb. III.8b) und $\Lambda < \Lambda_C$ (Abb. III.8c), wobei Λ_C den kritischen Wert der kosmologischen Konstante angibt. Es ist durch den Kehrwert der Gesamtmasse M des Universums definiert. Damit ergibt sich folgende Zeitabhängigkeit des Weltradius:

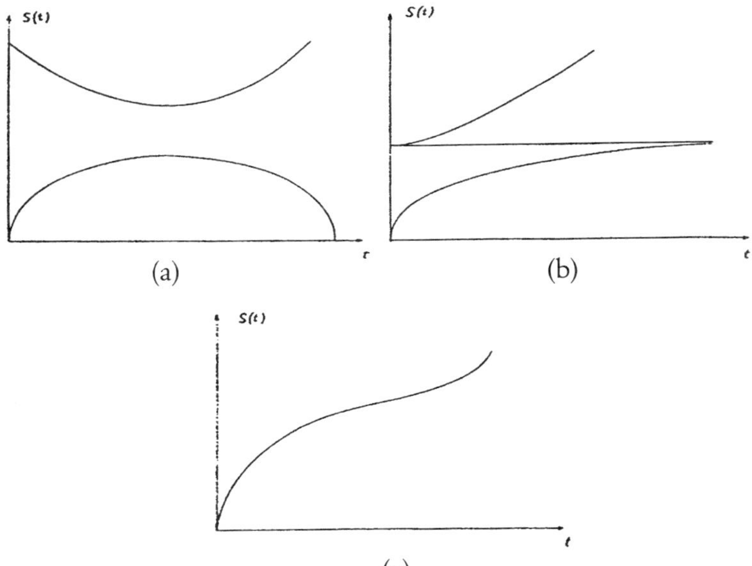

Abb. III.8

Für $\Lambda = \Lambda_C$ existiert eine statische Lösung, das *Einstein-Universum*. Es läßt sich allerdings zeigen, daß dieses Universum instabil ist und somit kein physikalisch relevantes Modell beschreibt.
Abschließend sei nochmals darauf hingewiesen, daß die Friedmannschen Modelle Konsequenzen der Einsteinschen Feldgleichungen bei Gültigkeit des kosmologischen Prinzips (Homogenität und Isotropie des Universums) sind. Formuliert man das kosmologische Prinzip in einer schwächeren Form, wo man sich mit der Eigenschaft der Homogenität begnügt, so ergeben sich an Stelle der isotropen, homogenen Friedmann-Modelle *anisotrope, homogene Weltmodelle* (neun Typen). Wir wollen darauf aber nicht näher eingehen.

Urknalltheorie contra steady state theory

Fast allen Lösungen ist die *kosmische Anfangssingularität* $S(0) = 0$ gemeinsam. Das bedeutet, daß zum Zeitpunkt seiner Entstehung das Universum samt Raum und Zeit auf einen winzigen Punkt konzentriert war. Diese Anfangssingularität $S = 0$ wird als *Urknall* („Big Bang") bezeichnet. Bis in die sechziger Jahre war man im Zweifel, ob diese Singularität eine reale physikalische Bedeutung hat oder nur eine Folge der hohen Symmetrievoraussetzungen (kosmologisches Prinzip) ist.

In den fünfziger und frühen sechziger Jahren erregte die von *Bondi*, *Gold* und *Hoyle* entwickelte *Theorie des stationären Zustandes* (*steady state theory*) großes Aufsehen. Wir haben bereits gesehen, daß die Friedmann-Modelle auf der Basis des kosmologischen Prinzips arbeiten. In der steady state theory ist nun das kosmologische Prinzip durch ein *ideales kosmologisches* Prinzip ersetzt:

> *Alle großräumigen Eigenschaften des Universums sollen für alle Beobachter zu allen Zeiten dieselben sein.*

Die Eigenschaften des Universums sollen sich also mit der Zeit nicht ändern. Damit dies möglich ist, mußte man die Hypothese zulassen, daß ständig Materie aus dem Nichts entsteht, weshalb die steady state theory auch zuweilen als *Theorie der kontinuierlichen Schöpfung* bezeichnet wird. Man konnte allerdings zeigen, daß diese geforderte Erzeugungsrate derartig winzig wäre, daß sie sich praktisch jeder experimentellen Beobachtung entziehen würde.
Dieses auf der Grundlage des idealen kosmologischen Prinzips berechnete Modell des Universums hat keine Anfangssingularität wie die Friedmann-Modelle, d. h. es vermeidet die Vorstellung eines Urknalls. Demgemäß ist das Alter des Universums nicht endlich, sondern unendlich, der Raum ist nicht gekrümmt, sondern flach. Der Preis, den man für diese elegante und einfache Theorie zu zahlen hat, besteht in der Anerkennung der kontinuierlichen Schöpfung von Materie.
1965 entdeckten *Penzias* und *Wilson* die *Mikrowellenhintergrundstrahlung* (3K-Strahlung). Dabei handelt es sich um eine elektromagnetische Strahlung hoher Isotropie. Im Rahmen der steady state theory war diese Strahlung nicht interpretierbar, womit sie dieser Theorie den Todesstoß versetzte. Dagegen ist die Hintergrundstrahlung eine eindrucksvolle Stütze für die Urknalltheorie, da die hohe Isotropie der Strahlung auf einen frühen, sehr heißen Zustand des Universums verweist.
Neben dieser experimentellen Unterstützung der Urknalltheorie wurde die Vorstellung auch in theoretischer Hinsicht in hohem Maße abgesichert. Bis in den sechziger Jahren war man im Zweifel, ob die in den Friedmann-Modellen aufscheinende Anfangssingularität tatsächlich eine physikalische Bedeutung hat oder nur eine Folge der hohen Symmetrievoraussetzungen (kosmologisches Prinzip: Homogenität und Isotropie!) sei. Nach 1965 konnten jedoch *R. Penrose* und *S. Hawking* zeigen, daß bei Vernachlässigung von Quanteneffekten die Anfangssingularität eine unvermeidliche Konsequenz der Einsteinschen Feldgleichungen ist.
Um genauere Aussagen über die globale Geometrie des Universums zu erhalten, benötigt man die Werte von Λ und k. Leider ist derzeit eine genaue Bestimmung dieser Größen noch nicht möglich.

Ausdehnung und Alter des Universums

Die vorangegangenen Ausführungen motivieren die Frage, ob wir den gegenwärtigen Durchmesser des Universums und sein Alter angeben können. Dies ist tatsächlich wenigstens näherungsweise möglich. Man hält heute folgende Werte für realistisch:

$$t_0 = 1.2 \times 10^{10} \text{ Jahre}, \quad S(t_0) = 1.8 \times 10^{10} \text{ Lichtjahre}.$$

Natürlich sind diese Angaben mit Unsicherheiten behaftet, nicht zuletzt deshalb, da der genaue funktionale Zusammenhang S(t) durch die bislang unbekannten Werte von k und L mitbestimmt wird. Hinweise auf die untere Grenze von t_0 sind natürlich das Alter der Erde (wird mit 4.5×10^9 Jahren angenommen), und jenes der Galaxis (ca. 10^{10} Jahre).

7. Die Schattenwelt der Quantenphysik

Die bisher besprochenen physikalischen Theorien gehören sämtlich der sogenannten *klassischen Physik* an. Trotz Einsteins revolutionärer Vorstellungen ist sie streng deterministisch, es existiert eine vom Beobachter unabhängige objektive Realität.
Am Beginn des zwanzigsten Jahrhunderts stand nun die betrübliche Erkenntnis, daß die scheinbar so allgemeingültigen Aussagen der klassischen Physik im Mikrokosmos nur beschränkt, bzw. gar nicht gültig sind. Im Bereich des Kleinsten regiert nicht Klarheit, sondern eine der Natur innewohnende „Verschmiertheit". Die Realität setzt sich aus unendlich vielen Geisterbildern zusammen, wobei der Beobachter selbst die Konturen der Realität formt. Dieser unbestimmte, quantenhafte Zug der Natur ist den klassischen Theorien völlig fremd. Ihre Gesetze sind daher als Mittelungen über viel diffizilere Gesetzmäßigkeiten zu verstehen, wobei der quantitative Unterschied im makroskopischen Bereich jedoch glücklicherweise verschwindet: im Alltag regiert nach wie vor die klassische Physik, die bizarre Schattenwelt der *Quantenphysik* tritt hier nicht sichtbar in Erscheinung. Völlig anders stellt sich die Situation allerdings in dem der unmittelbaren Anschauung entzogenen atomaren Bereich dar.
Die Physiker standen nun vor der Aufgabe, die klassischen Theorien entsprechend abzuändern bzw. neu zu formulieren. Ergebnisse dieser Quantisierung klassischer Theorien waren die *nichtrelativistische Quantenmechanik* (quantentheoretisches Pendant zur Newtonschen Mechanik), die *relativistische Quantenmechanik* (quantentheoretisches Pendant zur relativistischen Mechanik) und die *Quantenelektrodynamik* (quantentheoretisches Pendant zur Maxwell-Theorie). Die Schaffung einer Quantentheorie der Gravitation ist allerdings bis heute noch nicht gelungen. Außerdem entdeckten die Physiker im Verlauf

ihrer Forschungen neben dem Elektromagnetismus und der Gravitation noch zwei weitere, ausschließlich im Mikrobereich existierende Kräfte: die *schwache Kraft* und die *starke Kraft*. Die meisten Physiker glauben, daß neben diesen vier Kräften keine weitere Kraft in unserem Universum existieren kann und daß sich diese Kräfte letztlich als verschiedene Einkleidungen ein und derselben fundamentalen „Urkraft" darstellen lassen.

Zur vollständigen Erklärung unseres Universums muß also die Verschmelzung der vier Kräfte auf quantentheoretischem Niveau zur Urkraft vorgenommen werden. Wenn dieses Programm tatsächlich durchführbar ist, so sind wir zumindest theoretisch in der Lage, alle unser Universum betreffenden Fragen zu beantworten. Falls wir dann sogar die technische Kontrolle über die Urkraft hätten, könnten wir sie nach Wunsch manipulieren, somit auch Raum, Zeit und Leben. Wir hätten dann die Möglichkeit, bizarre Universen mit beispielsweise zwanzig räumlichen und zehn zeitlichen Dimensionen verrückter Raum-Zeit-Geometrie zu schaffen und mit Formen des Lebens zu bevölkern, die von keinem Science-fiction-Autor nur annähernd erahnt werden können.

Wenn Ihnen bei diesen Vorstellungen die Gänsehaut über den Rücken kriecht, so kann ich Sie beruhigen: Die notwendigen Energien für ein derartiges Experimentieren mit der – theoretisch noch nicht erfaßten – Urkraft würde einen Teilchenbeschleuniger erfordern, der beim gegenwärtigen Stand der Technologie größer als unsere gesamte Galaxis sein müßte.

Die folgende Abbildung veranschaulicht die bisherigen Ergebnisse bei der Suche nach der Urkraft:

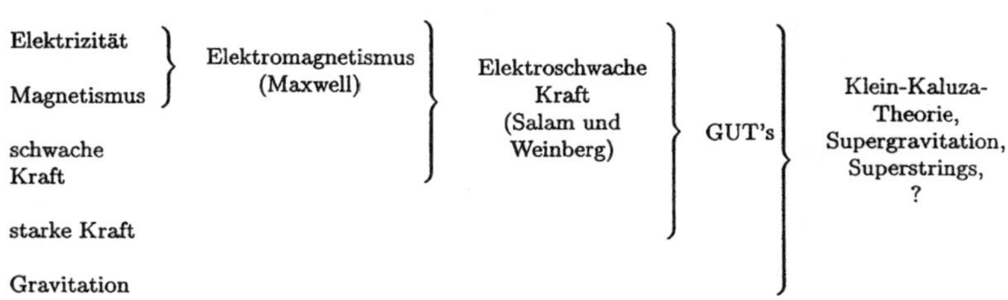

Abb. III.9

Den ersten Schritt zu einer Vereinheitlichung scheinbar verschiedener Kräfte hatte bereits Maxwell durchgeführt, der Elektrizität und Magnetismus als zwei verschiedene Erscheinungsformen eines grundlegenden „elektromagnetischen“ Phänomens erkannte. Einstein hatte sich dann um die Verschmelzung von Elektromagnetismus und Gravitation auf klassischer Grundlage, d. h. ohne Berücksichtigung des quantenhaften Charakters der Kräfte, bemüht, wobei ihm allerdings kein Erfolg beschieden war.
Die Verschmelzung von Elektromagnetismus und schwacher Kraft auf quantentheoretischer Grundlage gelang 1967 unabhängig voneinander *Steven Weinberg* und *Abdus Salam*. Der nächste, bislang noch nicht gelungene Schritt wäre die Einbeziehung der starken Wechselwirkung. Theorien dieser Art werden als *GUT's* (Grand unified theories; deutsch *GET*: Große Einheitliche Theorie) bezeichnet. Noch einen Schritt weiter als die bereits in den siebziger Jahren formulierten GUT's gingen die Konzepte der *Supergravitation* und der modernen Formulierung der *Klein-Kaluza-Theorie*, wo eine Verschmelzung der Gravitation mit den übrigen Kräften versucht wird. Derartige Theorien werden als *TOE's* (Theorie of everything; deutsch *AUT*: Alles umfassende Theorie) bezeichnet. Auch diese Theorien starben in den achtziger Jahren einen leisen Tod und machten Platz für den derzeit spektakulärsten Kandidaten für eine AUT: das Konzept der *superstrings* (Superfäden).

Bevor wir uns in den nächsten Kapiteln mit diesen Theorien näher beschäftigen, wollen wir zunächst einige wesentliche Begriffsbildungen und Aussagen der Quantenphysik skizzieren.

Teilchen-Welle-Dualismus. Heisenbergsche Unschärfe

Die klassische Physik nimmt folgenden Standpunkt ein: Materie besitzt eine körnige Struktur, sie besteht aus kleinen, fundamentalen Teilchen, während die Kraftwirkung zwischen Materie durch ein sich wellenförmig ausbreitendes, immaterielles Strahlungsfeld beschrie-

ben wird. Teilchen und Welle treten hier also in verschiedenen Zusammenhängen auf, sie haben nichts gemeinsam.
Anfang der zwanziger Jahren dieses Jahrhunderts sah man sich durch verschiedene Experimente und theoretische Überlegungen zu folgender Modifizierung dieses Standpunktes gezwungen:

1. *Einem Teilchen müssen auch Welleneigenschaften zugeschrieben werden. Je nach Beobachtung kann Materie entweder Teilcheneigenschaften oder Welleneigenschaften oder sogar beide Eigenschaften vermischt aufweisen.*
2. *So wie für ein die Materie beschreibendes Teilchen auch der Wellenaspekt zu berücksichtigen ist, muß einem die Kraftwirkung beschreibenden Wellenfeld auch Teilchencharakter zugeordnet werden.*

Die strenge Trennung von Teilchen und Welle ist also weder bei der Beschreibung von Materie noch bei jener eines Feldes zulässig. Natürlich ist es unmöglich, sich ein Teilchen gleichzeitig als Welle vorzustellen, da wir dafür im Alltag keine bildhafte Analogie besitzen. Auch die Sprechweise, daß ein Teilchen eine Welle sei, ist nicht zulässig. Eine Welle erstreckt sich prinzipiell über den gesamten dreidimensionalen Raum und in der Zeit, sie weist lokal mehr oder weniger große Ausbuchtungen auf, je nach den physikalischen Eigenschaften des betrachteten Teilchens. Die Identität von Teilchen und Welle würde eine Verschmiertheit des Teilchens über den gesamten Raum bedeuten, was natürlich unsinnig ist. Richtiger ist es, von der Zuordnung einer die gesamte dynamische Information des Teilchens enthaltende Wellenfunktion für ein Teilchen zu sprechen.
In der Quantenphysik sind Teilchen und Welle also keine getrennten Wesenseinheiten mehr, sondern repräsentieren zwei Aspekte einer sehr verwirrenden physikalischen Realität. Man spricht in diesem Zusammenhang vom *Teilchen-Welle-Dualismus*.
Ein scheinbar unvereinbares Entweder/Oder wurde damit durch ein Sowohl/Als auch ersetzt. Daß diese Vorstellungen nicht auf dem Boden verschwommener philosophischer Argumentation erwachsen sind, sondern auch in Form eines brillanten mathematischen Kalküls erfaßt werden, ist das eigentliche Hexenkunststück der Quantenphysik.

Die Erkenntnis von Punkt 1 führt zur *Quantenmechanik*, d. h. einer Theorie von der Bewegung von Teilchen unter Berücksichtigung ihrer Welleneigenschaften. Man spricht in diesem Zusammenhang auch von *Materiewellen*. Die Berücksichtigung von Punkt 2 führt zur *Quantenfeldtheorie*, d. h. einer Feldtheorie unter Berücksichtigung ihrer „körnigen Struktur". Die dem Feld zugeordneten Teilchen bezeichnet man als *Feldquanten*. Der wichtigste Vertreter der Quantenfeldtheorie ist die bereits genannte Quantenelektrodynamik, die Quantentheorie des elektromagnetischen Feldes. In diesem Fall bezeichnet man die Feldquanten als *Photonen*.
Für die nichtrelativistische Quantenmechanik existierten Ende der zwanziger Jahre seltsamerweise zwei scheinbar verschiedene mathematische Theorien, die jedoch beide in sich konsistent und mit den Experimenten im Einklang waren: *Erwin Schrödingers Wellenmechanik* und *Werner Heisenbergs Matrizenmechanik*. Schrödingers Theorie verwendete einen „kontinuierlichen" mathematischen Kalkül von in Raum und Zeit stetig veränderlichen Wellen. Dagegen erschienen in Heisenbergs Theorie keine kontinuierlichen, sondern „diskrete" mathematische Strukturen. Er verwendete unendlich ausgedehnte quadratische Zahlenschemata, die in der mathematischen Fachsprache als „unendliche Matrizen" bezeichnet werden. Kurz darauf wurden beide Theorien als mathematisch äquivalent erkannt. Sie waren spezielle Realisierungen einer abstrakteren Formulierung, die dem Fachmann als *Hilbertraumtheorie* geläufig ist. Neben dem physikalisch begründeten Welle-Teilchen-Dualismus tritt in der Quantenmechanik also auch im Zusammenhang mit ihrer mathematischen Formulierung das Phänomen verschieden wählbarer, letztlich gleichberechtigter Bilder auf, das die gesamte moderne Physik prägt. Erinnern wir uns hier nochmals an den Hertzschen Schlüsselsatz moderner Naturforschung: „Wir machen uns innere Scheinbilder oder Symbole der äußeren Gegenstände, und zwar machen wir sie von solcher Art, daß die denknotwendigen Folgen der Bilder stets wieder die Bilder seien von den naturnotwendigen Folgen der abgebildeten Gegenstände." Seit Entdeckung der Quantenmechanik mußte man die „Denknotwendigkeit" durch „Brauchbarkeit" ersetzen, da oft eine Vielzahl gleichberechtigter Bilder existiert.

In engem Zusammenhang mit der Wellennatur der Materie steht die berühmte *Heisenbergsche Unschärfe*. Heisenberg zeigte, daß aus dem Wellencharakter der Materie eine prinzipielle Unschärfe für viele physikalischen Kenngrößen der Materie wie Ort, Impuls, Energie etc. folgen, die nicht in der Unzulänglichkeit der Meßapparatur begründet liegt, sondern als naturgegeben angesehen werden muß. Zum besseren Verständnis dieser Aussage betrachten wir beispielsweise das Problem der Ortsbestimmung eines durch eine Welle charakterisierten Teilchens. Wie wir schon oben bemerkt haben, erstreckt sich eine Welle über den gesamten dreidimensionalen Raum (wir wollen hier der Einfachheit halber die Newtonsche Auffassung von Raum und Zeit voraussetzen, wie es auch die nichtrelativistische Quantenmechanik tat), mit lokal mehr oder weniger großen Ausbuchtungen. Die Information über Ort, Impuls, Energie des durch die Welle beschriebenen Teilchens sind in dieser Wellenfunktion codiert und können mit Hilfe geeigneter mathematischer Operationen herausgelöst werden. Was für eine Ortsaussage kann eine über den gesamten Raum verschmierte Welle jedoch machen? Es ist anschaulich, daß eine Welle mit einer einzigen lokal scharf begrenzten Ausbuchtung ein in diesem Raumgebiet befindliches Teilchen beschreibt. Wie sieht es aber bei einem unendlich ausgedehnten, gleichförmigen Wellenzug aus? Man erkennt schon an diesem Beispiel, daß die Ortsbestimmung eines Teilchens in der Quantenmechanik mit Schwierigkeiten behaftet ist. Falls die Wellenfunktion die physikalische Realität auf quantentheoretischer Grundlage exakt beschreibt, muß man konsequenterweise annehmen, daß der Ort eines Teilchens im allgemeinen nicht scharf definiert werden kann. Diese Unsicherheit oder Unschärfe liegt also nicht in der Unzulänglichkeit einer Meßapparatur begründet, sondern ist ein naturimmanenter Aspekt: Im allgemeinen besitzt ein mikroskopisches Teilchen keinen scharf definierten Ort.

Ähnliches gilt auch für den Impuls, die Energie und andere physikalische Kenngrößen eines Teilchens: *Ort, Impuls, Energie etc. sind im Mikrokosmos nicht scharf definiert!* Allerdings sind sie auch nicht völlig unbestimmt. Es existiert vielmehr ein gewisser Bereich der Un-

schärfe, der in der *Heisenbergschen Unschärferelation* seinen mathematischen Niederschlag findet. Wesentlich dabei ist, daß die Unschärfebereiche verschiedener physikalischer Kenngrößen sich oftmals antagonistisch verhalten: Jede einzelne Größe kann beliebig scharf gemessen werden, jedoch auf Kosten einer anderen physikalischen Größe, die dann völlig unbestimmt wird. So ergibt beispielsweise eine genaue Ortsmessung eines Teilchens eine hundertprozentige Unsicherheit über seinen Impuls und umgekehrt eine exakte Impulsmessung eine hundertprozentige Unsicherheit über seinen Ort. Begnügt man sich dagegen im ersten Fall mit einer gewissen Ortsunsicherheit, so reduziert sich die vorher völlige Impulsunbestimmtheit auf eine weniger drastische Impulsunschärfe, je nach Genauigkeit der Ortsbestimmtheit, bis man den zweiten, oben angeführten Extremfall wieder erreicht hat.
Warum existieren diese Effekte nur im mikroskopischen Bereich? In unserer vertrauten Welt ist doch eigentlich alles ganz vernünftig, oder? Sie haben recht! Die Tatsache, daß uns im Alltag das bizarre Irrenhaus der Quantenphysik erspart bleibt, kann ebenfalls durch die Heisenbergsche Unschärferelation erklärt werden. In diese fundamentale Aussage gehen die Massen der betrachteten Teilchen ein. Die oben beschriebenen Effekte sind also stets vorhanden, allerdings werden sie bei größeren Massen so verschwindend klein, daß sie niemals bemerkt werden können. Nur bei den winzigen Massen im atomaren Bereich sind diese Effekte konkret meßbar.
Angesichts all dieser Seltsamkeiten wird der Seufzer eines Physikerkollegen Schrödingers aus den dreißiger Jahren verständlich:

> „Erwin kann mit seinem psi
> kalkulieren wie noch nie.
> Doch wird jeder leicht einsehen,
> psi läßt sich nicht recht verstehen."

(psi ist die Bezeichnung für die Wellenfunktion.)

Die Unberührbarkeit mikroskopischer Teilchen

Die obigen Ausführungen werden dem aufmerksamen Leser widersprüchlich erscheinen: Einerseits wurde von einer naturimmanenten Unschärfe verschiedener physikalischer Größen gesprochen, andererseits haben wir die Möglichkeit einer (einzelnen) scharfen Festlegung eingeräumt. Man muß hier zwischen dem unbeobachteten Teilchen und dem beobachteten Teilchen unterscheiden. Das unbeobachtete Teilchen lebt in einer Art Schattenwelt, es existiert gar nicht als scharf umrissene Realität, da seine physikalischen Kenngrößen unbestimmt sind. Das unbeobachtete System muß als Überlagerung verschiedener Geisterbilder gesehen werden, die alle nur eine potentiell mögliche Realität repräsentieren.

Durch die Beobachtung des Systems, d. h. durch eine Messung wird eine Kenngröße – eben die gemessene – scharf festgelegt, wobei aber andere Aspekte des Teilchens völlig im Nebel verschwinden. Erst durch die Beobachtung erhält das System der verschiedenen sich überlagernden Geisterbilder eine feste Kontur, d. h. in gewisser Weise „schöpft" der Beobachter erst die Realität.

Es ist also nicht möglich, über ein Teilchen alles gleichzeitig zu wissen. Es entzieht sich dem Zugriff, ist gewissermaßen „unberührbar". Jede Beobachtung ändert den strenggenommen irrealen Zustand des Teilchens, über den niemals etwas in Erfahrung gebracht werden kann.

Die bisherigen Anschauungen sind im wesentlichen auf dem Boden der nichtrelativistischen Quantenmechanik erwachsen. In der relativistischen Quantenmechanik – einer Theorie mit höherem Gültigkeitsbereich – stellt sich die Unberührbarkeit eines Teilchens noch wesentlich drastischer dar. Hier zwingt uns die Heisenbergsche Unschärfe im Verein mit Einsteins Äquivalenz von Masse und Energie, die altgewohnte Vorstellung vom Vakuum als völlig leerem Raum aufzugeben! Das Vakuum der relativistischen Quantenmechanik ist ein brodelnder See hektischer Aktivität von realen Teilchen in einer Hülle virtueller Geisterteilchen, die jedes Vordringen verhindern.

Wie kommt man zu dieser Vorstellung? Stellen wir uns zunächst ein völlig leeres Raumgebiet vor. Da hier weder Materie noch Strahlung existieren, muß die vorhandene Energie dieses Raumgebietes in diesem Fall als Null angesetzt werden. Nach der Heisenbergschen Unschärfe der Energie existiert jedoch eine nie eliminierbare Schwankung der Energie. Nun sind nach Einsteins Spezieller Relativitätstheorie Energie und Masse als äquivalent anzusehen, d. h. die Energiefluktuationen sind gleichbedeutend mit Massenfluktuationen. Das bedeutet, daß Teilchen in den bisher leeren Raum aus dem Nichts eintreten, und miteinander wechselwirken. Dieses „Nichts" bezeichnet der Physiker als *Dirac-See*, nach dem Schöpfer der relativistischen Quantenmechanik *P. A. Dirac.* Dieser See ist ein unerschöpfliches Teilchenreservoir, das in der realen Welt nicht direkt in Erscheinung tritt und nur einzelne Sendboten durch Energiefluktuationen in unsere konkrete Realität schleudert.

Wir fassen zusammen: Aus Sicht der Quantentheorie ist das Vakuum ein von aus dem Nichts eintretenden Teilchen brodelnder Raum. Reale Teilchen müssen immer vor dem Hintergrund dieser flimmernden Energie gesehen werden, sie stehen in ständiger Wechselwirkung mit den virtuellen „Geisterteilchen". Ein reales Teilchen ist somit stets in eine Hülle aus virtuellen Teilchen gekleidet, aus der es nie befreit werden kann, es ist im wahrsten Sinn des Wortes „unberührbar".

Der Verlust der objektiven Realität

In den vorangegangenen Abschnitten haben wir die Heisenbergsche Unschärfe als einen fundamentalen Aspekt der Quantenmechanik kennengelernt. Es ist nicht möglich, über ein Teilchen alles gleichzeitig zu wissen, es entzieht sich dem Zugriff. Die Frage ist, ob diese Verschmiertheit eine der Natur innewohnende Eigenschaft ist oder bloß eine Fassade darstellt, hinter der auf einer tieferen Ebene wieder die Vernunft regiert.

Der dänische Physiker *Niels Bohr* war der Sprecher jener Physikergemeinde, die der ersten Anschauung anhing, während Einstein sein ganzes Leben lang von der zweiten Möglichkeit überzeugt war, obwohl er schließlich beinahe allein dastand. Bohrs Interpretation kann als Umsturz des „naiven Realismus" in der Physik angesehen werden. Sie wird auch als *Kopenhagener Interpretation* bezeichnet und stellt die offizielle Sicht der Quantentheorie dar, die für die meisten Physiker verbindlich ist.

Eine kleine Minderheit hängt allerdings auch heute noch der Einsteinschen Vorstellung einer objektiven Realität an. Um ihre Argumente zu verstehen, müssen wir ein auf Einstein und seine Kollegen *B. Podgolsky* und *N. Rosen* zurückgehendes Gedankenexperiment besprechen, mit dem sie die Kopenhagener Interpretation zu Fall bringen wollten. Mit dem nach ihnen benannten *EPR-Experiment* versuchten die drei, die Heisenbergsche Unschärfe auszutricksen. Dabei gingen sie von zwei grundlegenden Annahmen aus:

1. *Es existiert eine objektive Realität, d.h. Ort und Impuls eines Teilchens sind objektiv gegeben.*
2. *Kein Signal kann sich mit Überlichtgeschwindigkeit bewegen.*

Ziel des Experimentes war der Beweis der Aussage (1) unter der aus der Relativitätstheorie bekannten Annahme (2). Die erst 1982 von *A. Aspect* mit der notwendigen Exaktheit vorgenommene Realisierung des EPR-Experimentes zeigte jedoch, daß ein derartiger Beweis nicht möglich ist. Eine objektive Realität könnte nur bei Existenz von Signalen mit Überlichtgeschwindigkeit existieren, was schon Einstein selbst als „spukhafte Fernwirkung" verspottete. Bohr gewinnt also, und Einstein verliert.

Jene Physiker, die trotz des für Einstein negativen Versuchsausganges die Bohrsche Auffassung zu vermeiden suchen, begründen ihren Glauben an die objektive Realität durch die Annahme der Existenz von Signalen, die sich mit Überlichtgeschwindigkeit bewegen können. Damit gäbe es die von Einstein geleugnete spukhafte Fernwirkung, aber auch die von Bohr geleugnete objektive Realität. Für die meisten Physiker bleibt jedoch nach wie vor die Kopenhagener Interpretation der Quantenmechanik verbindlich.

Aspects Versuchsergebnis unterstreicht, daß die Welt als ein komplexes Netz aus Beziehungen angesehen werden muß. Bei zwei räumlich beliebig weit entfernten Teilchen handelt es sich nicht um zwei unabhängige physikalische Systeme, sondern um Teile eines einheitlichen Ganzen! Man bezeichnet diese Eigenschaft als *Quanten-Nichtlokalität*. All diese Vorstellungen stehen in krassem Gegensatz zum naiven Realismus der klassischen Physik, der das Universum als eine Ansammlung von Dingen sieht, wobei sich kleinere Objekte zusammenfinden, um größere zu bilden.

Schrödingers arme Katze. Geist und Materie. Vielweltentheorie

Eine harte Nuß für Wissenschaftler und Philosophen stellt das auf Schrödinger zurückgehende Paradoxon der Schrödinger-Katze dar. Dabei stellt man sich eine Katze zusammen mit einer Höllenmaschine in eine Stahlkammer eingesperrt vor. Der böse Apparat besteht aus einem Geigerzähler, der eine so winzige Menge radioaktiver Substanz enthält, daß die Wahrscheinlichkeit eines Zerfalls nur 50% beträgt. Der Geigerzähler ist mit einem Mechanismus verbunden, der eine Flasche mit tödlichem Zyanidgas zerschlagen kann: Falls der Geigerzähler einen atomaren Zerfall feststellt, wird die Flasche zerschmettert, andernfalls bleibt sie ganz. Beide Möglichkeiten sind gleich wahrscheinlich.

Es stellt sich nun die Frage nach dem Versuchsergebnis, falls man die Tür der Stahlkammer nach Ablauf einer bestimmten Zeit wieder öffnet. Die Antwort des gesunden Menschenverstandes lautet: Entweder lebt die Katze (es fand kein atomarer Zerfall statt), oder die Katze ist tot (es fand ein atomarer Zerfall statt). Nach den Gesetzen der Quantenmechanik in Verbindung mit der Kopenhagener Interpretation ist die Katze jedoch in einem lebendig-toten Mischzustand! Betrachtet man nämlich die Katze als Quantensystem, so setzt sich ihre Wellenfunktion aus der Wellenfunktion der lebendigen Katze und jener der toten Katze additiv zusammen (die beiden Wahrscheinlichkeiten für den atomaren Zerfall waren gleich groß angenommen worden).

Zur Lösung dieses Paradoxons gibt es mehrere Antworten. Der bedeutende Quantentheoretiker *E. Wigner* stellt die These auf, daß die Gesetze der Quantenmechanik zusammenbrechen, wenn das menschliche Bewußtsein ins Spiel kommt. Der Eintritt der Information über das Quantensystem in den Geist des Beobachters löst einen als *Reduktion der Wellenfunktion* bezeichneten Prozeß aus: Dabei wird die Summe beider Wellenfunktionen entweder auf die Wellenfunktion der lebenden, oder auf jene der toten Katze reduziert, womit der schizophrene Mischzustand eine scharf umrissene Kontur erhält.
Wigners These impliziert, daß Geist auf Materie einwirken kann, und öffnet damit den Parapsychologen Erklärungsmöglichkeiten für Phänomene wie Psychokinese etc. Weiter läßt sie eine Verwandtschaft der Dualismen Teilchen/Welle, Materie/Geist (Körper/Seele) erkennen. Möglicherweise läßt sich das Körper/Seele-Problem in der Zukunft mit Hilfe quantentheoretischer Argumentationen einer Lösung zuführen.

Ein anderer, noch spektakulärerer Vorschlag zur Lösung des Paradoxons ist die aus *H. Everett* zurückgehende und später von *B. de Witt* weiterentwickelte *Vielwelten-Theorie*. Nach dieser Theorie kommt es zu keiner Reduktion der Wellenfunktion. Die Vielwelten-Interpretation löst das Paradoxon durch die Behauptung, daß sich die Katze samt allen anderen Teilen der Versuchsanordnung in zwei verschiedenen Welten aufspaltet: In der einen Welt lebt die Katze, in der anderen ist sie tot. Dieser Aufspaltungsprozeß setzt sich bei der Beobachtung fort: In der einen Welt existiert ein Beobachter, der eine lebende Katze sieht, in der anderen sieht er eine tote Katze. Das Universum spaltet sich also ständig in eine Unzahl paralleler, physikalisch nicht verbundener Universen auf, die alle real sind. Dies gilt auch für den Geist des Beobachters.

8. Die Welt der GET's und AUT's

Gegenwärtig kennen wir vier fundamentale Wechselwirkungen: die elektromagnetische, die schwache und die starke Wechselwirkung sowie die Gravitation. Das Ziel der theoretischen Physik ist die Schöpfung einer Feldtheorie, in der diese vier Kräfte zu einer einzigen „Urkraft" verschmolzen werden. Eine diese Urkraft beschreibende Gleichung wäre die heißersehnte „Weltformel", nach deren Besitz schon Einstein und Heisenberg und nach ihnen viele andere Physiker gestrebt haben.

Das Programm der großen Vereinheitlichung umfaßt die elektromagnetische, die schwache und die starke Kraft. Eine derartige Theorie wird als GET (Große einheitliche Theorie) bezeichnet. Mit der zusätzlichen Einbeziehung der Gravitation beschäftigen sich die sogenannten AUT's (Alles umfassende Theorien).

Maxwell war die Verschmelzung der elektrischen und der magnetischen Wechselwirkung zur elektromagnetischen Wechselwirkung gelungen. Der nächste Schritt wurde ein gutes Jahrhundert später durch S. Weinberg und A. Salam vorgenommen, die auf grundlegenden Vorarbeiten von G. Glashow aufbauten. In der nach ihnen benannten *Glashow-Weinberg-Salam-Theorie* (*GSW-Theorie*) gelang ihnen die Verschmelzung der elektromagnetischen mit der schwachen Wechselwirkung zur *elektroschwachen Kraft*. Die scheinbare Verschiedenheit dieser Kräfte tritt nur bei verhältnismäßig niederen Energien in Erscheinung, ab einer Energie von etwa 100 Milliarden Elektronenvolt zeigen sich diese beiden Kräfte jedoch als Teilaspekte einer höheren Einheit. Der angegebene Energiewert ist mit den heutigen Teilchenbeschleunigern bequem erreichbar, die GSW-Theorie konnte daher experimentell überprüft und vollauf bestätigt werden.

Die theoretischen Physiker sind nun der Ansicht, daß ein weiteres Vorrücken auf der Energieskala eine Einbeziehung der starken Kraft und schließlich auch der Gravitation erlaubt. Die Verschmelzung der elektroschwachen Kraft mit der starken Kraft müßte bei etwa 10^{15} = 1000000000000000 Milliarden Elektronenvolt gelingen, die weitere Einbeziehung der Gravitation bei einer noch um das zehntausenfachen weiteren Energieerhöhung. Diese Energien liegen weit außerhalb des in den nächsten Jahrhunderten zugänglichen Experimentierbereiches. Alle möglichen Modelle der GUT's und AUT's sind daher weder für uns noch für unsere nächsten Nachkommen experimentell direkt überprüfbar. Die folgende Abbildung faßt die oben geschilderten Verhältnisse zusammen:

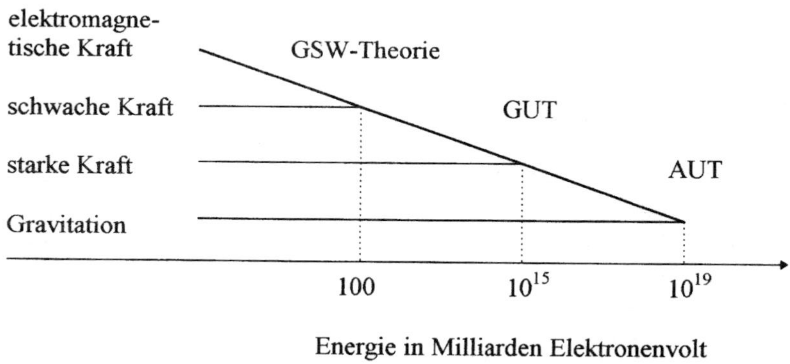

Abb. III.10

Für kosmologische Fragestellungen sind natürlich die derzeitigen Varianten der AUT's interessanter als jene der GET's, weshalb wir uns auf eine kurze Skizzierung dieser Modelle beschränken wollen.

Die (N=8)-Supergravitation

Ein Vorläufer der heutigen AUT-Kandidaten ist die (N=8)-Supergravitation. In den frühen siebziger Jahren entdeckten die Teilchenphysiker die *Supersymmetrie.* Bildhaft gesprochen entspricht sie der

Quadratwurzel aus einer Verallgemeinerung der Lorentz-Transformation: Durch zwei aufeinanderfolgende supersymmetrische Operationen erhält man eine geometrische Operation. Diese Verwandtschaft der Supersymmetrie mit der Geometrie legte eine Anwendung für die Beschreibung der Gravitation nahe. Die so entstandene Theorie nannte man *Supergravitation.* Sie existierte in mehreren Versionen, deren interessanteste als *(N=8)-Supergravitation* bezeichnet wurde.
Das Spektakuläre der von *S. Hawking* protegierten (N=8)-Supergravitation war ihre scheinbare *Renormierbarkeit.* Zur Klärung dieses Begriffes erinnern wir an die in Kapitel 7 geschilderte Unberührbarkeit eines Quantenteilchens. Es ist stets in eine Hülle virtueller Begleiter gekleidet, aus der es nicht entkommen kann. Fatalerweise zeigt es sich jedoch, daß die Geisterteilchen einen unendlich hohen Energiebeitrag liefern. Glücklicherweise gelingt in manchen Teilchentheorien die Eliminierung dieser Unendlichkeiten durch einen mathematischen Kunstgriff zusammen mit einer physikalischen Rechtfertigung. Dieser Eliminationsprozeß wird als *Renormierung* bezeichnet. Er funktioniert in der QED, also der Quantentheorie des Elektromagnetismus und in der erweiterten GSW-Theorie. Alle Versuche, eine renormierbare Quantenfeldtheorie der Gravitation zu konstruieren, waren jedoch jahrzehntelang zum Scheitern verurteilt. Die (N=8)-Supergravitation schien nun renormierbar zu sein, was sie als einen vielversprechenden Kandidaten für eine AUT nominierte. In der Folgezeit traten aber Schwierigkeiten auf, die diesen schönen Traum begruben. Zunächst verlangte die (N=8)-Supergravitation ein Universum mit zehn Raumdimensionen und einer Zeitdimension Der Ausweg der Physiker bestand aus einer „Kompaktifizierung" der überschüssigen Dimensionen: Dazu rollte man jede der sieben Dimensionen in einen winzigen Kreis auf, so daß sich in Summe eine siebendimensionale Kugel ergab. Nach dieser Anschauung muß jeder Punkt des vierdimensionalen Raum-Zeit-Kontinuums als sogenannte Sieben-Kugel angesehen werden. In bescheidener Version hatte diese Vorgangsweise schon O. Klein im Zusammenhang mit der Kaluza-Theorie verwendet (s. Kapitel 5).
Nun ist leider die Kompaktifizierung in Gestalt einer Siebenkugel nicht die einzige Möglichkeit. Man könnte auch eine Elimination

der Dimensionen durch andere geometrische Anordnungen vornehmen. In diesem Zusammenhang mußte es als störend erscheinen, daß die (N=8)-Supergravitation von sich aus keinen Hinweis auf die konkrete Art der vorzunehmenden Kompaktifizierung gab. Eine weitere Schwierigkeit dieser Theorie lag darin, daß ihre anfangs bewunderte Renormierbarkeit einer genaueren Überprüfung nicht standhielt. Die vertrackten Unendlichkeiten schossen wie Unkraut an allen möglichen Stellen hervor, womit die Supergravitation als AUT nicht mehr in Frage kam.

Superstrings

Die tiefere Ursache für das Auftreten von Unendlichkeiten in den Quantenfeldtheorien liegt im Konzept der punktförmigen Teilchen begründet. Die seit mehr als zehn Jahren kursierenden *String-Theorien* vermeiden diese Schwierigkeiten von vornherein. Sie gehen von der Vorstellung aus, daß Elementarteilchen nicht durch Punkte, sondern durch Fäden („strings") charakterisiert werden, deren Enden zu einer Schleife verbunden sind: Die Schwingungen des Strings sind die Teilchen der String-Theorie.

Die ersten Versionen dieser Theorien enthielten Teilchen mit Überlichtgeschwindigkeit, was eine peinliche Verletzung des Kausalitätsprinzips darstellte. In der folgenden Entwicklungsphase konnte man zeigen, daß bei Annahme eines Universums mit 26 Raumdimensionen und einer Zeitdimension die Teilchen mit Überlichtgeschwindigkeit nicht auftraten und daß diese Spezialisierung die einzig mögliche war. Bis zu diesem Zeitpunkt galt die Beschäftigung mit dieser Theorie eher als mathematische Spielerei. Im Jahr 1984 änderte sich diese Anschauung radikal, und die String-Theorie wurde als Kandidat Nummer eins für eine AUT nominiert. Diese Euphorie hatte zwei Ereignisse als Ursache. Zunächst wurde durch eine Kompaktifizierung von 16 Dimensionen aus der 26-dimensionalen String-Theorie eine 10-dimensionale *Superstring-Theorie* geschaffen, die den Regeln der Supersymmetrie gehorchte. Wie wir schon früher bespro-

chen haben, sollte ein Kandidat für eine AUT von sich aus eine Entscheidung über eine fallweise Kompaktifizierung geben. Daß dies im Zusammenhang mit der String-Theorie der Fall war, ist das angesprochene zweite Ereignis des Jahres 1984.
Man bezeichnete die so entstandene Theorie als SO(32) und war in weiten Kreisen davon überzeugt, daß das Ende der theoretischen Physik in Sicht sei. Allerdings fand man kurz darauf eine zweite zehndimensionale Superstring-Theorie, die denselben Ansprüchen wie die SO(32) genügte, was die Euphorie wieder etwas milderte. Allerdings scheint es neben diesen beiden Möglichkeiten keine dritte Variante zu geben.

Nun treten auch im Zusammenhang mit diesen beiden String-Theorien grundlegende und technische Schwierigkeiten auf. Zunächst ist die Frage nach der Kompaktifizierung der überschüssigen sechs Dimensionen offen, für die es derzeit Tausende von Möglichkeiten zu geben scheint. Weiter muß aus der zehndimensionalen Welt hoher Symmetrie in die vierdimensionale Welt unseres physikalischen Kleinkrams projiziert werden, wobei kaum ohne Willkür vorgegangen werden kann. Schließlich fehlen in den momentanen Versionen der String-Theorien verschiedene wichtige Fermente und Konsequenzen der Allgemeinen Relativitätstheorie. So wird in der ART die Raumkrümmung durch die vorhandene Materie und Strahlung hervorgerufen. Eine Konsequenz dieser Vorstellung ist die Urknalltheorie, die eine Aussage über den Beginn unseres Universums macht. Im Unterschied dazu winden sich die Strings durch einen bereits vorhandenen absoluten Raum. Die Krümmung einer Raum-Zeit scheint nicht auf, somit auch keine Urknalltheorie und auch keine andere Vorhersage über den Beginn unseres Universums.

9. Mathematik als Sprung ins Jenseits

Bevor wir uns den für spätere philosophisch-theologische Spekulationen wichtigen quantenkosmologischen Begriffsbildungen nähern, wollen wir uns – losgelöst von jeder physikalischen Realität – etwas mit abstrakten mathematischen Begriffsbildungen vertraut machen, um einen kleinen Einblick in den eigenartigen Charakter der Hertzschen Scheinwelt zu erhalten.

Das vertrackte Unendliche

Der berühmte Hilbert-Schüler *Hermann Weyl* (1885–1955) charakterisiert das Wesen der Mathematik mit folgenden Worten:

Will man ein kurzes Schlagwort, das den lebendigen Mittelpunkt der Mathematik trifft, so darf man wohl sagen: Sie ist die Wissenschaft vom Unendlichen."

Mit dem Griff nach dem Unendlichen verläßt die Mathematik automatisch die Gefilde der Anschaulichkeit, da sich die neue Landschaft von jener der Endlichkeit fundamental unterscheidet. Schon der Philosoph *René Descartes* (1596–1650) weist in seinen *Meditationen über die Grundlagen der Philosophie, worin das Dasein Gottes und die Unterschiedenheit der menschlichen Seele von ihrem Körper bewiesen wird* auf den grundlegenden Unterschied beider Welten hin[13]:

„Ich darf nicht vermeinen, ich erfaßte das Unendliche nicht durch eine wahrhafte Idee, sondern nur durch die Verneinung des Endlichen . . . Denn ganz im Gegenteil sehe ich offenbar ein, daß mehr Realität in der unendlichen Sub-

stanz als in der endlichen enthalten ist und daß demnach der Begriff des Unendlichen dem des Endlichen, d. h. der des Gottes meiner selbst, in gewisser Weise vorhergeht."

Wenn ich hier eine scheinbar keinen mathematischen Gesichtspunkt beinhaltende Schrift zitiert habe, so geschah das mit voller Absicht: die obige Aussage Descartes fand in der berühmten Unendlichkeitsanalyse des Mathematikers *Julius Dedekinds* (1831–1916) eine überraschende Analogie auf mathematischer Ebene. Die Dedekindsche Argumentation setzt keine speziellen mathematische Grundkenntnisse voraus und ist somit vorzüglich geeignet, dem Laien einen ersten Eindruck von Denkweise und Stil dieser Wissenschaft zu vermitteln.
Dedekind untersucht die Frage, ob sich im Begriff des Unendlichen nur die Möglichkeit ausdrückt, etwas über alle Schranken wachsen zu lassen, oder ob ein konkreterer Weg zu seinem Verständnis und seiner rechnerischen Bewältigung führt. Dedekinds These lautet „Es gibt unendliche Systeme", und er beweist sie folgendermaßen[12]:

„*Meine Gedankenwelt, d. h. die Gesamtheit S aller Dinge, welche Gegenstand meines Denkens sein können, ist unendlich. Denn wenn s ein Element von S bedeutet, so ist der Gedanke s', daß s Gegenstand meines Denkens sein kann, selbst ein Element von S . . . Sieht man dasselbe als Bild f(s) des Elementes s an, so hat die hierdurch bestimmte Abbildung f von S die Eigenschaft, daß das Bild S' Teil von S ist; und zwar ist S' echter Teil von S, weil es in S Elemente gibt (z. B. mein eigenes Ich), welche von jedem solchen Gedanken s' verschieden und deshalb nicht in S' enthalten sind. Endlich leuchtet ein, daß wenn m, n verschiedene Elemente von S sind, auch ihre Bilder m', n' verschieden sind, daß also die Abbildung f eine deutliche (ähnliche) ist. Mithin ist S unendlich.*"

Das Ganze liest sich beim erstenmal sicher ziemlich verwirrend, läßt sich aber verhältnismäßig einfach veranschaulichen. Dazu stellen wir uns Herrn Müller vor, wie er gerade an ein saftiges Schnitzel denkt. Der Gedanke an das Schnitzel ist also ein Element von Müllers Gedankenwelt S, das wir mit s bezeichnen wollen. Natürlich gehört

auch Müllers Gedanke s', daß er an dieses Schnitzel denken kann, zu seiner Gedankenwelt, d. h. auch s' ist ein Element von S.
s' ist also der Gedanke eines Gedankens: Herr Müller sieht sich hier vor seinem geistigen Auge selbst, wie er an ein Schnitzel denkt. Diese Kette läßt sich nun weiterknüpfen, d. h. man kann den Gedanken s", daß s' Gegenstand von Müllers Denken sein kann, definieren. s" würde also bedeuten, daß Herr Müller sich vor seinem geistigen Auge sieht, wie er sich vor seinem geistigen Auge sieht, wie er an ein Schnitzel denkt. Allerdings bringt diese weitere Stufe nichts wesentlich Neues, da in die Dedekindsche Beweisführung nur die Existenz zweier „Ebenen" S und S' eingeht.
Die Zuordnung des Gedankens s zu s' kann mathematisch als Abbildung s' = f(s) artikuliert werden, d. h. s' ist eine Funktion (= Abbildung) von s, wobei „Funktion" bzw. „Abbildung" vereinfacht gesprochen die Existenz einer Zuordnung ausdrückt. S' besteht nun aus allen Elementen s', die sich gemäß der Zuordnung s' = f(s) aus allen möglichen s-Elementen ergeben, d. h. S' ist die Menge aller Elemente s', für die gilt s' = f(s), wenn s die gesamte Vielfalt durchläuft. S' muß per definitionem in S enthalten sein, aber daneben existieren in S logischerweise noch weitere, nicht in S' enthaltene Elemente.

Eine wesentlich bekanntere Annäherung an das Problem des Unendlichen ist das Paradoxon des Philosophen Zenon aus Elea. In diesem Paradoxon läßt Zenon den Helden Achilles mit einer Schildkröte um die Wette laufen. Nach Zenons Überlegung muß die Schildkröte unabhängig von der gelaufenen Distanz immer dann gewinnen, wenn sie einen – wenn auch noch so winzigen – Vorsprung erhält.
Betrachten wir als Beispiel eine Strecke von hundert Meter, und einen Vorsprung der Schildkröte von zehn Meter. Der Wettlauf beginnt. Mit wenigen Sprüngen hat Achilles den Punkt erreicht, an dem die Schildkröte startete. Inzwischen ist die Schildkröte ein kurzes Stück weitergekrochen, sie befindet sich etwas vor Achilles. Im nächsten Augenblick hat Achilles diesen Punkt erreicht, aber die Schildkröte hat in derselben Zeit immerhin noch ein kleines Weg-

stück zurücklegen können, befindet sich also noch immer knapp vor Achilles. Wenn Achilles den neuen Standort der Schildkröte erreicht hat, ist sie wiederum ein kleines, wenn auch noch winzigeres Stück voraus. Nun läßt sich diese Überlegung unendlich oft fortsetzen, mit dem Ergebnis, daß Achilles der Schildkröte zwar unendlich nahekommen, sie jedoch niemals einholen oder gar überholen kann.
Diese betrübliche Aussage bleibt natürlich auch dann gültig, wenn man den Vorsprung der Schildkröte beliebig klein macht. Sobald sie nur einen winzigen Vorsprung erhält, gewinnt sie gegen den Schnellfüßigsten aller Sterblichen.
Obwohl Zenons Paradoxon im deutlichen Widerspruch zur Erfahrung stand, stellte es für die Philosophen seiner und der nachfolgenden Zeit eine harte Nuß dar. Erst die von Leibniz und Newton begründete Infinitesimalrechnung fand eine Möglichkeit zur Umgehung des Widerspruches.

Zum Übersetzungsproblem „Hertzsche Ebene/Sprache“

Wie wir sehen, kann die gedankliche Annäherung an das Unendliche mit vertrackten Problemen verbunden sein. Die bisherigen Beispiele waren jedoch derart gewählt, daß ein Hauptproblem nicht tangiert wurde: die sprachliche Barriere. Den Mathematikern ist die Bewältigung des Unendlichen in Kalkülen der virtuellen Hertzschen Ebene geglückt, die verbale Transponierung dieser Begriffsbildungen und Folgerungen ist jedoch schlechthin unmöglich.
Wir wollen diese Aussage an einem erfundenen Dialog zwischen dem Begründer der Infinitesimalrechnung Isaac Newton und einem mathematisch nicht vorgebildeten Philosophen demonstrieren. Newton, der von seinen Fachkollegen nicht viel hält, und seine kühnen gedanklichen Konstruktionen nicht gerne „dem Vorwurf der mathematisch Halbgebildeten“ aussetzt, lädt den befreundeten, an seiner Arbeit interessierten Philosophen zu sich nach Hause ein. Der Gast bittet ihn, ihm das berühmte Gravitationsgesetz nicht bloß zu veranschaulichen, sondern auch den mathematischen Gehalt sprach-

lich transparent zu machen. Newton läßt sich nur zögernd überreden, er ahnt das folgende Fiasko:

N: „Ich muß Euch vorwarnen, Master Thomas. Die vertraute verbale Artikulation zeigt sich in diesem Zusammenhang als denkbar ungeeignet."
P (mit gutmütigem Spott): „Master Newton, die Sprache hat uns als Träger in die schwierige Materie der Metaphysik getaugt, auf ihren Schwingen haben sich die Mystiker aller Zeiten (er weist mit einer Handbewegung auf Newtons reiche Bibliothek religiöser und alchimistischer Werke) in das göttliche Licht erhoben. Da sich Eure Überlegungen nach eigener Aussage ausschließlich mit Quantitäten beschäftigen, so sollte die Sprache wohl auch Euch als Werkzeug dienlich sein.
N (seufzend): „Wir werden sehen. – Die Grundlage meiner These ist Euch bekannt: Alle Materie bewegt sich unter dem Einfluß von Kräften, und zwar bewegt sie sich immer nach derselben Gesetzmäßigkeit. Mit der quantitativen Erfassung dieser Gesetzmäßigkeit habe ich mich jahrelang beschäftigt . . ."
P: „Entschuldigt, ich werde Euch nicht noch einmal unterbrechen. Aber bereits an dieser Stelle möchte ich anmerken, daß eure These im Widerspruch zu der Ansicht des *creatio continua* des heiligen Glaubens steht. Eure These impliziert doch letztlich nichts anderes, als daß alle Bewegung nach einer von Menschen denkbaren Gesetzmäßigkeit abläuft. Ein derartiger Standpunkt würde von vielen als ärgste Häresie bezeichnet werden."
N (etwas verkniffen): „Master Thomas, wollen wir doch zunächst die philosophischen Implikationen unerörtert lassen und uns – wie Ihr es selbst vorgeschlagen habt – auf die mathematische Beweisführung beschränken.
P: „Wie Ihr meint."
N: „Die von Euch gewünschte verbale Formulierung meines Gravitationsgesetzes lautet also folgendermaßen" (er überlegt kurz):
Ein Körper bewegt sich unter dem Einfluß einer vorgegebenen Kraft derart, daß die Kraft stets gleich groß dem Produkt aus der Masse des Körpers und der relativen zeitlichen Änderung der relativen zeitlichen Ortsänderung des

Körpers ist, wobei sowohl die zeitliche als auch die örtliche Änderung stets als unendlich klein gedacht werden müssen."
P (nach längerer Pause): „Was versteht Ihr unter einer relativen zeitlichen Änderung des Ortes?"
N: „Der sich bewegende Körper befindet sich zu zwei verschiedenen Zeitpunkten an zwei verschiedenen Orten. Wenn beide Zeitpunkte sehr nah beisammenliegen, so werden auch die beiden Orte stets sehr nah beisammenliegen. Wie nah sie aber tatsächlich zusammenrücken hängt von der Schnelligkeit des Körpers ab: Nehmen wir das kleine Zeitintervall als vorgegeben an, so liegen die beiden Orte für einen schnellbewegten Körper näher beisammen, als für einen langsamer bewegten.
P (etwas enttäuscht): „Ja, und?"
N: „Bisher haben wir nur absolute Änderungen betrachtet, eine absolute Änderung der Zeit und die dazugehörige absolute Änderung des Ortes. Diese absoluten Änderungen erlauben aber eigentlich keine exakte quantitative Aussage über das dynamische Verhalten des Körpers. Schließlich könnte man bei verschiedenen hypothetischen Bewegungen nur durch Vergleiche der zugehörigen verschiedenen kleinen Ortsänderungen Vergleichsaussagen über die Schnelligkeit machen – wobei Schnelligkeit das tatsächliche dynamische Verhalten des Körpers bei weitem nicht vollständig erfaßt."
P: „Warum nicht?"
N: „Nun, die Angabe der Schnelligkeit erlaubt zunächst keine Aussage über ihre Änderung, eine Aussage über ihre Änderung wiederum keine über die Änderung der Änderung. Und schließlich – wie wären diese Änderungen zu verstehen. Sie beziehen sich ja alle zunächst nur auf ein nicht näher festgelegtes, mithin also willkürliches Zeitintervall."
P: (seufzend): „Ihr habt diese Probleme gemeistert?"
N (stolz): „Vollkommen! Der Schlüssel zur exakten quantitativen Erfassung all dieser Phänomene ist der Begriff der relativen Änderung. Bezieht man nämlich die von der – willkürlich gewählten, aber als klein gedachten Zeitdifferenz – abhängige Ortsdifferenz auf die Zeitdifferenz, d.h. dividiert man den Ortsunterschied durch den zugehörigen Zeitunterschied, so erhält man eine Größe, die ein Maß für

die Schnelligkeit des Körpers im betrachteten Zeitintervall darstellt."
P: „Aber dieses Maß hängt doch wiederum von dem willkürlich gewählten Zeitintervall ab!"
N (merklich lebendiger): „Das ist richtig, Master Thomas! Und damit kommen wir zum Angelpunkt der ganzen Überlegung." (Er hält einen Moment inne.) „Laßt mich zunächst noch etwas weiter ausholen: Wenn man die Bewegung eines Körpers in Abhängigkeit von der wirkenden Kraft zu beschreiben sucht, so muß man bedenken, daß sich sowohl die Kraft von Augenblick zu Augenblick ändern kann, wie auch die von der Kraft bewirkte Bewegung."
P: „Die doch immer eine Causa haben muß und daher stets nur eine gewisse Zeit nach der wirkenden Ursache merkbar werden kann."
N: „Prinzipiell ja. Doch läßt sich zeigen, daß dieses „Nachhinken" verschwindend gering ist."
P: „Aber.."
N (kommt einem Einwurf P's zuvor): „Ich werde das auf Wunsch später näher ausführen. Erlaubt mir, hier zunächst die Veranschaulichung des alles beherrschenden Begriffes der relativen Änderung zu Ende zu führen."
P: „Ich bitte darum."
N: „Es stellt sich also die Aufgabe, das augenblickliche Verhalten der Kraft mit dem (er verneigt sich leicht gegen P) unmittelbar daraus folgenden Verhalten des Körpers in eine Relation zu setzen."
P: „Ihr habt mir diese Relation bereits mitgeteilt. Aber die relative Änderung . . ."
N: „Das Aufdecken von bloß für einen Augenblick, d.h. für Zeitpunkte geltenden Relationen macht es notwendig, die bisher für kleine Zeitintervalle untersuchten Aussagen auf Zeitpunkte zu beziehen. Denkt Euch also das Zeitintervall, in dem wir den Körper beobachten, als unendlich klein, aber doch nicht völlig verschwindend. Es soll groß genug sein, um eine – wenn auch unendlich winzige Ortsänderung des Körpers zu gestatten. Beziehe ich nun das Schnelligkeitsmaß – Ihr erinnert Euch, daß es als Quotient der kleinen, aber endlich großen Ortsänderung auf das kleine, aber endlich große, willkürliche Zeitintervall definiert war – auf ein unendlich kleines Zeitintervall, so erhalte ich eine Aussage über die Schnelligkeit des

Körpers in einem winzigen Zeitintervall, das als Zeitpunkt angesehen werden kann."
P: „Näherungsweise als Zeitpunkt angesehen werden kann! Macht Ihr denn bei dieser Vernachlässigung keinen Fehler? Und außerdem: Wenn Ihr zwei unendlich kleine Größen dividiert – wie könnt Ihr sicher sein, mit diesen unendlich kleinen Größen ebenso rechnen zu dürfen, wie mit gewöhnlichen Zahlen?"
N: „Ihr irrt, wenn Ihr behauptet, ich dividiere zwei unendlich kleine Größen. Ich dividiere zwei endliche Größen – diese Operation ist gerechtfertigt – und verfolge das Verhalten des Ergebnisses bei einer zunehmenden Verkleinerung des Zeitintervalles."
P: „ Aber das ist doch dasselbe!"
N: „Nicht ganz. Im einen Fall dividiert man zwei auf Null sich zubewegende Grenzwerte, im anderen Fall betrachtet man den Grenzwert eines aus zwei endlichen Größen errechneten Quotienten. Die spätere Mathematik wird feststellen, daß das Ganze letztlich auf die Frage hinausläuft, ob der Grenzwert eines Quotienten stets gleich dem Quotienten der einzelnen Grenzwerte sein muß. Nach meiner Anschauung kann das nicht der Fall sein."
P (denkt einige Zeit nach): „Lassen wir die Details beiseite. Wenn ich Euch recht verstanden habe, so würde Eure „beinahe auf den Punkt" bezogene relative Ortsänderung die „beinahe momentane" Schnelligkeit des Körpers beschreiben."
N (erfreut): „Ausgezeichnet, Master Thomas. Und Ihr könnt das „beinahe auf den Punkt bezogen" ruhig weglassen, denn im Unendlichen verschwinden die Grenzen im Nebel."
P: „Seid Ihr euch dessen ganz sicher? Und trotzdem erscheint es mir gewagt, zwei unendlich kleine Größen zu dividieren, und ein vernünftiges Ergebnis zu erwarten. Wenn beide unendliche Größen in gleicher Weise unendlich klein werden, so muß sich als Quotient doch stets Eins ergeben."
N (mühsam beherrscht): „ Das habe ich Euch eben zu erklären versucht. Die beiden Größen sind eben nicht „in gleicher Weise unendlich klein", weder vor, noch während, noch nach dem Grenzübergang. Genau dieser Punkt ist das Wesentliche der Überlegung. Wenn während des Verschmelzungsvorganges das Zeitintervall in

einer beliebigen Weise unendlich klein wird, so wird die zugehörige Ortsänderung in einem davon abhängigen Maße unendlich klein: unendlich klein auf eine Art, die der Bewegung des Körpers und der unendlichen Kleinheit des vorgegebenen Zeitintervalles entspricht.

P (ablehnend): „Ihr befleißigt Euch hier einer etwas – hm – eigentümlichen Sprache."

N: „Ich hatte Euch gewarnt. Obwohl es nach Eurer früheren Bemerkung nur um Quantitäten geht, so seht Ihr doch ein, daß es sich um in ihrem qualitativen Verhalten sehr unterschiedliche Quantitäten handelt, nicht wahr? Ich will euch die Dinge an einem einfachen Zahlenbeispiel verdeutlichen..." (Newton greift nach einem Blatt Papier.)

P (winkt ab): „Nein, nein, beschränken wir uns doch auf das wesentliche. Wenn Ihr mit Euren unendlich kleinen Größen tatsächlich so rechnen könnt, wie Ihr vorgebt – als vorzüglichem Mathematicus muß ich Euch hierin Glauben schenken – so scheinen mir doch noch viele Dinge unklar.

N: „Und welche?"

P: „In eurem Gesetz – äh, hättet Ihr die Güte, es mir zu wiederholen . . . ?"

(Newton wiederholt den Satz langsam.)

P: „Eben! Hier sprecht Ihr doch von der relativen zeitlichen Änderung einer relativen zeitlichen Änderung. Wie ist das zu verstehen?"

N: „Ganz einfach. Der zuerst für die Ortsänderung des Körpers formulierte Begriff der relativen zeitlichen Änderung läßt sich natürlich für jede beliebige zeitlich abhängige Größe in gleicher Weise definieren."

P: „Also auch für die Größe ‚relative zeitliche Änderung des Ortes'?"

N: „Ganz recht."

P: „Ha, jetzt habe ich Euch, Master Newton! Ihr habt doch bereits das erste Mal Euer Zauberkunststück nur durch eine – beinahe – Verschmelzung der beiden an sich getrennt betrachteten Zeitpunkte zustande gebracht. Nun, bei Einführung der zweiten relativen Änderung, der – äh – relativen Änderung der relativen Ortsänderung – seid Ihr doch gezwungen, die erste Änderung, d.h. die relative Orts-

änderung als exakt punktförmig gegeben anzunehmen, um sie dann zu zwei verschiedenen Zeitpunkten – zunächst – studieren zu können!"
N (ungerührt): „Das ist völlig gleichgültig."
P: „Und nachher verschmelzt Ihr diese beiden, zu verschiedenen Zeitpunkten definierten Größen ‚relative Ortsänderung zum Zeitpunkt 1' – der ja eigentlich ein winziges Intervall ist – und ‚relative Ortsänderung zum Zeitpunkt 2' – der eigentlich ebenfalls ein winziges Intervall ist – durch Division eines neuen Zeitintervalles . . . – ist es übrigens genauso groß, wie eines der beiden alten Zeitintervalle? . . . oder ist es eines der alten? . . . und geht wieder ins beinahe Unendliche . . ."
(Er bricht mutlos ab.)
N (lächelnd): „Ich verstehe, worauf Ihr hinauswollt. Der ständige Übergang von der diskreten zur kontinuierlichen Anschauungsweise ist anfangs etwas schwierig nachzuvollziehen, aber mathematisch einwandfrei."
P (zaghaft): „Ist das Zeitintervall bei der zweiten Änderungsoperation genauso unendlich klein, wie das Zeitintervall bei der ersten Änderung?"
N: „Es kann so gedacht werden."
P: „Aber nach der ersten Änderungsoperation ist es bereits zu einem exakten Punkt verschmolzen, bei der zweiten aber nicht."
N: „Nach Beendigung der Operation kann es so gedacht werden. Laßt überhaupt die Vorstellungen von Intervallen beiseite, und seht alle Größen als punktförmig gegeben an. Dann verschwinden alle Mißverständnisse."
P (aufbegehrend): „Nein! In diesem Fall reduziert Ihr doch einen in der Zeit kontinuierlichen Vorgang auf eine unendliche Anzahl statischer Bilder. Könnt Ihr dies als taugliches Abbild der Wirklichkeit ansehen?"
N: „Erstens ist der kontinuierliche Aspekt in dem Verschmelzungsvorgang quasi eingefroren immanent, er ist nicht eliminiert. Das Ergebnis ist ein passendes mathematisches Abbild, das den quantitativen Gehalt des Vorganges exakt zu beschreiben versteht."
P: „Könnt Ihr Euer Gesetz denn beweisen?"

N: „Ein Grundgesetz läßt sich nicht beweisen, nur die auf ihm aufbauenden Gesetze. Das Grundgesetz kann nur durch die Übereinstimmung seiner Aussagen mit der Wirklichkeit bestätigt werden. Und dies ist – soweit ich es überprüfen konnte – tatsächlich der Fall."
P: „Ich kann Euch gegenüber natürlich keine mathematischen, sondern nur philosophische Einwände artikulieren. Zu den letzteren gehört meiner Ansicht die Fragwürdigkeit Eurer Gleichsetzung einer unendlich kleinen Distanz mit einem Punkt, und die daraus resultierende Zersplitterung einer Kontinuität. Ihr kennt doch Zenons Paradoxon?"
N: „Natürlich, es findet sich einige Seiten vor unserem Gespräch abgedruckt. Aber gerade Zenons Argumentation dürft Ihr nicht gegen die meinige ins Feld führen. Zenons Gedankenfehler ist es, daß er genau das tut, was Ihr vorher irrtümlicherweise mir vorgeworfen habt: In seinem Beispiel dividiert er unendlich Kleines durch unendlich Kleines."
P: „Ich verstehe Euch nicht ganz."

Auf diese Weise ließe sich das Gespräch noch beliebig lange weiterführen. In der mathematischen Fachsprache kann der Disput durch die schlichte Aussage „Die Kraft auf einen Körper ist gleich dem Produkt aus seiner Masse und der zweiten Ableitung des Ortsvektors" ersetzt werden. Fazit:

> *Der Übergang von der Hertzschen auf die sprachliche Ebene ist schon für allereinfachste Verhältnisse problematisch!*

Wir werden diese Tatsache später zum Angelpunkt einer vertiefenden Betrachtung machen. Abschließend muß darauf hingewiesen werden, daß im obigen Dialog die letzte Bemerkung des Philosophen durchaus legitim ist. Um das Gespräch zu beenden hat Newton hier ein formales Argument vorgebracht, wohl wissend, daß er die Problematik rechentechnisch zwar umgangen, aber begrifflich nicht endgültig gelöst hat. Lassen wir dazu den Mathematiker *Richard Courant* (1888– 1972) zu Wort kommen:

„Aber seit der Zeit von Zenon und seinen Paradoxien sind Versuche einer exakten mathematischen Formulierung des intuitiven physikalischen oder metaphysischen Begriffes der stetigen Bewegung mißglückt. Eine diskrete Folge von Werten . . . kann Schritt für Schritt durchlaufen werden. Aber wenn es sich um eine stetige Veränderliche x handelt, deren Werte ein ganzes Intervall . . . erfüllen, dann besteht die Schwierigkeit zu erklären, wie x sich dem festen Wert . . . so nähern soll, daß x hintereinander und in der richtigen Reihenfolge alle Werte des Intervalles annimmt . . . Die intuitive Idee eines Kontinuums und eines stetigen Fließens ist völlig natürlich. Aber man kann sich nicht auf sie berufen, wenn man eine mathematische Situation aufklären will; zwischen der intuitiven Idee und der mathematischen Formulierung, welche die wissenschaftlich wichtigen Elemente unserer Intuition in präzisen Ausdrücken beschreiben soll, wird immer eine Lücke bleiben . . . Zenons Paradoxien weisen auf diese Lücke hin.“

Abstrakte Räume

Bei der Präsentation der Quantentheorie haben wir uns bisher auf eine Skizzierung der wichtigsten physikalischen Aussagen beschränkt. Über die damit verbundenen mathematischen Formulierungen haben wir jedoch kein Wort verloren. Für ein besseres Verständnis quantenkosmologischer Modelle müssen wir jedoch auch die mathematische Seite kurz zur Sprache kommen lassen.
Als in den zwanziger Jahren die Quantenmechanik aufkam, standen die theoretischen Physiker vor der Aufgabe, die in der physikalischen Raum-Zeit spielenden quantenphysikalischen Ereignisse mathematisch zu formulieren. Dabei zeigte es sich, daß die in der Raum-Zeit ablaufenden mathematischen Operationen auch als abstrakte geometrische Operationen in einem abstrakten mathematischen Raum darstellbar waren. Dieser abstrakte Raum hat an sich nichts mit dem konkret vorliegenden physikalischen Raum zu tun. Dieser war in der nichtrelativistischen Quantenmechanik durch den dreidimensionalen Newtonschen Raum, in der relativistischen Quantenmechanik durch den vierdimensionalen Minkowskiraum gegeben. Die Ein-

führung des mathematischen Raumes machte aber die Theorie wesentlich durchsichtiger. So zeigte sich beispielsweise, daß die Rechnungen sowohl der in der Raum-Zeit mit Wellen operierenden Schrödingerschen Wellenmechanik, wie auch jene der mit reinen Zahlenschemata operierenden Heisenbergschen Matrizenmechanik im wesentlichen als Verschiebungen und Drehungen eines abstrakten Raumes aufgefaßt werden konnten. Die komplizierten Rechenkalküle der beiden scheinbar rivalisierenden Theorien der Quantenmechanik konnten also im abstrakten Raum durch die einfachsten geometrischen Operationen ersetzt werden, wobei die Aussagen beider Theorien als äquivalent erkannt wurden. Der Übergang zur Abstraktheit wurde somit mit struktureller Transparenz belohnt, scheinbar Trennendes erwies sich wieder als verschiedene Sichtmöglichkeit ein und derselben Sache.
Auf den nächsten Seiten wollen wir uns nun etwas mit der subtilen Begriffsbildung des abstrakten Raumes auseinandersetzen. Dazu betrachten wir zunächst den vertrauten dreidimensionalen Raum. Er setzt sich aus unendlich vielen Raumpunkten zusammen. Eine bemerkenswerte Eigenschaft dieses Raumes ist seine *Linearität.* Darunter versteht man die Tatsache, daß zwei beliebige Raumpunkte stets durch eine Gerade verbunden werden können, wobei sämtliche Punkte auf dieser Geraden wieder Elemente des Raumes selbst sind. In Kürze werden wir zeigen, daß diese Aussage bei weitem nicht so trivial und selbstverständlich ist, wie sie momentan vielleicht erscheint.
Weiter ist in unserem dreidimensionalen Raum ein anschaulicher *Abstandsbegriff* vorhanden. Der Abstand zweier Punkte wird dabei durch die Länge der kürzestmöglichen Verbindungsstrecke der beiden Raumpunkte definiert. Diese Verbindungsstrecke ist stets eine *Gerade.* Um die einzelnen Raumpunkte in ihrer gegenseitigen Lage zu erfassen, ist eine Ortsangabe notwendig. Dazu kann man folgendermaßen vorgehen: Fixiert man gedanklich an irgendeinem beliebigen Raumpunkt ein rechtwinkeliges Achsenkreuz dreier Achsen, so kann die Position jedes weiteren Punktes bezüglich dieses Achsenkreuzes durch die Angabe dreier Zahlen festgelegt werden, nämlich durch den Minimalabstand des Punktes zu jedem der drei Achsen. Dieses

Achsenkreuz wird als *Koordinatensystem* und die jedem Raumpunkt zugeordneten drei Zahlen als *Koordinaten des Raumpunktes* bezüglich des gewählten Koordinatensystems bezeichnet. Man beachte, daß die Anzahl der Achsen bzw. jene der Koordinaten die Dimension des Raumes definiert.
Schließlich lassen sich in unserem vertrauten Raum auch *Winkel* zwischen zwei Linien definieren.

Nach dieser Einführung kommen wir zum Begriff des abstrakten Raumes. Darunter versteht man einfach eine unendliche Menge gleichartiger Elemente. Wir wollen nun drei Beispiele für abstrakte Räume anführen. Als erstes betrachten wir die Menge aller in einer zweidimensionalen ebenen Fläche gelegenen Punkte. Sie bilden einen abstrakten Raum, den wir willkürlich mit M_1 bezeichnen wollen. Weiter betrachten wir die Menge aller in einer zweidimensionalen, beliebig gekrümmten Fläche gelegenen Punkte. Sie bilden einen abstrakten Raum M_2. Als drittes Beispiel betrachten wir die Menge aller glatten, einen Meter langen Linien beliebiger Gestalt, die einen abstrakten Raum M_3 bilden.
Jedes Element eines abstrakten Raumes wollen wir in künftig wieder als „Punkt" dieses Raumes bezeichnen. So stellt beispielsweise jede Linie aus M_3 einen Punkt des M_3 dar.
Nun ist ein abstrakter Raum zunächst völlig unstrukturiert. Er besitzt weder die in unserem vertrauten dreidimensionalen physikalischen Raum vorhandene Linearität, noch ist ein Abstandsbegriff oder die Möglichkeit einer Winkeldefinition gegeben. Um in einer derartigen abstrakten Struktur Geometrie betreiben zu können, sollten die obigen Eigenschaften also wenigstens teilweise, nach Möglichkeit sogar vollständig gegeben sein. Es stellt sich daher die Frage nach der Existenz vernünftiger Definitionen von „Linearität", „Abstand" und „Winkel" in einem abstrakten Raum. Es ist einsichtig, daß die Beantwortung dieser Frage von der speziellen Art der vorgegebenen Raumelemente abhängt. Weiter wird man die Definitionen so zu gestalten versuchen, daß man möglichst nahe an den ursprünglichen geometrischen Vorstellungen verbleibt. Beispielsweise bedeutet dies, daß der Abstand von „Raumpunkt" 1 zu „Raumpunkt" 2 gleich

jenem von 2 nach 1 sein soll. Tatsächlich lassen sich Linearität, Abstand und Winkel durch ganz wenige elementare Einschränkungen formal definieren.

Stattet man einen abstrakten Raum mit einer allgemeinen Linearitätsdefinition aus, so erhält man einen sogenannten abstrakten *linearen Raum*. Stattet man denselben abstrakten Raum mit einer allgemeinen Abstandsdefinition aus, so erhält man einen abstrakten *metrischen* Raum. Im linearen Raum muß also kein Abstandsbegriff, im metrischen Raum keine Linearität existieren. Falls ein abstrakter Raum gleichzeitig linearer und metrischer Raum ist und falls zusätzlich noch eine Definition von „Winkeln" durchgeführt werden kann, so bezeichnet man das entstehende Gebilde als *Hilbertraum*. Ein Hilbertraum besitzt also Linearität, einen Abstandsbegriff und Winkel, er ist trotz der möglichen Abstraktheit seiner „Punkte" geometrisch nahe an unserem vertrauten dreidimensionalen Raum angesiedelt. Die in der Physik wichtigsten abstrakten Räume sind gerade die Hilberträume mit ihrer reichen Strukturgebung.
Wie sieht es nun mit der Dimension eines abstrakten Raumes aus und mit der Möglichkeit einer Lagecharakterisierung der einzelnen „Raumpunkte" durch Koordinaten? Am Beispiel des dreidimensionalen Raumes haben wir gesehen, daß die Anzahl der Achsen des Koordinatensystems bzw. die Anzahl der Koordinaten gerade die Dimension des Raumes definiert. In einem abstrakten Raum können diese Verhältnisse nicht so einfach übernommen werden. Zunächst setzt die Einführung eines abstrakten orthogonalen „Achsenkreuzes" die Existenz von „Geraden" und von „Winkeln", die Bestimmung der „Punktkoordinaten" als kürzester Abstand von den jeweiligen Achsen die Existenz eines „Abstandes" voraus. Dies sind alles Strukturelemente eines Hilbertraumes. In völliger Analogie zur vertrauten Vorgangsweise kann man daher für Räume mit weniger Strukturierung nicht vorgehen. Wir wollen diese Verhältnisse nun nicht mehr allgemein, sondern an den obigen drei Beispielen diskutieren.

Betrachten wir zunächst den Raum M_1. Er ist nichts anderes als das zweidimensionale Analogon zum vertrauten dreidimensionalen

Raum. Man überzeugt sich sofort, daß es sich hier um einen linearen, metrischen Raum mit der Existenz von Winkeln handelt, mithin um einen Hilbertraum.
Anders sieht es beim M_2 aus. Er stellt einen metrischen Raum dar, denn man kann den einzelnen Punkten der Fläche einen vernünftigen Abstand zuordnen, nämlich die Länge der kürzestmöglichen Verbindungslinie. Allerdings repräsentiert M_2 im allgemeinen keinen linearen Raum, da in ihm nicht nur (oder überhaupt keine) Gerade existieren. Linear wäre M_2 nur bei verschwindender Krümmung, also im Fall M_1. Weiter sind in M_2 Winkel definierbar, trotz der auftretenden krummen Linien. Es handelt sich also um einen metrischen Raum, der zusätzlich mit Winkeln ausgestattet ist, aber um keinen Hilbertraum, da die Linearität fehlt. Wir haben ein derartiges Gebilde früher schon als speziellen, zweidimensionalen Riemannschen Raum kennengelernt.
Wollte man in M_2 zwei rechtwinkelige Achsen einführen, die zur Gänze in der Fläche liegen, so ist dies wiederum nur im Falle $M_2 = M_1$ möglich. Ansonsten werden die Achsen aus der Fläche heraus- oder in sie hineinragen, je nach den vorliegenden Krümmungsverhältnissen. Es existiert also in M_2 kein rechtwinkeliges Koordinatensystem mit geraden Achsen. Man kann sich jedoch vorstellen, daß die gesamte Fläche mit einem Netz aufeinander senkrecht stehender Linien überzogen werden kann. Falls dieses Netz dicht genug ist, so kann jeder Punkt von M_2 als Schnittpunkt zweier Linien aufgefaßt werden, die eine Verallgemeinerung der auf der Kugel vertrauten Längen- und Breitengrade darstellen. Man spricht in diesem Fall von einem *krummlinigen*, *orthogonalen* (d. h. rechtwinkeligen) *Koordinatensystem*. Weiter erweist sich die Orthogonalität als gar nicht notwendig, man benötigt eigentlich nur zwei voneinander unabhängige Linienscharen:

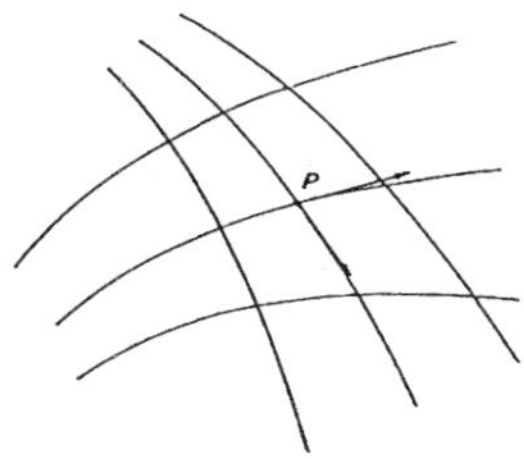

Abb. III.11

An diesem Beispiel erkennt man, daß die Lokalisierung eines Punktes durch Koordinaten weder die Existenz von Geraden, noch jene von Winkeln erfordert. Ortslokalisierung kann daher sowohl in abstrakten linearen, also auch abstrakten metrischen Räumen durchgeführt werden. Die Dimension eines Raumes spiegelt sich dabei in der notwendigen Koordinatenanzahl jedes Punktes wider.
Wenden wir uns nun dem Raum M_3 zu. Obwohl seine Elemente die komplexesten aller drei Beispiele sind, erweist er sich bei geeigneter Metrisierung und Winkeldefinition als Hilbertraum. Die Tatsache seiner Linearität, die sich in der Existenz abstrakter „Gerader" manifestiert, ist hier ebenso schwer einzusehen, wie die Möglichkeit einer Abstandsdefinition zwischen zwei „Punkten", d. h. zwischen zwei Linien beliebiger Form und Welligkeit. Wir können in diesem Rahmen darauf nicht näher eingehen und haben dieses Beispiel hier nur deshalb angeführt, um zu verdeutlichen, daß auch abstrakte Räume mit sehr komplexen, „unregelmäßigen" Elementen eine geometrisch sehr einfache Struktur aufweisen können.

Abschließend muß darauf hingewiesen werden, daß als Elemente eines Raumes keineswegs nur „konkrete" Gebilde fungieren können, wie sie in den bisherigen Beispielen auftraten. So könnten bestimmte, zwischen den „Punkten" des M_3 definierte komplexe Rechenoperationen ihrerseits als Elemente eines neuen, abstrakten Raumes M_4 definiert werden. Die Punkte des M_4 wären also Rechenoperationen, und nun wird es dem Nichtfachmann bizarr erschei-

nen, auch in diesem im Vergleich zum M_3 noch abstrakteren M_4 „Abstände“ oder „Winkel“ zu definieren, um eine Hilbertraumgeometrie zu erhalten. Dies ist jedoch tatsächlich möglich und kann beliebig weiterbetrieben werden. Daß die so erzeugten mathematischen Gebilde unter Umständen eine geradezu esoterische Formgebung erhalten, dürfte einleuchten. Das Seltsame dabei ist, daß diese Verrücktheiten nicht nur in den Hirnen einiger Mathematiker existieren, sondern sich als die geeigneten Hertzschen Scheinbilder physikalischer Abläufe erweisen. „Das Buch der Natur ist in Mathematik geschrieben . . .“, erinnern Sie sich?
Warum die Sprache der Mathematik der physikalischen Welt so wunderbar angepaßt ist, bleibt nach wie vor ein Rätsel. Ohne dieses Geschenk wäre echte Naturforschung nie über seichte philosophische Reflexionen hinausgewachsen.

10. Quantenkosmologie

Während die Teilchenphysiker eine renormierbare Theorie der Gravitation mit genügend Freiheitsgraden für die Palette der übrigen Kräfte suchen, gehen verschiedene Relativitätstheoretiker wie *S. Hawking*, *F. Tipler* u. a. von der klassischen ART aus und suchen eine Modifizierung mit Hilfe der fundamentalen quantentheoretischen Aussagen. Motiviert wurde diese Vorgangsweise durch Hawkings bahnbrechende Arbeit über Schwarze Löcher auf quantentheoretischem Niveau.
Als *Schwarze Löcher* bezeichnet man Materie, deren Massendichte so groß ist, daß die dadurch induzierte ungeheure Raum-Zeit-Krümmung gewissermaßen ein Loch in das Raum-Zeit-Gefüge unseres Universums reißt. Die Oberfläche eines Schwarzen Loches heißt *Ereignishorizont*. Nach den Gesetzen der ART ist jedes Objekt, das hinter den Ereignishorizont gerät, für unsere Welt auf immer verloren. Die vom Schwarzen Loch angesaugte Materie sammelt sich in seinem Zentrum und stellt damit eine Singularität dar, die der Urknallsingularität ähnlich ist.

1974 untersuchte Hawking[22] dieses klassische Modell auf quantentheoretischer Grundlage. Nach dieser Vorstellung ist eine punktförmige Singularität unmöglich, da die Konzeption einer hundertprozentig scharfen Ortsbestimmung den Regeln der Quantenmechanik widerspricht. Ein vom Schwarzen Loch verschlucktes quantenmechanisches Teilchen besitzt eine Wellenfunktion, die diesseits des Ereignishorizontes nicht identisch verschwindet und eine kleine Aufenthaltswahrscheinlichkeit zuläßt. Dabei zeigt sich, daß diese Wahrscheinlichkeit zunimmt, je kleiner das Schwarze Loch ist. Ein genügend kleines Schwarzes Loch kann also Teilchen ausschleudern, weshalb man in diesem Zusammenhang auch von *strahlenden Schwarzen Löchern* spricht.

Hawking vereint also Aussagen der ART mit grundlegenden Prinzipien der Quantentheorie zu einer experimentell überprüfbaren Theorie. Wenn auch bislang keine experimentelle Bestätigung seiner Vorhersagen erfolgte, so ist ihre prinzipielle Nachprüfbarkeit doch kein grundlegendes Problem, wie etwa jene der GET's und der oben besprochenen AUT's.
In der Folgezeit versuchten Hawking und andere Physiker die Anwendung dieser Theorie auf die klassische Urknallsingularität, woraus sich schließlich die *Quantenkosmologie* entwickelte. Das Problem ist ähnlich gelagert wie bei den Schwarzen Löchern. Mit Hilfe der klassischen ART kann man die Geschichte des Universums zurückverfolgen bis zu einem Zeitpunkt, an dem die Ausdehnung des Universums so gering ist, daß die quantenmechanische Heisenbergsche Unschärfe eine weitere Lokalisierung untersagt. Dieser Zeitpunkt ist die *Planck-Zeit* mit 10^{-43} Sekunden. Jenseits der Planck-Zeit entzieht sich das Universum jeder weiteren Analyse, solange nicht die Verbindung der Gravitation mit der Quantentheorie vollkommen verstanden wurde. Die energetischen Verhältnisse entsprechen zu diesem Zeitpunkt gerade dem für die Verschmelzung von Gravitation und den übrigen Kräften notwendigen Energiewert (s. Kap. 8). Daher kann man auch nicht von einer exakten Urknallsingularität sprechen. Das von Hawking und Penrose Ende der sechziger Jahre gefundene Ergebnis, daß die Urknallsingularität eine zwingende Konsequenz der Einsteinschen Feldgleichungen sei, gilt nur bei Vernachlässigung von Quanteneffekten.

Die quantenkosmologische Wellenfunktion. Randbedingungen

In der Allgemeinen Relativitätstheorie wird das Gravitationsfeld durch die Raum-Zeit-Geometrie beschrieben. Neben dem Gravitationsfeld spielt hier bekanntlich auch noch das elektromagnetische Feld eine fundamentale Rolle. Für die weiteren Überlegungen wollen wir das Gravitationsfeld mit g bezeichnen und alle anderen,

nichtgravitativen Felder im Buchstaben f summarisch zusammenfassen. Das klassische Einstein-Maxwell-Universum ist also durch Angabe von f und g vollständig festgelegt, oder noch kürzer formuliert: Das Paar (g,f) beschreibt das Einstein-Maxwell-Universum.
Im Unterschied dazu haben f und g in der Quantenkosmologie die Bedeutung von Koordinaten in einem abstrakten, unendlichdimensionalen Raum, d. h. jeder „Punkt" dieses abstrakten Raumes wird durch ein ganz bestimmtes Wertepaar (g,f) beschrieben. Wir wollen diesen abstrakten mathematischen Raum zur Unterscheidung von der vierdimensionalen Raum-Zeit mit Q bezeichnen. Jeder Punkt (g,f) in Q repräsentiert also ein vollständiges Universum zu einem gewissen Zeitpunkt. Das bedeutet, *daß alle, durch entsprechende Punkte von Q definierte Universen tatsächlich existieren!* Man denke in diesem Zusammenhang an die Vielwelten-Interpretation der Quantentheorie. Daher existieren auch alle möglichen Wege im abstrakten Raum. Jeden derartigen Weg bezeichnet man als *Trajektorie.* Jede Trajektorie im abstrakten Raum repräsentiert eine bestimmte existierende Geschichte.
Weiter gibt es in der Quantenkosmologie auf der fundamentalen physikalischen Ebene keine Zeit! Es gibt nur Trajektorien im Funktionenraum Q, wobei jeder dieser Wege eine Änderung zwischen den Konfigurationen physikalischer Felder bewirkt, die in klassischer Weise als Raum-Zeit interpretiert werden kann. Regelmäßigkeiten in den Konfigurationen physikalischer Felder können durch entsprechende physikalische Gesetze beschrieben werden. Es ist unmittelbar einsichtig, daß entlang verschiedener Trajektorien verschiedene Regelmäßigkeiten, d. h. verschiedene physikalische Gesetze gelten!

Alle möglichen bizarren Universen existieren tatsächlich!

Die quantenkosmologische Wellenfunktion f gewichtet nun diese Fülle von Bildern mit Wahrscheinlichkeiten. Sie enthält die gesamte Information über die Realität. Da f in jedem „Punkt" (g,f) des abstrakten Raumes Q definiert ist, wollen wir in Zukunft stets f (g,f) schreiben. Nicht alle Wege im Funktionenraum (g,f) sind gleich wahrscheinlich. Betrachtet man alle von einem festen Punkt (Universum) (g,f) in Q ausgehenden Trajektorien, so existiert ein Weg mit maximaler Wahrscheinlichkeit. Ein derartiger Weg heißt *Phasenweg.* Die Wahrscheinlichkeit, von einem Punkt in Q längs des Phasenweges zu einem benachbarten Punkt in Q zu gelangen, liegt nahe bei 1 und fällt in der Umgebung dieses Weges rasch auf 0. Als *klassischen Weg* bezeichnet man einen Phasenweg in Q , der eine klassische Raum-Zeit erzeugt, die den Einsteinschen Gleichungen genügt. Damit ist der Anschluß der Quantenkosmologie an die klassische Allgemeine Relativitätstheorie festgelegt:

Entlang klassischer Wege gelten die bekannten physikalischen Gesetze.

Darüber hinaus gilt aber jedes beliebige physikalische Gesetz auf irgendeinem Weg, und alle diese Gesetze können aus der universellen Wellenfunktion f (g,f) hergeleitet werden.
Natürlich möchte man die quantenkosmologische Wellenfunktion eindeutig festlegen können. Unter welchen Voraussetzungen dies möglich ist, ist momentan ein Thema physikalisch-mathematischer Forschung. An dieser Stelle müssen wir kurz über die Lösung der fundamentalen Gleichungen der theoretischen Physik referieren. In der klassischen Physik sind uns die Newtonschen, Maxwellschen und Einsteinschen Gleichungen, in der Quantentheorie die Schrödingergleichung und die Dirac-Gleichung begegnet. Jede dieser Gleichungen beschreibt einen Ausschnitt der physikalischen Wirklichkeit unter bestimmten Voraussetzungen. So gelten beispielsweise die Newtonschen Gleichungen zur Beschreibung der Gravitation bei Vernachlässigung von relativistischen Effekten und Quanteneffekten, während die Einsteinschen Gleichungen denselben Problemkreis unter bloßem Verzicht auf Quanteneffekte beschreiben, d.h. ihre Voraussetzungen sind wesentlich weniger einschneidend, ihr Gültigkeitsbereich daher wesentlich größer.
Ähnliche Verhältnisse gelten bei der Schrödingergleichung und der Dirac-Gleichung. Beide berücksichtigen die quantenhafte Natur der Materie, wobei die erste jedoch nur im nichtrelativistischen Bereich, die zweite aber auch im relativistischen Bereich, also ganz allgemein gilt.

Den Nichtfachmann muß nun einiges seltsam anmuten. Beispielsweise beschreiben die vier Maxwellschen Gleichungen die gesamte elektromagnetische, makroskopische Realität, die aus unendlich vielen möglichen physikalischen Prozessen besteht. Jeder dieser unendlich vielen möglichen physikalischen Prozesse muß in seiner mathematischen Formulierung den Maxwellschen Gleichungen genügen. Das bedeutet, daß diese Gleichungen unendlich viele Lösungen besitzen. Wenn sie aber unendlich viele Lösungen besitzen, wie kann dann die jeweils interessante, einen konkret betrachteten physikalischen Vorgang beschreibende Lösung „herausgefiltert" werden?
Die Antwort auf diese vernünftige Frage gibt der Begriff der *Randbedingung.* Die Maxwellgleichungen besitzen tatsächlich unendlich viele Lösungen, von denen jede einzelne einen möglichen elektromagnetischen Vorgang beschreibt. Um eine konkret interessierende Lösung der Maxwellgleichungen zu erhalten, müssen diese Gleichungen durch eine den relevanten physikalischen Vorgang mathematisch charakterisierende Randbedingung ergänzt werden. Es ist also so, daß zur Berechnung eines konkreten Phänomens das Gesamtsystem Maxwellgleichungen + Randbedingung gelöst werden muß. Dieses Gesamtsystem ist nun tatsächlich eindeutig lösbar, d.h. es besitzt eine einzige Lösung, die gerade der mathematische Ausdruck für das betrachtete Phänomen ist. *Die jedem Phänomen zugeordnete Randbedingung filtert also aus der unendlich großen Lösungsvielfalt der Maxwellgleichungen tatsächlich die gewünschte einzelne Lösung heraus.*
Analoge Verhältnisse gelten auch für alle anderen Gleichungen der theoretischen Physik. Sie alle beschreiben einen gewissen Ausschnitt der physikalischen Welt, enthalten also eine unendliche Vielfalt von Lösungen, die gerade der unendlichen Vielfalt der möglichen physikalischen Phänomene dieses Weltausschnittes entsprechen. Bei Betrachtung eines Einzelphänomens muß die entsprechende Gleichung um die das Einzelphänomen charakterisierende Randbedingung ergänzt werden.

Wie gestalten sich diese Verhältnisse nun im Zusammenhang mit der Festlegung der kosmologischen Wellenfunktion? Hier existiert ebenfalls eine fundamentale Gleichung mit unendlich großer Lösungs-

vielfalt, d. h. jede dieser Lösungen käme als tatsächlich existente quantenkosmologische Wellenfunktion in Frage. Zur Entscheidung benötigt man eine Randbedingung. Im Unterschied zu den älteren Gebieten der Physik, wo die Randbedingungen im Prinzip aus der Anschauung ableitbar und verhältnismäßig einfach formulierbar waren, stellt sich hier jedoch ein fundamentales Problem. Die derzeitige Quantenkosmologie liefert von sich aus keinen Hinweis über die Gestalt der zu verwendenden Randbedingung. Diese muß also „per Hand" in die Theorie eingegeben werden, womit die Theorie aber den Anspruch verliert, das Universum aus sich selbst heraus erklären zu können. Dem gleichartigen Problem sind wir schon bei der (N=8)-Supergravitation und der Superstring-Theorie begegnet, wo die vorzunehmende Kompaktifizierung überschüssiger Dimensionen willkürlich vorgenommen werden muß.
Bei der Wahl der Randbedingung ist man natürlich versucht, die Geschichte unseres Universums als wahrscheinlich anzunehmen. Nach dieser Überlegung müßte die Randbedingung derart gestaltet sein, daß die dadurch ausgesonderte kosmologische Wellenfunktion ϕ die Geschichte unseres Universums mit einer hohen Wahrscheinlichkeit bewertet. Derzeit existieren im wesentlichen zwei Vorschläge für Randbedingungen, die jeweils verschiedene Universenmodelle implizieren.

Hawking-Universum und Omegapunkt-Universum

Nach S. Hawking ist die einzig sinnvolle Randbedingung die sogenannte „Keine-Grenzen-Bedingung", d. h. die Randbedingung wird dadurch festgelegt, daß es „keinen Rand gibt". Bei Verwendung einer derartigen Bedingung ergibt sich eine quantenkosmologische Wellenfunktion, die homogenen, geschlossenen Universen die größte Wahrscheinlichkeit zuordnet, was als Argument für die Gültigkeit der verwendeten *Hartle-Hawking-Randbedingung* angesehen werden muß. Ein Argument gegen die Verwendung dieser Randbedingung weist auf die Tatsache hin, daß bei dieser Theorie Raum und Zeit als getrennte Wesenheiten angesehen werden, was dem Postulat der Allgemeinen Relativitätstheorie widerspricht. Vielleicht stellt sich dieser Einwand bei einer genaueren Formulierung der Hawking-Hartle-Theorie mit Hilfe der dafür noch nicht genügend entwickelten String-Theorie als bedeutungslos heraus. Derzeit legitimiert er jedoch noch die Suche nach anderen Randbedingungen.

Eine solche ist die von F. Tipler vorgeschlagene *Omegapunkt-Randbedingung*. Zu ihrem Verständnis benötigen wir zunächst die klassische, d. h. nicht quantentheoretische Omegapunkt-Theorie. Dazu betrachten wir ein pulsierendes Friedmann-Universum (s. Abschnitt 6, Abb. III.6). Voraussetzungsgemäß ist es homogen und isotrop, weshalb sich dieses Universum in seiner Kontraktionsphase spiegelbildlich zu seiner Expansionsphase verhält. Speziell ist die Endsingularität eines derartigen Universums gleichartig zu seiner Anfangssingularität, dem Urknall. Mathematiker und Physiker drücken dies dahingehend aus, daß die Endsingularität „dieselbe topologische Struktur" wie die Anfangssingularität besitzt.
Nun ist allerdings die homogene und isotrope Kontraktion eines Universums ziemlich unwahrscheinlich, weshalb das pulsierende Friedmann-Modell nur eine starke Idealisierung der tatsächlichen Verhältnisse darstellen kann. Wesentlich realistischer sind Universen mit *nichtisotroper Kontraktion*, wo dann die Endsingularität zwangsläufig eine andere Struktur als die Urknallsingularität besitzen wird. Ein spezielles derartiges Modell mit nichtisotroper Kontraktion ist das *Omegapunkt-Universum*. Den Unterschied zum Friedmann-Modell verdeutlicht Abb. III.12:

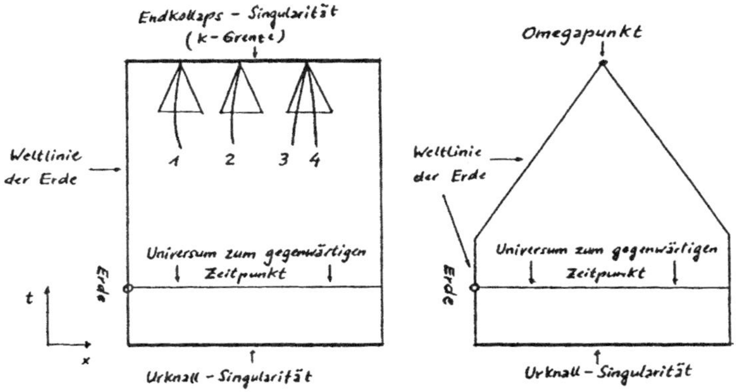

(a) (b)

Abb. III.12

Abb. III.12a zeigt das *Penrose-Diagramm* eines Friedmann-Universums. Die Urknall-Singularität ist jeweils als dicke horizontale Linie dargestellt, ebenso wie die Endkollaps-Singularität, die auch als *Penrosesche k-Grenze* (k steht für „kausal") bezeichnet wird. Weltlinien mit verschiedenen Vergangenheitskegeln definieren verschiedene Punkte der k-Grenze. In Abb.III.12a sind zur Veranschaulichung vier verschiedene Weltlinien eingezeichnet, wobei die zwei Weltlinien 1 und 2 verschiedene Vergangenheitskegel besitzen, und daher verschiedene Punkte der k-Grenze definieren. Im Unterschied dazu besitzen die Weltlinien 3 und 4 denselben Vergangenheitskegel und definieren somit denselben Punkt der k-Grenze.
Die topologische Struktur der Urknall-Singularität ist identisch mit jener der Endkollaps-Singularität. Seitlich wird das Penrose-Diagramm des Friedmann-Universums durch die Weltlinie der Erde und jene des *antipodischen Punktes* bestimmt. Dabei bezeichnet der antipodische Punkt den „Südpol" der vierdimensionalen Raum-Zeit-Kugel, wenn die Erde im „Nordpol" gedacht wird.

Abb.III.12b zeigt das Penrose-Diagramm eines Omegapunkt-Universums: Es entwickelt sich zunächst aus der Urknall-Singularität wie das Friedmann-Universum, allerdings definieren alle Weltlinien nur einen einzigen Punkt auf der k-Grenze. Sie besitzen also alle denselben Vergangenheitskegel, d.h. *die gesamte Raum-Zeit ist ein einziger Vergangenheitskegel.* Die Endsingularität wird als *Omegapunkt* bezeichnet. Seine topologische Struktur weicht von jener der Urknall-Singularität ab, das Modell ist anisotrop.
Das kosmologische Modell der Omegapunkt-Theorie ist also ein geschlossenes Universum, dessen k-Grenze aus einem einzigen Punkt, dem Omegapunkt, besteht. Physikalisch bedeutsam ist an diesem Modell unter anderem *das Fehlen von Ereignishorizonten.* Wir erinnern daran, daß Ereignishorizonte Hyperflächen sind, die in der Raum-Zeit Bereiche, wo Kommunikation möglich ist, von solchen trennen, die keine Kommunikation erlauben. Während andere kosmologische Modelle für die Zukunft „Inselbildungen" voraussagen, erlaubt das Modell des Omegapunktes Kommunikation und Informationsverarbeitung bis nahe an die Endsingularität!

Die bisherigen Aussagen sind auf der Grundlage der Allgemeinen Relativitätstheorie getroffen, und berücksichtigen keine Quanteneffekte. Man spricht daher in diesem Zusammenhang auch von *klassischer Omegapunkt-Theorie.* Wir wollen nun auf die quantentheoretische Modifizierung dieses Modells eingehen. Sie verlangt die Einführung der quantenkosmologischen Wellenfunktion im abstrakten Raum und die Formulierung einer geeigneten Randbedingung. Die von Tipler vorgeschlagene Omegapunkt-Randbedingung lautet nun in salopper Formulierung folgendermaßen:

> *Die Randbedingung muß so gewählt werden, daß sich als Lösung eine quanten-kosmologische Wellenfunktion mit folgenden Eigenschaften ergibt:*
> *(1) Alle Phasenwege enden in einem Omegapunkt;*
> *(2) Informationsverarbeitung kann sich zumindest längs eines Phasenweges bis zum Omegapunkt fortsetzen, wobei die verarbeitete Informationsmenge unendlich groß sein muß.*

Eine Diskussion dieser Randbedingung, mit deren Hilfe Tipler eine physikalische Theorie von Gott und dem Auferstehungsmechanismus formuliert, werden wir im folgenden Kapitel durchführen. Ob sie tatsächlich zur eindeutigen Festlegung der quantenkosmologischen Wellenfunktion tauglich ist, kann derzeit allerdings noch nicht bewiesen werden.

IV. Analogien von Theologie und Naturwissenschaft. Integrationsmodelle

Bisher haben wir die beiden Disziplinen Theologie und Naturwissenschaft getrennt behandelt, dabei allerdings eine Darstellungsform bevorzugt, die einen Vergleich dieser beiden scheinbar divergierenden Wissenschaften wenigstens prinzipiell in den Bereich des Möglichen rückt. Dabei verstehe ich unter „Vergleich" eine Gegenüberstellung der *Methodik*, der *Zielsetzungen* und der *Aussagen* beider Systeme. Um das Ergebnis vorwegzunehmen: Die Aussagen der modernen Naturwissenschaft führen jene der Religionen nicht ad absurdum, sondern transzendieren sie eher. Wir stehen inmitten einer Entwicklung, die den in vergangener Zeit unüberbrückbar angesehenen Gegensatz von Religion und Naturwissenschaft zu überwinden scheint und die Schaffung einer physikalischen Theologie als Verschmelzung beiderseitigen Gedankengutes wünschenswert macht.

Zunächst stellt sich natürlich die Frage, auf welcher Basis ein derartiger Vergleich vorzunehmen sei. Bei den früheren Auseinandersetzungen zwischen Theologie und Naturwissenschaft wird diese grundlegende Frage entweder gar nicht oder fallweise auf höchst unterschiedliche Art behandelt. Die für ein interdisziplinäres Gespräch notwendigen Ausgangspositionen sind also nach wie vor ungeklärt.

In den folgenden Abschnitten wird versucht, die möglichen, d.h. die den geschichtlichen Rahmen berücksichtigenden und intellektuell redlichen Ausgangspositionen aufzulisten und für jede dieser Möglichkeiten den angesprochenen Vergleich explizit durchzuführen. Eine Charakterisierung dieser Ausgangspositionen benötigt natürlich zunächst Kenntnisse über die Arbeitsweise der bisher streng getrennten Systeme, über ihren anschauungsmäßig und historisch bedingten Stil. Wir haben diese Fragen teilweise bereits in den früheren Kapiteln berührt, wollen sie nun aber in das Zentrum unserer Betrachtungen rücken.

1. Religiöse Methodik

Religiöse Wahrnehmungen lassen sich ohne Willkür in zwei (nicht notwendig streng getrennte) Bereiche unterteilen: In religiöse *Ganzheitserlebnisse* und in die aus dem *Glauben* folgende religiöse Einstimmung.

Ganzheitserlebnisse

Ganzheitserlebnisse sind Transzendenzerfahrungen, deren Wirkung auf den Betroffenen sehr unterschiedlicher Natur sein kann. Gemeinsam ist allen Transzendenzerfahrungen die Verschmelzung von Subjekt (Mensch) und Objekt (Welt), der Mensch nimmt also an einem Ausschnitt des Weltgeschehens teil.
Dabei kann die Zeit als stillstehend oder als rasend schnell vorwärtseilend empfunden werden, in vielen Fällen ist das Ichbewußtsein extrem verstärkt. Die reflektierende Ratio ist während dieses Erlebnisses weitgehend ausgeschaltet, die geschaute Bilderflut von einer Intensität, die jedes Erleben auf rationaler Ebene weit übertrifft. Problematisch ist natürlich die Mitteilung des Geschauten, da im Zustande der Bewußtheit keine adäquaten Begriffe zur Veranschaulichung existieren. Die Beschreibung muß sich mit Analogien begnügen, die oft unglaubwürdig, zuweilen sogar wie das Gestammel eines Trunkenen klingen.
Alle Religionsgründer, Propheten und Mystiker der Vergangenheit haben nach eigenem Zeugnis solche Erlebnisse gehabt und den empfundenen Inhalt der Botschaft weit über rationale Erkenntnis gestellt. Ein Beispiel für eine derartige, rational und emotional gleichermaßen reich angelegte Persönlichkeit ist Augustinus. Als junger brillanter Rhetor zerpflückte er das irrationale Christentum mit der Akribie seltener Bosheit und Brillanz. Es war kein äußeres Ereignis,

das seine Umkehr erzwang, sondern das „Loslassen“ von der Ratio, die dem Überwachen mehr als vierzig Jahre ein strenger Kerkermeister gewesen war. Nach seinem ersten religiösen Ganzheitserlebnis warf Augustinus das Steuer seiner Anschauungen um hundertachtzig Grad herum und stellte seine gewaltige analytische Begabung hinfort ausschließlich in den Dienst des Christentums. Rationales Wissen um seiner selbst willen war ihm nur mehr totes Wissen:

„Wer alles dies weiß und Dich nicht kennt, ist sicher unglücklich, aber glücklich ist, wer Dich kennt, wenn er auch nichts von anderem weiß. Und wer beides kennt, Dich und das andere, wird von diesem nicht glücklicher als von Dir allein.[11] *... Hinaus will ich selbst über meine Kraft, die Gedächtnis heißt, hinaus will ich über sie, um an Dich zu reichen, süßes Licht.“*[4]

Ganzheitserlebnisse können also rational nicht Erfaßbares mitteilen, sie spiegeln einen Teil einer Wirklichkeit, der vom Betroffenen gegenüber der mit wachen Sinnen wahrgenommenen als „höher“ empfunden wird.

Zunächst scheint sich hier die Frage zu stellen, ob es sich dabei um den Ausschnitt einer objektiven Wirklichkeit, d.h. einer vom Subjekt unabhängig existierenden Realität handelt oder nicht. Die Theologen bejahen diese Frage, und der Naturwissenschaft ist hier jede Möglichkeit eines Einspruches genommen. Ein rationaler Einwand kann sich schließlich nur auf Gegebenheiten der rationalen Ebene beziehen, niemals jedoch auf irrationale Phänomene. (In der physikalischen Welt erkennt die Naturwissenschaft allerdings seit Aufkommen der Quantenphysik keine absolute Realität an, da der Beobachter (Subjekt) stets in das Ganze miteinbezogen sein muß.)

Streng wissenschaftlich gesehen, gibt es also keinen Grund, Transzendenzerfahrungen einen gegenüber rational faßbaren Sachverhalten geringeren Wahrheitsgehalt vorzuwerfen.

Glauben

Die zweite religiöse Wahrnehmungsform ist der Glaube. Ich verwende hier absichtlich das Wort „Wahrnehmungsform", denn nach christlicher Anschauung ist der Glaube eine notwendige Voraussetzung für die Erkenntnis der Wahrheit. Für viele religiöse Menschen bedeutet „Glaube" Vertrauen, die Bereitschaft, sich aus dem Geflecht verschiedenster Einflüsse zu lösen, sich einem Führer anheimzugeben, der alles zum Guten wenden wird. Daneben existieren auch radikalere Interpretationen des Begriffes „Glaube", etwa in der Form von „Ich bin überzeugt von . . ."

Die erste Interpretation ist – obwohl irrational – nach den obigen Ausführungen aus naturwissenschaftlicher Perspektive durchaus akzeptabel, da hier kein logischer Widerspruch auftritt, was sie stark von der zweiten Interpretation unterscheidet. Gegen diese zweite Sicht bezieht *Hermann Bondi*, einer der Schöpfer der steady state theory, Stellung[7]:

„Gewöhnlich ist der Geisteszustand eines Menschen, der an eine Offenbarung glaubt, die schreckliche Überheblichkeit dessen, der sagt: „Ich weiß, und wer meinen Glauben nicht teilt, hat unrecht." Auf keinem anderen Gebiet findet sich eine so weitverbreitete Überheblichkeit, auf keinem anderen Gebiet sind sich die Menschen ihres „Wissens" so unglaublich sicher . . . Dabei ist es offensichtlich, daß Menschen größter Aufrichtigkeit und aller Intelligenzstufen voneinander abweichende religiöse Ansichten haben und stets hatten. Aus der Tatsache, daß nicht mehr als ein Glaube wahr sein kann, folgt, daß die Menschen stark dazu neigen, auf dem Gebiet geoffenbarter Religion aufrichtig und fest an etwas Unwahres zu glauben. Man sollte meinen, daß diese offenkundige Tatsache eine gewisse Bescheidenheit bewirkt und zu dem Gedanken geführt hätte, daß man, wie tief auch der eigene Glaube empfunden werden mag, möglicherweise irrt. Nichts liegt dem Gläubigen, allen Gläubigen ferner als diese grundlegende Bescheidenheit . . ."

Daß der Begriff des Glaubens verschiedener Ausdeutungen fähig ist, kommt bei der die offizielle katholische Sicht vertretenden Stellungnahme des Fundamentaltheologen und Kardinal-Erzbischofs *Joseph Ratzinger* deutlich zum Ausdruck[50]:

„Glauben bedeutet die Entscheidung dafür, daß im Innersten der menschlichen Existenz ein Punkt ist, der nicht aus dem Sichtbaren und Greifbaren gespeist und getragen werden kann, sondern an das nicht zu Sehende stößt, so daß es ihm berührbar wird und sich als eine Notwendigkeit für seine Existenz erweist.
Solche Haltung ist freilich nur zu erreichen durch das, was die Sprache der Bibel „Umkehr", „Bekehrung" nennt . . . Ja, der Glaube ist die Bekehrung, in der der Mensch entdeckt, daß er einer Illusion folgt, wenn er sich dem Greifbaren allein verschreibt . . .
Christlicher Glaube hat es gar nicht bloß, wie man zunächst bei der Rede von Glauben vermuten möchte, mit dem Ewigen zu tun, das als das ganz andere völlig außerhalb der menschlichen Welt und der Zeit verbliebe; es hat vielmehr mit dem Gott in der Geschichte zu tun, mit Gott als Menschen. Indem er so die Kluft von ewig und zeitlich, von sichtbar und unsichtbar zu überbrücken scheint, indem er uns Gott als einen Menschen begegnen läßt, dem Ewigen als dem Zeitlichen, als einem von uns, weiß er sich als Offenbarung. Sein Anspruch, Offenbarung zu sein, gründet ja darin, daß er gleichsam das Ewige hereingeholt hat in unsere Welt. „Niemand hat Gott je geschaut. Der Einzige, der Gott ist und am Herzen des Vaters ruht, er hat Kunde gebracht" (Joh 1,18) . . .
. . . erst damit sind wir bei der ganzen Tiefe der christlichen Glaubensfrage angelangt, wie sie heute bestanden werden muß. Können wir überhaupt noch glauben? Nein, wir müssen radikaler fragen: Dürfen wir es noch, oder gibt es nicht eine Pflicht, mit dem Traum zu brechen und sich der Wirklichkeit zu stellen? . . ."

Dogmatik

Gesamtheitserlebnisse und Glauben sind fundamentale Möglichkeiten religiöser Wahrnehmung, die über die rationale Ebene hinausgreifen. Die Vermittlung dieser Wahrnehmungen scheint nun eine gewisse Systematisierung, d.h. die Gestaltung einer allgemeinverbindlichen Strukturierung zu verlangen (s. dazu Teil II). Die so entstehende Dogmatik ist einerseits notwendig (Herausarbeitung fun-

damentaler Lehrsätze, Abgrenzung gegen Häresien, etc.), es besteht jedoch stets auch die Gefahr einer Verflachung, die durch die wachsende Distanzierung zum Ursprung bedingt ist. Im Unterschied zu den fundamentalen, auf irrationaler Ebene gewonnenen Einsichten, wird die Dogmatisierung auf der rationalen Ebene vollzogen.
Wir wollen die bisher geschilderten Verhältnisse in einer einfachen Skizze nochmals verdeutlichen:

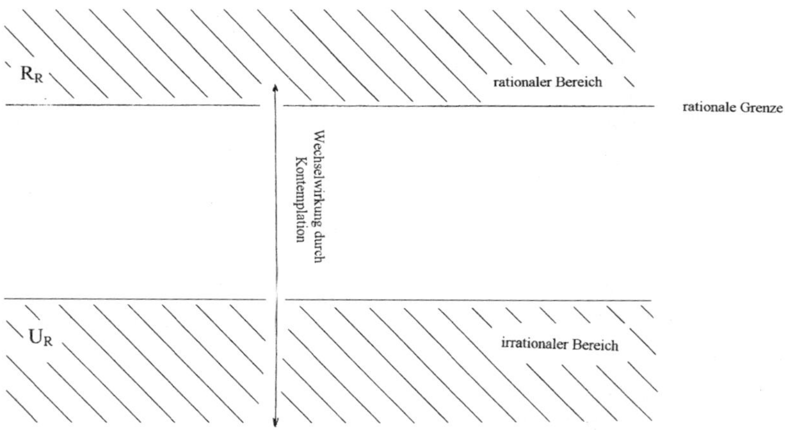

Abb. IV.1

Der tiefgestellte Index $_R$ bezieht sich auf Religion, R_R bezeichnet den Bereich der Ratio, U_R den jeder rationalen Erfahrung entzogenen irrationalen Urbildbereich, der nur über den Weg der Kontemplation zugänglich ist (wobei zunächst nicht näher diskutiert werden soll, in welchem Ausmaße U_R dem Menschen offensteht).
Zunächst scheint aus diesen ersten, höchst elementaren Betrachtungen zu folgen, daß ein Vergleich zwischen einer rein rational orientierten Naturwissenschaft und einer auf völlig anderen Mechanismen der Wahrheitsfindung (die innerhalb der rationalen Ebene nicht widerlegt werden können) aufbauenden Theologie unmöglich ist. Aus

dieser Perspektive ist eine Kontroverse zwischen Theologie und Naturwissenschaft ebenso überflüssig wie ein Jubel über eine (bisher nicht erfolgte) Übereinstimmung wesentlicher Aussagen.
Auf den folgenden Seiten werde ich nun zeigen, daß diese Sicht der Dinge unhaltbar ist: Es existieren nicht nur Vergleichsmöglichkeiten, sondern sogar – je nach Perspektive – überraschende Analogien sowohl in der Methodik, als auch in vielen wesentlichen Aussagen. Der scheinbare Widerspruch zu der obigen Aussage liegt in der völlig unzutreffenden Bezeichnung „*rein rational orientierte Naturwissenschaft*" begründet.

2. Physikalische Methodik

Die Hertzsche Scheinwelt

Meistens wird behauptet, daß religiöse Erkenntnis irrational, physikalische Erkenntnis hingegen rational sei. Wie viele Pauschalaussagen, so ist auch diese vereinfachende Formel blanker Unsinn! Die Äußerungen großer Physiker zu ihren wichtigen Entdeckungen belegen überzeugend, daß die tiefsten naturwissenschaftlichen Einsichten stets in einem der Ratio entzogenen Dunkel verliefen. In diesem Zusammenhang verweise ich nochmals auf den Hertzschen Ausspruch:

„Wir machen uns innere Scheinbilder oder Symbole der äußeren Gegenstände, und zwar machen wir sie von solcher Art, daß die denknotwendigen Folgen der Bilder stets wieder die Bilder seien von den naturnotwendigen Folgen der abgebildeten Gegenstände."

Nach Hertz wird die Wirklichkeit mit Hilfe der Mathematik zunächst auf eine virtuelle Ebene abgebildet, die wir als Hertzsche Ebene H_N (der Index $_N$ bezieht sich bei allen folgenden Bezeichnungen stets auf „Naturwissenschaft") bezeichnen wollen:

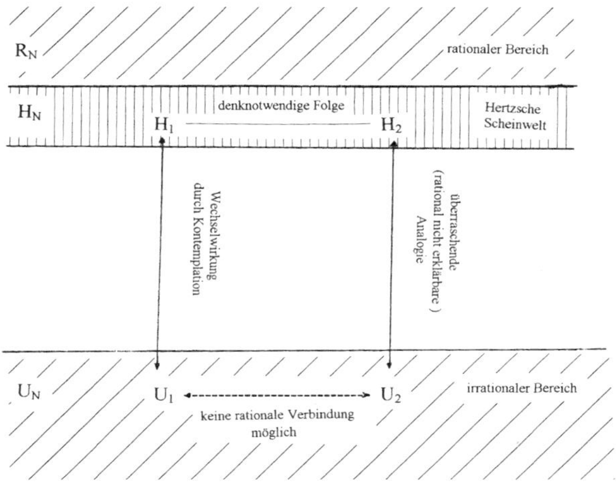

Abb. IV.2

Analog zu Abb. IV.1 bezieht sich der tiefgestellte Index $_N$ auf <u>N</u>aturwissenschaft, R_N bezeichnet wieder den Bereich der <u>R</u>atio, U_N den jeder rationalen Erfahrung entzogenen <u>U</u>rbildbereich der gesamten Natur. (Die Fragen nach der Interpretation des Begriffes ‚Natur', ob und wie weit U_N mit U_R zusammenhängt und in welchem Ausmaße man sich U_N nähern kann, werden zunächst nicht diskutiert).

Auf der Ebene H_N liegen also die „inneren Scheinbilder oder Symbole". Mit Hilfe mathematischer Analyse lassen sich diese Bilder nun innerhalb der Hertzschen Ebene weiterentwickeln („denknotwendige Folge"), wobei sich neuartige Strukturen, d. h. bisher ungeschaute Bilder des virtuellen Bereiches H_N ergeben. Das Erstaunliche an dieser Vorgangsweise ist, daß diesen neugeschaffenen Bildern des Bereiches H_N wieder konkrete Naturerscheinungen der Realität U_N entsprechen! Obwohl man also nur vom Schlagschatten (H_1) eines kleinen Ausschnittes der Realität (Urbild U_1) ausgegangen und anschließend über imaginäre Brücken spaziert ist (Übergang von H_1 zu H_2), führt die Wanderung auf eine Struktur, die wiederum als

Schlagschatten einer bisher unbekannten Realität (Urbild U_2) erkannt wird. Das Knüpfen dieser Verbindung im Urbildbereich U_N wäre jedoch niemals möglich gewesen, hier führt kein gangbarer Weg.

Die zunächst bloß formale Analogie zwischen den Abbildungen IV.1 und IV.2 ist augenfällig. Allerdings werden in Abb. IV.2 drei Bereiche unterschieden: der rationale naturwissenschaftliche Bereich R_N, jener der Hertzschen Scheinbilder H_N, in dem der mathematische Kalkül wirksam ist, und der jeder rational orientierten Analyse entzogene, nur durch Einstimmung erfahrbare Bereich der „naturwissenschaftlichen Urbilder" U_N. Die Unterscheidung zwischen (nichtmathematischer) Ratio und der von Mathematik durchdrungenen Welt der Hertzschen Scheinbilder ist legitim, da mathematische Bildinhalte strenggenommen nicht rational erfaßbar sind. Die Handhabung der Symbolik geschieht zwar nach festgelegten Regeln, die Strukturelemente selbst sind in ihrer Ganzheit jedoch nicht rational faßbar: Man kann subtile Begriffsbildungen wie einen Dirac-Spinor zwar rational definieren, sein ganzheitliches Verhalten in einer speziellen Situation ist jedoch nie als Ganzes, sondern bloß als Folge sequentieller Teilaspekte verständlich.
Aus diesem Grund wurde in Abb. IV.2 die Ebene H_N an der vorderen Front der Ratio gezeichnet, sie stellt gewissermaßen einen „Zwischenbereich" dar. Daß ein derartiger Zwischenbereich existieren muß, ist einleuchtend. Es wäre vermessen, anzunehmen, eine tiefliegende Wahrheit ließe sich „adäquat" ins Neonlicht der Ratio transponieren. Dies ist aber genau die Problematik der Religionen und ihrer Mißverständlichkeit auf der verbalen Ebene RR. Abstrakte theologische Sachverhalte lassen sich – in bildhafte Analogien übersetzt – zwar auf einfache Formeln bringen (Sätze aus R_R), die aber naturgemäß angreifbar und mißverständlich sein *müssen.*
Wenn man die Ebene H_N verläßt und sich auf die verbale Ebene (Teilmenge aus R_N) begibt, so ergibt sich dasselbe Dilemma, wie man am Beispiel der Quantentheorie erkennen kann: Die verbale Übersetzung einfacher quantenmechanischer Behauptungen führt auf vertrackte philosophische Komplikationen (s. dazu Schrödingers Katze, etc.)

Die Existenz der Hertzschen Scheinwelt bedeutet also für die theoretische Physik eine große Hilfe, möglicherweise ist sie sogar Vorbedingung für jede ernsthafte Forschung. Sogar wenn sich die Hertzsche Ebene unter allen möglichen Einschränkungen umgehen ließe (wozu natürlich kein Grund vorliegt), so könnte man wohl kaum erwarten, daß die nach rationalen Gesetzmäßigkeiten entwickelten Folgerungen (die nun in R_N verlaufen müßten) tatsächlich wieder Abbildungen tiefliegender Urbilder aus U_N sind. Genau diese Vorgangsweise wird jedoch in der Theologie – zwangsläufig – angewandt. Die Hertzsche Ebene vermeidet diesen Widerspruch: Sie atmet einerseits den Geruch des Urbereiches U_N und erlaubt doch auch schon eine analytische Behandlung, deren Ergebnisse – notwendigerweise unvollkommen – bei Bedarf nach der in R_N befindlichen verbalen Ebene transponiert werden können.

Hertzsche Ebene und Satori-Punkt

Die Interpretation der Hertzschen Ebene als Bereich zwischen irrationaler Erfahrung und Ratio erlaubt einen Vergleich mit dem aus der Zen-Technik bekannten Begriffes des *Satori-Punktes.* Der bekannte Zen-Spezialist D. T. Suzuki unterscheidet in seinem Essay *The Meaning of Satori* zwei Sichtweisen der Realität: *Prajna* ist das intuitive Begreifen der Welt, wobei die Grenze zwischen Subjekt und Objekt verschwindet. Im Unterschied dazu ist *Vijana* die analytische Weltschau, der rationale Erkenntnismodus, wobei sich der Beobachter stets von dem betrachteten Gegenstand getrennt fühlt. Suzuki beschreibt den Unterschied folgendermaßen[58]:

„Vijana kann niemals das Unendliche erreichen . . . Prajna dagegen begreift Dinge als Ganzes. Er bezieht sich nicht auf Unterscheidungen, sondern erfaßt die Realität von innen heraus, so wie sie ist.“

Der flüchtige Übergang zwischen beiden Sichtweisen wird im Zen als Satori bezeichnet:

„Die Einheit spaltet sich selbst in Subjekt und Objekt auf, behält aber zugleich ihre Einheit, die in der Wachheit eines Bewußtseins besteht. Das ist Satori."

In den Abbildungen IV.1 bzw. IV.2 können die Ebenen U_R bzw. U_N nur durch Prajna erkannt werden, während R_R bzw. R_N Bereiche des Vijana sind. Ohne diese Analogie überstrapazieren zu wollen, zeigt sich hier die Hertzsche Zwischenebene H_N als dem Satori-Punkt wesensverwandt.

Sind Naturgesetze beweisbar?

Nach diesen allgemeinen Betrachtungen wollen wir auf die Methodik der Naturwissenschaften und ihre Zielsetzungen etwas detaillierter eingehen. Lassen wir hier einige der bedeutendsten Physiker zu Wort kommen. Albert Einstein schreibt:

„Höchste Aufgabe des Physikers ist also das Aufsuchen jener allgemeinsten elementaren Gesetze, aus denen durch Deduktion das Weltbild zu gewinnen ist. Zu diesen elementaren Gesetzen führt kein logischer Weg."[16]

Naturgesetze sind also nicht beweisbar. Der Physiker muß sich bei der Aufstellung von Gleichungen einerseits von seinem Vertrauen in die strukturelle Einfachheit und Schönheit der Natur leiten lassen, andererseits benötigt er die experimentelle Bestätigung. Die angesprochenen Grundgleichungen bilden den Kern von Theorien, deren Entstehungsprozeß von Wolfgang Pauli, einem der Väter der Quantenphysik, folgendermaßen beschrieben wird[45]:

„Theorien kommen zustande durch ein vom empirischen Material inspiriertes Verstehen, welches am besten im Anschluß an Plato als zur Deckung kommen von inneren Bildern mit äußeren Objekten und ihrem Verhalten zu deuten ist."

Denken Sie in diesem Zusammenhang auch an Heinrich Hertz' schon öfter zitierten Satz über die inneren Scheinbilder! Das Studium der obigen Aussagen läßt uns bereits vermuten, daß wissenschaftliche Theorien nicht beweisbar sind. Wie groß darf dann das Vertrauen in diese Theorien sein? Existieren neben der Übereinstimmung mit dem Experiment weitere Kriterien für ihre Qualität? Mit diesen Fragen hat sich der österreichische Philosoph *Karl Popper* (1902–1994) intensiv auseinandergesetzt.

Zunächst weist Popper auf die Unmöglichkeit der empirischen Bestätigung eines beliebigen Naturgesetzes hin. Denn ein Experiment findet schließlich zu einer bestimmten Zeit an einem bestimmten Ort statt, während das Naturgesetz die Gültigkeit für alle Zeiten und alle Orte beansprucht. Daher setzt Popper bei einer empirischen Überprüfung nicht auf die Verifizierbarkeit, sondern auf die *Falsifizierbarkeit*, die prinzipielle Widerlegungsmöglichkeit[47]:

„Nun wollen wir aber doch nur ein solches System als empirisch anerkennen, das einer Nachprüfung durch die „Erfahrung" fähig ist. Diese Überlegung legt den Gedanken nahe, als Abgrenzungskriterium nicht die Verifizierbarkeit, sondern die Falsifizierbarkeit des Systems vorzuschlagen; mit anderen Worten: Wir fordern zwar nicht, daß das System auf empirisch-methodischem Weg endgültig positiv ausgezeichnet werden kann, aber wir fordern, daß es die logische Form des Systems ermöglicht, dieses auf dem Wege der methodischen Nachprüfung negativ auszuzeichnen: Ein empirisch-wissenschaftliches System muß an der Erfahrung scheitern können."

Falsifizierbarkeit ist also ein Kriterium für Wissenschaftlichkeit. Daraus ergibt sich die zunächst seltsam anmutende Folgerung, daß schwerer zu widerlegende Theorien weniger wissenschaftlich sind, als prinzipiell leichter zu widerlegende. Das folgende Beispiel sollte die Situation jedoch sofort klären. Dazu vergleichen wir die beiden Aussagen „Irgendwo auf der Welt gibt es frei schwebende Steine" und „Im Wiener Stephansdom gibt es frei schwebende Steine". Die zweite Aussage ist wesentlich präziser, wissenschaftlicher, als die erste, aber auch wesentlich leichter zu widerlegen. Die erste Aussage ist dagegen praktisch unwiderlegbar.

Wenn nun die empirische Überprüfung strenggenommen unmöglich ist (man beachte das Wort strenggenommen!), welches Kriterium hat man dann dafür, ob eine Theorie verläßlich ist oder nicht? Die Antwort lautet, daß man in eine Theorie um so mehr Vertrauen haben kann, je unerwarteter ihre experimentell bestätigten Voraussagen sind. Stellen Sie sich einen Forscher vor, der auf Grund alten Theorien widersprechender experimenteller Befunde eine neue physikalische Theorie entwickelt, mathematisch konsistent und von hoher Symmetrie, und daß es zu seinem Ansatz keine vergleichbar niveauvollen Alternativen zu geben scheint. Als Konsequenz seiner Theorie stößt der Physiker jedoch auf einige völlig verrückte Aussagen, deren experimentelle Bestätigung extrem unwahrscheinlich erscheinen muß, da sie viele vertraute Anschauungen über unsere Welt beiseitefegen würde. Falls diese Konsequenzen jedoch tatsächlich experimentell nachweisbar wären, so würde man sich der Einsicht kaum verschließen können, mit dieser Theorie die Natur besser zu beschreiben und verstehen zu können als mit Hilfe ihrer Vorgänger. Interessant ist eine weitere Schlußfolgerung aus der Popperschen Aussage: Theologie und Psychoanalyse sind keine Wissenschaften! Beide Lehren ziehen sich auf eine Position zurück, die grundsätzlich unangreifbar ist, sie sind grundsätzlich nicht falsifizierbar, was ihnen nicht als Stärke, sondern als Schwäche angekreidet werden muß. Die Ähnlichkeit diverser Strukturen veranlaßt den berühmten Neurologen und Sachbuchautor *Hoimar v. Dithfurt* zu der Feststellung, die Psychoanalyse sei der Hexenwahn des zwanzigsten Jahrhunderts. Wer diese die hehrsten Gefühle unserer Gesellschaft verletzende provokante Aussage hinterfragen möchte, sei auf das blitzgescheite und allgemeinverständlich geschriebene Buch *Tiefenschwindel* von *Dieter Zimmer* verwiesen.

Wissenschaftlicher Fortschritt. Paradigmen

Wir wollen unsere Aufmerksamkeit nun auf die Manifestation wissenschaftlichen Fortschritts lenken. Viele Menschen stellen sich wissenschaftlichen Fortschritt als organisches Wachstum vor, als eine kontinuierliche Zunahme von Wissen. Diese Ansicht ist völlig falsch! In seinem Buch *Die Struktur wissenschaftlicher Revolution* zeigt der Wissenschaftshistoriker *Thomas Kuhn*, daß sich die Entwicklung der Wissenschaft nicht in stetigen Übergängen, sondern in Revolutionen, in Umbrüchen darstellt, mit denen meist eine neue, oft provokant wirkende Weltsicht verbunden ist. In diesem Zusammenhang definiert Kuhn den Begriff des *Paradigma*[37]:

„Die Physica von Aristoteles, der Almagest von Ptolemäus, Newtons Principia und Opticks, Franklins Electricity, Lavoisiers Chimie, Lyells Geology – diese und viele andere Werke dienten eine Zeitlang dazu, für nachfolgende Generationen von Fachleuten die anerkannten Probleme und Methoden eines Forschungsgebietes zu bestimmen. Sie vermochten dies, da sie zwei wesentliche Eigenschaften gemeinsam hatten. Ihre Leistung war beispiellos genug, um eine beständige Gruppe von Anhängern anzuziehen, hinweg von den wetteifernden Verfahren wissenschaftlicher Tätigkeit, und gleichzeitig war sie noch offen genug, um der neubestimmten Gruppe von Fachleuten alle möglichen Probleme zur Lösung zu überlassen.
Leistungen mit diesen beiden Merkmalen werde ich von nun an als „Paradigma“ bezeichnen, ein Ausdruck, der eng mit dem der ‚normalen Wissenschaft‘ zusammenhängt.“

Ein Paradigma legt also nicht nur die grundsätzlichen Probleme eines Forschungsgebietes fest, sondern auch die Methoden der Antwortfindung. Kuhn zeigte, daß ein Paradigma nicht in kleinen Schritten durch ein anderes ersetzt wird, sondern in einem einzigen Schlag. Im Rahmen eines Paradigmas ist die oben angesprochene kontinuierliche Entwicklung der Wissenschaft gegeben, hier kann man den schrittweisen, stetigen Fortschritt deutlich ablesen. Bedeutende wissenschaftliche Erkenntnisse sind jedoch revolutionär, sie sind mit einem Paradigmenwechsel verbunden. Kuhn schreibt dazu:

„Der fortlaufende Übergang von einem Paradigma zu einem anderen auf dem Wege der Revolution ist das übliche Entwicklungsschema einer reifen Wissenschaft.“[37]

3. Analogien in Methodik und Struktur

Die beiden ersten Abschnitte verdeutlichen, daß die theologische und die naturwissenschaftliche Methodik wesentlich mehr Gemeinsamkeiten aufweisen als gemeinhin angenommen wird. Ein Blick auf die Abbildungen IV.1 und IV.2 zeigt sogar eine frappante, wenn auch gegenwärtig bloß formale Analogie. Formal deshalb, weil wir bisher verschiedenen fundamental wichtigen Fragen ausgewichen sind, wie z. B. der Frage nach der Charakterisierung des der rationalen naturwissenschaftlichen Analyse entzogenen Bereiches U_N. Entspricht dieser Bereich – wenigstens zu einem geringen Teil – jenen Gefilden, aus denen die Religionsgründer schöpfen, d.h. existiert eine gewisse Wesensverwandtschaft zwischen U_N und U_R, oder handelt es sich bei U_N bloß um eine im Diesseits verankerte, dem Verstand entzogene primitivere Ebene?

Im vorliegenden Abschnitt werden wir auf diese und andere Fragestellungen ausführlich eingehen und dabei auf überraschende Einsichten stoßen. Zunächst stellen wir die beiden simplifizierten Abbildungen IV.1 und IV.2 einander gegenüber:

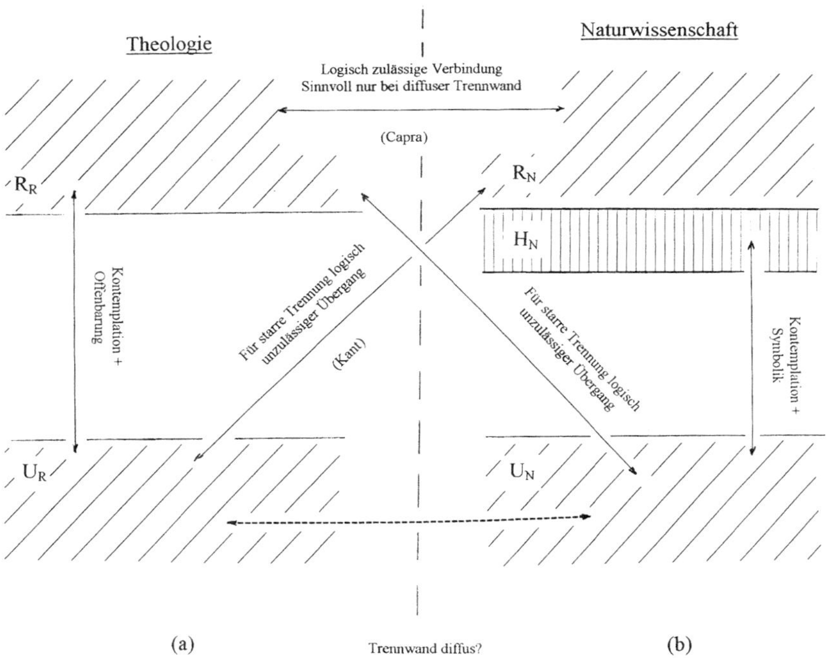
Theologie
Naturwissenschaft
Logisch zulässige Verbindung
Sinnvoll nur bei diffuser Trennwand
(Capra)
R_R
R_N
H_N
Kontemplation + Offenbarung
Für starre Trennung logisch unzulässiger Übergang
(Kant)
Für starre Trennung logisch unzulässiger Übergang
Kontemplation + Symbolik
U_R
U_N
(a)
Trennwand diffus?
(b)

Abb. IV.3

In beiden Veranschaulichungen wurden die rationalen Fronten auf einer gemeinsamen Linie eingezeichnet, die natürlich nicht als statisch angesehen werden muß. Die Frage, ob die Front in Abb. IV.3a soweit nach unten verschoben werden kann, daß es zu einer Begegnung mit den tiefsten Wahrheiten auf einer rationalen Ebene kommt, wird von den Theologen mit einem klaren Nein beantwortet: Nach Thomas v. Aquin unterscheidet die christliche Theologie ein mit den Mitteln der Vernunft erkennbares, gesetzmäßig geordnetes Reich der Wirklichkeit (Erkenntnisebene R_R), über dem sich ein zweites Reich der übernatürlichen Wahrheit wölbt, das mit den Mitteln der reinen Vernunft nicht durchdrungen werden kann (Erkenntnisebene U_R). In diesen zweiten Bereich gehören die tiefsten Geheimnisse des christlichen Glaubens, wie die Menschwerdung Gottes, die Trinität und die Auferstehung des Fleisches. Diese Wahrheiten sind gegenüber jenen des ersten Bereiches als „höher" zu bewerten und nur durch göttliche Offenbarung vermittelbar.

Nach dieser Anschauung ist für die christliche Theologie eine Verschmelzung der Ebenen R_R und U_R ausgeschlossen. Es ist interessant, daß auch die Naturwissenschaft die auf Abb. IV.3b bezogene gleichartige Fragestellung verneint. Sogar bei einer Beschränkung auf rein rationale Probleme existiert ein limitativer Mechanismus, nach dem rationale Erkenntnis innerhalb des rationalen Bereiches niemals vollständig sein kann. (Wir werden darauf in Abschnitt 4 näher eingehen.)

Daß die Hertzsche Ebene unterhalb der rationalen Linie der Theologie gezeichnet wurde, sollte nicht als Bosheit interpretiert werden. Ich halte es für legitim, die modernsten formalen Methoden und ihre esoterischen Begriffsbildungen dem rationalen Instrumentarium der Theologie als überlegen zu sehen. Damit wird weder die Effizienz noch die Glaubwürdigkeit theologischer Argumentation abgewertet, deren Gehalt sich letztlich an den zugrundeliegenden Urbildern aus U_R ausrichtet.

Damit kommen wir zum eigentlichen Kernproblem dieses Abschnittes: Dürfen die beiden Urbildbereiche U_R und U_N als – im weitesten Sinne – wesensverwandt angesehen werden oder nicht?

Die nächstliegende Antwort lautet: „Nein! Theologische Einsichten beziehen sich primär auf die sogenannten letzten Dinge, sie beziehen Gott, Jenseits, ewiges Leben mit ein, während der Rahmen physikalischer Forschung durch das rein diesseitige physikalische Universum gegeben ist."

Bis vor zwei Jahrzehnten war der zweite Teil dieser Antwort auch in Physikerkreisen allgemein akzeptiert, heute kann er jedoch nicht mehr widerspruchslos hingenommen werden. Die Ausführungen in Teil III haben deutlich gezeigt, daß sich die moderne Physik bereits weit außerhalb des vertrauten diesseitigen Rahmens bewegt: Quantenkosmologie, die Analyse des Geist-Materie-Problems, Vielweltentheorie usw. sind erste Ausbrüche aus der Vorstellung eines raumzeitlichen Diesseitsgefängnisses. Wenn diese Überlegungen teilweise auch noch den Charakter metaphysischer Spekulationen zeigen, so gehören sie doch immerhin zu jener Teilmenge aller möglichen Spekulationen, die als Eintauchen in den Unterbereich U_N, bei loser Verbindung zur Hertzschen Scheinwelt charakterisiert werden können. Sie tragen also bereits zum gegenwärtigen Zeitpunkt ein höheres Maß von Sicherheit in sich, als man vielen überzeugend klingenden philosophischen Theorien der Vergangenheit zubilligen kann.

Diese erste Erweiterung des vertrauten Diesseits-Rahmens berechtigt natürlich noch lange nicht zu einer Analogisierung von U_N mit der theologischen Domäne U_R. Legitim ist es jedoch, in den tiefliegenden Naturgesetzen die Spur Gottes zu sehen, aus dem sie – nach theologischer Sicht – als Teil eines Ganzen hervorgegangen sind. An diesem Punkt existieren nun drei verschiedene Möglichkeiten, die bisherigen Betrachtungen weiterzuführen.

Die erste Möglichkeit besteht in einer deutlichen Trennung der beiden Bereiche U_R und U_N aus Abb. IV.3. Viele christliche Theologen werden diese Möglichkeit schon deshalb als die einzig zulässige sehen, weil die Wahrheit – und zwar die gesamte Wahrheit – bereits von einem menschgewordenen Gott geoffenbart wurde, und die Frage nach einer Affinität beider Ebenen für sie damit schon aus logischen Gründen irrelevant erscheinen muß. Andererseits werden viele Naturwissenschaftler den Bereich U_R religiöser Erfahrung als subjektbezogen und nicht objektiv erfaßbar und nur die Ebene U_N als einzig „objektiv existierend" (im Sinne der Quantentheorie) ansehen. Auch ein Großteil der stärker religiös orientierten Naturwissenschaftler wird die Vorstellung einer deutlichen Trennung vertreten, wie es z.B. der Schweizer Kosmologe *A. Benz* in seinem Buch *Die Zukunft des Universums* tut. Benz präsentiert einen interessanten, intellektuell und menschlich gleichermaßen ansprechenden Dialog zwischen Religion und Naturwissenschaft bei strenger Trennung der religiösen von der physikalischen Ebene und somit ohne den Versuch jeglicher Analogisierung.[6]

Die zweite Möglichkeit wäre die Hypothese, daß keine scharfe Trennwand zwischen den Ebenen U_R und U_N besteht: Es sollten zumindest Elemente einer Teilmenge von U_R auch in U_N enthalten sein. Diese Voraussetzung ist eigentlich recht bescheidener Natur. Sie bedeutet letztlich nichts anderes, als daß einige Elemente in U_N einen göttlichen Fingerabdruck aufweisen sollen. Da nach theologischer Auffassung Gott mit jedem Teil seiner Schöpfung in Verbindung steht, dürfte die Forderung nach einer bloß diffusen Trennwand von dieser Seite eigentlich auf keinen massiven Widerstand stoßen.

Zusammenfassend gilt also: Naturwissenschaft und Theologie können nur zwei logisch zulässige Positionen einnehmen:

P1) Die Voraussetzung einer strengen Trennung der Ebenen U_R und U_N, was eine ebenso strenge Trennung der Ebenen R_R und R_N impliziert. (Wenn die tiefliegenden Bilder keine Wesensverwandtschaft zeigen, so braucht man sich über eine solche der rationalen Abbilder nicht den Kopf zerbrechen.) In diesem Fall hat jedes gemeinsam interessierende Phänomen von jeder Wissenschaft nach ihren eigenen impliziten Methoden behandelt zu werden, d.h. Theologen dürfen nicht naturwissenschaftlich, und Physiker nicht religiös argumentieren (der zweite Fall tritt ohnehin kaum ein). Die Theologie darf also keine naturwissenschaftlichen Aussagen als Stütze ihrer Behauptungen heranziehen.

P2) Die Annahme einer nicht hundertprozentig strengen Ebenentrennung, d.h. es sollen in U_N auch Elemente von U_R existieren. Damit ist eine wenigstens prinzipielle Annäherungsmöglichkeit zwischen den beiden rationalen Ebenen R_R und R_N gegeben.

Ich werde zunächst keiner der beiden Positionen einen Vorzug geben, sondern ihre Konsequenzen getrennt studieren. Wenn ich von Konsequenzen spreche, so sei darauf hingewiesen, daß die gemäß P1 geforderte strenge Trennung der Ebenen eine interessante Analogiebetrachtung gemeinsam interessierender Phänomene nicht ausschließt (s. dazu Abschnitt 5). Diese Analogiebetrachtungen werden uns schließlich zu einem starken Plausibilitätsargument zugunsten der Position P2 hinführen, womit eine weitgehende, möglicherweise sogar vollständige Integration von Theologie und Naturwissenschaft möglich wird.

Abschließend sei nochmals an die Voraussetzung für die obige Fallunterscheidung erinnert: die Existenz irrationaler Elemente in der Welt der Physik. Wenn man zeigen könnte, daß sich die Front der Ratio – wenigstens im Prinzip – so weit nach unten verschieben ließe, daß eines Tages der gesamte Bereich U_N in der Vereinigung von R_N und H_N liegen würde, so wäre die obige Alternative für Theologen untragbar. Sie könnten dann nur die Position P1 als zulässig erkennen, da die Akzeptanz von P2 mit jener einer zumindest teilweisen rationalen Durchdringung religiöser Wahrheiten äquivalent wäre.

Im folgenden Abschnitt 4 werden wir sehen, daß diese Befürchtung unbegründet ist: Es läßt sich streng wissenschaftlich beweisen, daß rationale Erkenntnis sogar auf der rein rationalen Ebene stets unvollständig sein muß.

4. Die Grenzen rationaler Erkenntnis

Sind wir Menschen zumindest prinzipiell in der Lage, alles zu erkennen, oder sind uns Grenzen gesetzt? Wie bereits im vorigen Abschnitt erläutert wurde, orientiert sich die christlichen Theologie bei dieser Frage an Thomas von Aquin und antwortet mit einem klaren Nein. Wie stellt sich nun die moderne Naturwissenschaft zum Erkenntnisproblem? Hier existieren mehrere limitative Mechanismen, die wir im folgenden getrennt besprechen wollen.

Physikalische Begrenzungsmechanismen

Die Quantentheorie spricht von einer durch die Heisenbergsche Unschärfe gegebenen Grenze, die vom Beobachter nie überschritten werden kann. Hinter dieser Grenze existiert keine konkrete Realität, sondern eine Unmenge virtueller Geisterbilder, die alle mehr oder weniger gleichberechtigt sind. Erst die Beobachtung schält aus dieser seltsam flimmernden Landschaft jene festen Konturen heraus, die wir als „Realität" bezeichnen. Es ist also nicht möglich, alles über ein physikalisches System zu wissen, unabhängig von der Qualität der verwendeten Apparate und dem Einfallsreichtum des Experimentators.

Die Quantentheorie breitet also einen Schleier über die Natur, der nie entfernt werden kann, und setzt damit rationaler Erkenntnis eine unüberschreitbare Grenze. Ein weiterer limitativer Mechanismus resultiert aus der in den Siebzigerjahren aufgekommenen *Chaostheorie*. Ein physikalischer Prozeß heißt *chaotisch*, wenn sein Verlauf über einen längeren Zeitraum nicht vorhergesagt werden kann.

Zum besseren Verständnis dieser Definition müssen wir uns vergegenwärtigen, daß das Abbild physikalischer Phänomene auf der Hertzschen Ebene H_N meistens durch Differentialgleichungen beschrieben wird. Es existieren nun zwei Typen von Differentialgleichungen, die sogenannten *linearen* und die *nichtlinearen Differentialgleichungen*. Mit dem ersten Typus können beispielsweise Phänomene wie der Flug einer Kanonenkugel, die Bewegung eines Planeten um die Sonne, das Wachstum einer Pflanze, etc. beschrieben werden. Die Genauigkeit des gewünschten Ergebnisses orientiert sich dabei an jener der eingegebenen Daten. Bei exakten Anfangsdaten erhält man eine exakte Lösung, bei ungenauen Anfangsdaten eine ungenaue Lösung.

Charakteristisch für eine lineare Gleichung ist die Tatsache, daß die Ungenauigkeit der Lösung in sehr gutmütiger Weise von jener der Anfangsdaten abhängt. Betrachtet man die zeitliche Entwicklung eines linearen, mit ungenauen Anfangsdaten gefütterten Systems, so werden die Abweichungen von der exakten Lösung mit fortlaufender Zeit zwar immer größer, sie sind jedoch linear in der Zeit, d.h. nach doppelt so langer Zeit ist der Fehler doppelt so groß, nach der zehnfachen Zeit zehnmal so groß.

Völlig anders liegen die Verhältnisse bei den nichtlinearen Differentialgleichungen. Dieser Gleichungstyp beschreibt physikalische Phänomene wie Explosionen, das Wetter, die gleichzeitige Bewegung mehrerer Himmelskörper, usw. Auch hier orientiert sich die Genauigkeit des gewünschten Ergebnisses an jener der eingegebenen Daten, nur ist der Zusammenhang zwischen den Ungenauigkeiten der Lösung und jenen der Anfangsdaten denkbar ungemütlich: hier wächst der Fehler nicht linear in der Zeit, wie bei den linearen Systemen, sondern etwa exponentiell, also ungleich stärker. Nach einiger Zeit ist der Fehler meist so riesig, daß die errechnete Lösung völlig wertlos ist.

Als Demonstration dieses unterschiedlichen Verhaltens wollen wir die Bahn der Erde um die Sonne betrachten. Unter der Voraussetzung, daß man den Einfluß anderer Planeten auf die Erdbahn vernachlässigen kann, repräsentiert das System Sonne/Erde (nach einer zusätzlichen Näherung, die uns hier nicht zu interessieren braucht) ein lineares System. Berücksichtigt man jedoch die Wechselwirkung mit den anderen Planeten, so repräsentiert das System Sonne/Erde/Störplanten ein nichtlineares System. Das nichtlineare System beschreibt die Wirklichkeit also besser, das lineare System stellt bloß eine (wenn auch zeitweise sehr brauchbare) Näherung dar.

Da man die dynamischen Anfangsdaten zum gegenwärtigen Zeitpunkt nur mit einer gewissen – wenn auch sehr hohen – Genauigkeit kennt, wächst der Fehler für die Berechnung der Erdbahn zeitlich immer mehr an. Damit eine völlige Unkenntnis über die Erdbahn erst in zweihundert Millionen Jahren auftritt, müßte man die Erdbahn des linearen Systems zum gegenwärtigen Zeitpunkt bis auf 7.5 Meter genau kennen, für das nichtlineare System jedoch bis auf 0.0000000001 Meter genau, was größenordnungsmäßig einem Atomdurchmesser entspricht! Eine derartige Genauigkeit kann niemals erreicht werden, weshalb die Erdbahn über große Zeiträume hinweg praktisch nicht berechnet werden kann.

Zusammenfassend gilt also: Das lineare System würde eine Berechnung erlauben, da die Anfangsdaten mit der notwendigen Genauigkeit bereitgestellt werden können. Allerdings ist dieses System aus idealisierten Annahmen hervorgegangen (Vernachlässigung der Wechselwirkung mit anderen Planeten). Im Unterschied dazu beschreibt das nichtlineare System die Wirklichkeit prinzipiell exakt, zeigt sich aber de facto für über einen längeren Zeitraum währende Prognosen als untauglich, da man die Anfangsdaten niemals mit der notwendigen Genauigkeit angeben kann.

Obwohl beide betrachteten Systeme deterministisch sind und auf der Basis der einfachen klassischen Mechanik behandelt wurden, ergibt sich eine limitative Aussage, die natürlich nicht nur für die Zukunft, sondern auch für die Vergangenheit gilt (allerdings ist unsere Existenz ein sicherer Hinweis dafür, daß die Erdbahn in den letzten Jahrmillionen stabil war).

Als zweites Beispiel sei auf das Wetter verwiesen. Man kennt die Gleichungen, mit deren Hilfe sich die Wechselwirkungen der verschiedenen Luftmassen beschreiben lassen, die Gesetze der Wirbelbildungen, usw. Das System ist deterministisch, aber nichtlinear. Nun läßt sich zeigen, daß bereits der Flügelschlag eines Schmetterlings eine Änderung der Anfangsdaten (z. B. die Geschwindigkeit der Luftströmungen) bewirkt, die nach Ablauf eines Jahres auf ein völlig anderes Wetter führen können. Man kann also das Wetter niemals auf ein Jahr im voraus berechnen.

Die beiden obigen Beispiele verdeutlichen, daß nichtlineare Systeme keine langfristigen Prognosen erlauben, sie sind chaotisch. Nun besteht aber die gesamte physikalische Welt genaugenommen nicht aus linearen und nichtlinearen, *sondern ausschließlich aus nichtlinearen Systemen.* Lineare Systeme sind Fiktion, sie gehen aus den nichtlinearen Systemen durch vereinfachende Annahmen hervor: Das lineare System Sonne/Erde ist eine Idealisierung, denn es wurde der Einfluß der anderen Planeten nicht berücksichtigt, das lineare quantenmechanische Einteilchensystem ist ebenso Fiktion, denn es wurden die Wechselwirkungen des Teilchens mit anderen Teilchen (z. B. Photonen) vernachlässigt. Analog verhält es sich mit dem System einer über die Erdoberfläche fliegenden Kanonenkugel, wo der Reibungswiderstand der Luft, ihre durch lokale Temperaturunterschiede bedingte Strömung, usw. vernachlässigt wurden. Derartige, auf lineare Systeme führende Idealisierungen sind durchaus nützlich, aber die erhaltenen Ergebnisse dürfen dann natürlich nur innerhalb ihres Gültigkeitsrahmens als richtig angesehen werden. Vor allem dürfen auf dieser Grundlage keine extrem langfristigen Prognosen aufgestellt werden. Fazit:

> *Die Quantenmechanik breitet einen Schleier über den Mikrokosmos, die Chaostheorie senkt die fernen Zeiträume sowohl der mikroskopischen als auch der makroskopischen Welt in ein Dämmerlicht.*

Formaler Begrenzungsmechanismus: der Gödelsche Unvollständigkeitssatz

Beinahe noch erstaunlicher muß die Tatsache anmuten, daß limitative Aussagen nicht nur in der Physik, sondern auch in der „reinen" Mathematik und Logik existieren. Als Ausgangspunkt der weiteren

Betrachtungen zitieren wir das Paradoxon des *Epimenides* aus Kreta: Sie begegnen auf Kreta einem Philosophen, der Ihnen den seltsamen Satz: „Alle Kreter sind Lügner“ hinwirft. Wir wollen diesen Satz der Einfachheit halber mit K bezeichnen.
Glauben Sie nun diesem Mann, der selbst ein Kreter ist, oder nicht? Wenn Sie K für wahr halten, dann lügen also alle Kreter. Da der Philosoph jedoch selbst ein Kreter ist, so lügt auch er, also ist es nicht wahr, daß alle Kreter Lügner sind. K ist nicht wahr!
Halten Sie jedoch K von vornherein für unwahr, das heißt, Sie nehmen an, daß nicht alle Kreter Lügner sind, so braucht auch der Philosoph keiner zu sein, womit K durchaus wahr sein könnte!
Es ergibt sich hier also eine unentscheidbare Situation: Je nachdem, welche Annahme Sie auch treffen, sie wird durch die Satzaussage sofort ad absurdum geführt. Der Haken bei der ganzen Sache liegt natürlich darin, daß der Mann, der den Satz formuliert hat, selbst Bestandteil einer Menge ist, über die der Satz eine Aussage macht. So gesehen, könnte man sich nun beruhigt zurücklehnen und derartige Aussagen einfach als unsinnig, und nicht weiter interessant erklären. Die Entwicklung der neueren Mathematik zeigte jedoch, daß man sich nicht so einfach aus der Schlinge ziehen kann.

Am Beginn unseres Jahrhunderts versuchten der britische Philosoph und Mathematiker *Bertrand Russell* und der Mathematiker *Alfred North Whitehead*, die Mathematik auf der Grundlage der Logik neu und exakter aufzubauen. In den Jahren 1910–1913 veröffentlichten sie die *Principia Mathematica*, ein aus drei umfangreichen Bändern bestehendes Monumentalwerk, mit dem Anspruch, alle mathematischen Begriffe und Gesetze aus einigen fundamentalen Annahmen (Axiomen) ableiten zu können. Mit Hilfe dieses Programmes schien unbegrenzter mathematischer Fortschritt zumindest im Prinzip möglich zu sein. Die sogenannten logischen Empiristen frohlockten, daß sich auch die anderen Wissenschaften im strengeren Sinn des Wortes auf eine ähnliche feste Grundlage stellen lassen würden.
Es war der österreichische Mathematiker *Kurt Gödel*, der diesen schönen Hoffnungen im Jahr 1931 einen Stoß versetzte, der sich in den darauffolgenden Jahren als Todesstoß erweisen sollte. In diesem Jahr

veröffentlichte Gödel seinen berühmten *Unvollständigkeitssatz*, dessen Inhalt vereinfacht etwa so wiedergegeben werden kann:

„*Jedes formale Denksystem ist zwangsläufig unvollständig.*"

Zur Verdeutlichung dieser Aussage betrachten wir ein aus einer endlichen Menge von Axiomen bestehendes logisches System. Mit Hilfe dieses Systems lassen sich eine Menge mathematischer Sätze beweisen. Gödels Satz besagt nun, daß es immer wahre Sätze geben wird, die sich mit Hilfe dieses Systems nicht beweisen lassen. Diese Aussage kann auch durch eine Erweiterung des Systems nicht behoben werden. Eine derartige Erweiterung würde zwar eine umfangreichere Menge von Sätzen beweisbar machen, aber ebenfalls nicht alle. Oder noch etwas anders ausgedrückt: Mit Hilfe eines formalen Systems kann seine eigene Vollständigkeit und Widerspruchsfreiheit niemals bewiesen werden.

Man ist hier also gezwungen, zwischen „Wahrheit" und formaler „Richtigkeit" zu unterscheiden. Die „Richtigkeit" kann stets bewiesen werden, es existieren jedoch unbeweisbare „Wahrheiten", und diese Lücke ist durch kein noch so umfassendes logisches Denksystem zu schließen. Diese Aussage des Gödelschen Unvollständigkeitssatzes ist spektakulär. Hier wird mathematisch exakt bewiesen, daß rationales Denken nie bis zur letzten Wahrheit vordringen kann!

Abschließend wollen wir noch auf den angedeuteten Zusammenhang zwischen dem Unvollständigkeitssatz und dem Paradoxon des Epimenides eingehen. Dazu nehmen wir zunächst die Existenz eines auf den Grundlagen der Principia Mathematica konstruierten gigantischen Computers C an, der jede beliebige Frage korrekt beantworten kann. Gödel hört von dieser Maschine, und schreibt folgenden Satz nieder: „C wird niemals feststellen, ob dieser Satz wahr ist." Wir wollen diesen Satz mit G bezeichnen. Nun fragt Gödel C, ob G wahr ist. Dabei ergibt sich dieselbe Situation wie beim Paradoxon des Epidemides: Wenn C behauptet, G sei wahr, so ist G falsch, und umgekehrt. Gödel schließt daraus, daß es einen wahren Satz gibt, den C nicht beweisen kann, weshalb C keine allwissende Maschine sein kann, im Widerspruch zur Voraussetzung, die damit als unerfüllbar eingesehen wird.

Diese Überlegungen machen deutlich, daß die in Abschnitt 3 gemachte Voraussetzung für die Fallunterscheidung P1/P2 nicht nur zum gegenwärtigen Zeitpunkt, sondern grundsätzlich für alle Zeiten gültig ist: Es gibt tatsächlich Bereiche, die uns Menschen nie zugänglich sein werden. Daher scheint es naheliegend anzunehmen, daß wir mit den Mitteln des Verstandes niemals ein Wissen um die letzten Dinge erhalten können. Weiter könnte man auch der Existenz von Wundern wieder etwas toleranter gegenüberstehen, die definitionsgemäß in die unserem Verstand unzugänglichen Bereiche verwiesen werden. Die folgenden Abschnitte werden jedoch zeigen, daß diese Anschauungen mit Vorsicht zu genießen sind.

5. Einige Grundfragen aus wechselnder Perspektive

Die Überlegungen dieses Abschnittes orientieren sich teilweise an den Betrachtungen von Paul Davies in *Gott und die moderne Physik*[9].

Sind die Gott zugeordneten Attribute konsistent?

Nach christlicher Anschauung ist Gott ewig, allmächtig, allwissend und allgegenwärtig. Mit dieser Behauptung befindet man sich auf der Ebene R_R aus Abb. IV.3a. Wir werden sehen, daß diese Begriffsverbindung sowohl logisch als auch physikalisch inkonsistent sind, d.h. sowohl ihre interne Behandlung auf der Ebene R_R (mit den Mitteln der Logik ohne physikalische Ingredienzen), als auch ihre Diskussion auf der Ebene R_N (logische + physikalische Argumentation) führt hier sofort auf Widersprüche.
Betrachten wir zunächst das Attribut ‚ewig'. Es kann auf zweierlei Arten interpretiert werden. Einerseits kann es ‚zeitlos', d. h. ‚außerhalb der Zeit' bedeuten, andererseits als ‚immerwährend', d. h. ‚über einen unendlichen Zeitraum hinweg existierend', und somit als ‚in der Zeit' angesehen werden.
Wenden wir uns der ersten Interpretation zu, die mit jener des heiligen Augustinus übereinstimmt: Gott wirkt außerhalb der Zeit, er hat Raum, Zeit und Universum gemeinsam erschaffen. Nun steht ein zeitloser Gott jedoch im Widerspruch zu der christlichen Auffassung, die sich Gott ja denkend und planend vorstellt. Denken und Planen sind aber eindeutig zeitlich eingebundene Tätigkeiten. Diesen logischen Widerspruch empfinden auch moderne Theologen.

Paul Tillich meint[60]:

„Wenn wir Gott einen lebendigen Gott nennen, sprechen wir ihm Zeitlichkeit zu, und damit eine Beziehung zu den verschiedensten Ausprägungen der Zeit."

Eine ähnliche Haltung vertritt Karl Barth:

„Ohne eine vollständige Zeitlichkeit Gottes ist der Inhalt der christlichen Botschaft gestaltlos."

Der Begriff eines zeitlosen Gottes ist mithin problematisch. Wie sieht es nun mit der zweiten Interpretationsmöglichkeit von ‚ewig' aus, mit der Annahme eines in die Zeit eingebundenen Gottes? Zunächst folgt daraus, daß ein zeitlicher Gott – falls er mit dem Universum in Wechselwirkung steht, was nach christlicher Anschauung der Fall ist – Veränderungen unterworfen ist. Vom logischen Standpunkt aus ergibt sich damit das Dilemma, daß ein zeitlicher, am Geschick der Welt teilnehmender Gott durch die von ihm hervorgebrachte Schöpfung selbst verändert wird. Oder überspitzter formuliert: *Die letzte Ursache aller Dinge wird durch die Dinge selbst verändert.*
Es sei darauf hingewiesen, daß die bisherigen Argumente nicht physikalischer, sondern rein logischer Natur sind, d. h. sie sind unabhängig von der Positionswahl P1/P2 zulässig. Die Widersprüche verstärken sich, wenn man zusätzlich physikalische Argumente heranzieht, was allerdings nur bei Akzeptanz der Position P2 legitim ist. Da Raum und Zeit nicht getrennt sind und die Raumzeit von den im Universum spielenden physikalischen Vorgängen manipuliert wird, so wird auch ein zeitlicher Gott durch das physikalische Universum manipuliert, unabhängig davon, ob er „aktiv", d. h. von sich aus am Geschehen teilnimmt oder nicht. Weiter kann man sich einen zeitlichen Gott auch schwer als Schöpfer des Universums, d. h. der Raum-Zeit vorstellen.
Wir sehen also, daß bereits der Begriff ‚ewig' in seinen möglichen Bedeutungen implizit widersprüchlich wird, wenn man ihn auf den christlichen Gottesbegriff anwenden möchte. Ähnlich verhält

es sich mit den übrigen Attributen der Allmacht, Allwissenheit und Allgegenwart, worauf wir hier nicht mehr näher eingehen wollen.
Irgendwie scheint sich nach den obigen Ausführungen die Frage aufzudrängen, ob man sich Gott möglicherweise gerade an der Grenze zwischen zeitlos und zeitlich vorstellen könnte, womit die obigen – viele Theologen zwangsläufig deprimierenden – Argumentationen gewissermaßen unterlaufen werden könnten. Es ist hochinteressant, daß die jüngste theoretische Physik tatsächlich auf eine derartige Möglichkeit hinweist. Wir werden die entsprechende, auf den amerikanischen Kosmologen F. Tipler zurückgehende Theorie samt ihren wichtigsten religiösen Implikationen zu einem späteren Zeitpunkt diskutieren (s. dazu die Abschnitte 8 und 9) und dabei auch eine zufriedenstellende Antwort auf das Theodizee-Problem erhalten.

Leben

In der unseren Sinnen zugänglichen Welt gilt das Phänomen des Lebens den Theologen als Gottes größtes Wunder, den Naturwissenschaftlern als bestgehütetes Geheimnis der Natur. Nach Auffassung der jüdisch-monotheistischen Religionen entstand Leben nicht als Folge physikalischer Prozesse, sondern ist ein unmittelbares Ergebnis von Gottes Wirken. Nach heftigen Kämpfen gegen den Darwinismus ist man heute großenteils bereit, die Ansichten der Naturwissenschaften über die spätere Entwicklung des Lebens nach physikalischen, chemischen und evolutionstheoretischen Gesetzen zu akzeptieren; der Ursprung des Lebens selbst jedoch, der Übergang von der unbelebten zur belebten Natur wird nach wie vor auf Gottes Eingreifen zurückgeführt.
Welche Haltung nimmt nun die Naturwissenschaft und speziell die Physik in dieser Frage ein? Da jeder biologische Organismus physikalisch als eine Anhäufung von Atomen angesehen werden muß, d.h. einer Anhäufung von Nicht-Leben, steht die Physik vor dem Problem, die Entstehung des Lebens aus einer Zusammenballung

unbelebter Materie erklären zu müssen. Prinzipiell bieten sich dafür zwei Lösungsmöglichkeiten an. Erstens:

Alle belebten Dinge besitzen ein zusätzliches nichtmaterielles Ferment, die Lebenskraft.

Diese Ansicht ist nicht neu, sondern entstammt der alten Lehre des *Vitalismus*, in der die Lebenskraft natürlich auf Gott zurückgeführt wurde. Falls man die Lebenskraft nicht als Element der diesseitigen physikalischen Welt interpretieren kann, stellt die obige Antwort für Physiker eine Sackgasse dar. Nun scheinen verschiedene, in den beiden letzten Jahrzehnten durchgeführte paranormale Experimente möglicherweise auf die Existenz einer derartigen Lebenskraft hinzuweisen, allerdings werden diese „Beweise" von den meisten Physikern derzeit noch als pseudowissenschaftlicher Humbug abgetan. Wesentlich attraktiver scheint den meisten Forschern die zweite Lösungsvariante:

Leben ist ein ganzheitliches Phänomen, das Ganze ist mehr als die Summe seiner Teile.

Um diese Anschauungen würdigen zu können, benötigen wir zunächst die beiden Begriffe des *Reduktionismus* und des *Holismus*. Reduktionismus bedeutet:

Das Ganze ist qualitativ gesehen nicht mehr als die Summe seiner Teile.

Diese Einstellung liegt vielen – aber nicht allen – physikalischen Theorien zugrunde. Sie bedeutet nichts anderes, als daß jedes noch so komplexe Problem auf einfache Grundprobleme reduziert werden kann. Wenn man diese Grundprobleme bearbeitet und gelöst hat, so erhält man nach Zusammensetzung der Teillösungen die Lösung des komplexen Ausgangsproblems. Der Holismus vertritt eine andere Position:

Das Ganze ist qualitativ gesehen mehr als die Summe seiner Teile.

Nach dieser Sichtweise können sich bei Zusammenballung einfacher Strukturen für die Gesamtstruktur neuartige grundlegende Eigenschaften ergeben, die in keiner der Einzelstrukturen vorhanden sind. Bei der zweiten Lösungsvariante argumentieren die Wissenschaftler also, daß der Widerspruch, Belebtes durch Anhäufung von Unbelebtem schaffen zu wollen, nur ein scheinbarer ist. Er existiert nur bei der reduktionistischen Sichtweise, nach der das Ganze nicht mehr als die Summe seiner Teile ist. Wenn man jedoch eine holistische Position einnimmt, d. h. wenn man akzeptiert, daß das Ganze qualitativ neuartige Eigenschaften zeigen kann, die in den Einzelelementen nicht vorhanden sind, so löst sich der Widerspruch sofort auf.

Einen sehr überzeugenden Beweis für die Legitimität dieser Sichtweise hat *Douglas Hofstadter* in seinem Kultwerk *Gödel, Escher, Bach*[26] mit der ‚Ameisenfuge' geliefert. Hofstadter verweist auf den Bau eines großen Ameisenhaufens, für dessen Realisierung ein hochkomplexer Bauplan notwendige Voraussetzung ist. Die organisatorischen Fähigkeiten einer Einzelameise sind beschränkt, ihre diesbezüglichen Fähigkeiten werden bereits von den gegenwärtigen Mikroprozessoren weit übertroffen. Es ist somit ausgeschlossen, daß eine einzelne Ameise auch nur ansatzweise über den Gesamtbauplan Bescheid weiß. Trotzdem ergibt sich im Zusammenspiel der vielen Einzelnen etwas qualitativ überragend Neues: Die Zusammenballung primitiver Einzelelemente führt auf ein neuartiges, komplexes Muster.

Wenn man den holistischen Standpunkt einnimmt, so kann man auf die Vorstellung einer Lebenskraft verzichten. Selbstverständlich ist damit das Geheimnis des Lebens nicht erklärt, aber die Problematik ist in den Bereich naturwissenschaftlicher Analyse gerückt. Allerdings stellt sich hier die Frage, ob die großenteils reduktionistisch orientierte Physik das holistische Argument überhaupt verwenden darf. Die Antwort auf diese Frage ist ein klares Ja! Die Physik des zwanzigsten Jahrhunderts hat den holistischen Aspekt schon in mehreren Einzeltheorien unterstrichen, vor allem in der Quantentheorie: Schon der grundlegende quantenmechanische Meßvorgang kann nur unter Miteinbeziehung des Beobachters glaubwürdig interpretiert werden, er unterstreicht mithin die Notwendigkeit einer ganzheitlichen Sicht. Dies gilt auch für die Interpretation des EPR-Experimentes, die unser physikalisches Universum als ein ganzheitliches Gewebe komplexer Verflechtungen zeigt. Holistische Anschauungsweise ist der Physik des 20. Jahrhunderts also durchaus gemäß, der Vorwurf, eine reduktionistisch orientierte Wissenschaft dürfe zu ihrer Rechtfertigung kein holistisches Argument verwenden, unzutreffend.

Wir wollen diesen Abschnitt mit den Worten des Physikers Paul Davies beschließen[9]:

„... Selbstverständlich widerlegt das alles nicht die mögliche Existenz eines Schöpfergottes, aber es läßt vermuten, daß für die Biologie göttliches Eingreifen keineswegs notwendiger ist als beispielsweise für die Hervorbringung der Saturnringe oder die Oberflächenmuster auf dem Jupiter. Entweder sehen wir Gottes Wirken in allem oder nirgends. Es hat nicht den Anschein, daß sich das Leben in außergewöhnlicher Weise von anderen komplex organisierten Strukturen unterscheidet, höchstens graduell. Unsere Unwissenheit, den Ursprung des Lebens betreffend, läßt der Deutung vom göttlichen Wirken viel Raum, aber das ist eine ausschließlich negative Haltung, bei der man Gott als ‚Lückenbüßer' braucht. Dabei aber läuft man Gefahr, bei weiterem naturwissenschaftlichen Fortschritt den Rückzug antreten zu müssen. Sehen wir also das Leben nicht als isoliertes Wunder in einem ansonsten wie ein Uhrwerk funktionierenden Universum an, sondern als unablösbaren Bestandteil des kosmischen Wunders."

Wunder

Eine Diskussion über die Existenz von Wundern setzt zunächst eine begrifflich saubere Definition des Wunders voraus. Und bereits hier beginnen die Schwierigkeiten. Wie definieren Theologen Wunder? Die gängigen Antworten sind „übernatürliche Ereignisse", oder „im Gegensatz zu den Naturgesetzen stehende Ereignisse". Weiter werden Wunder als direkt auf Gott zurückgehendes Eingreifen in unseren diesseitigen Alltag angesehen, weshalb sie vielen Theologen auch als Gottesbeweis dienen.

Betrachten wir zunächst den Begriff „übernatürlich", worunter man „als mit dem Verstand nicht erklärbar" versteht. In diesem Sinn wäre für einen frühen Christen ein Radio zweifellos ein Wunder gewesen. Die obige Definition ist also sicherlich unpassend gewählt. Sie müßte etwa in der Form „für keinen noch so intelligenten Menschen in keiner noch so wissenschaftlich fortgeschrittenen Zeit faßbar" abgeändert werden, womit sie aber sinnlos wird, denn woher wollen wir wissen, ob zu einem späteren Zeitpunkt nicht völlig bizarr wirkende Naturgesetze entdeckt werden, die erklären könnten, was heute noch als Wunder gälte?
Betrachten wir die Definition als „im Gegensatz zu den Naturgesetzen stehende Ereignisse". Hier ergeben sich ähnliche Schwierigkeiten. Nehmen wir an, die uns berichteten Wunder aus der Bibel und anderen Quellen hätten sich alle sämtlich so zugetragen, wie es uns überliefert ist. Zweifellos stehen diese Phänomene im Gegensatz zu den derzeit bekannten, in unserem Universum wirkenden Naturgesetzen: Das Schreiten von Jesus über dem Wasser, die wunderbare Vermehrung von Brot und Fischen, all dies steht tatsächlich im Widerspruch zur herkömmlichen Physik. Könnte es jedoch nicht Anomalien der Naturgesetze geben, die ein derartig abweichendes Verhalten unter Umständen gestatten? Dies ist nicht auszuschließen. Man müßte die obige Definition also durch „im Gegensatz zu den derzeitig bekannten, und allen anderen, erst künftig zu erforschenden Naturgesetzen stehende Ereignisse" ersetzen, womit sie aber wieder sinnlos wird.
Und außerdem – wären diese die Naturgesetze unseres Universums brechenden Phänomene nicht durch die Erkenntnisse der Quantenkosmologie in einem gewissen Rahmen legitimiert, nach der prinzipiell alle möglichen bizarren, unwahrscheinlichen Gesetzmäßigkeiten existieren? Wenn Jesus Zugriff auf die quantenkosmologische Ebene hatte, so würde beispielsweise eine Vervielfältigung von Wein und Brot nicht weiter verwunderlich sein. Und wäre diese extrem unwahrscheinliche Möglichkeit nicht noch immer physikalisch sinnvoller als die Annahme der Existenz eines übernatürlichen Gottes?
Bei diesen Überlegungen haben wir natürlich die einfachste Erklärung außer acht gelassen, daß den überlieferten Wunderberichten

nicht mehr Glauben zu schenken ist als den Äußerungen jener Zeitgenossen, die uns seit Jahrzehnten mit UFO-Berichten langweilen. Obwohl sie über ihre Erlebnisse augenrollend und mit bedeutungsschwerer Stimme berichten, wirken sie nicht gerade glaubwürdig. Es bleibt eine seltsame Tatsache, daß derlei Wunderbares stets nur Leuten mit geringem sozialem Status und bescheidener Intelligenz und Bildung widerfährt.

Unklar bleibt auch, wie man mit Hilfe von Wundern – falls es sie gäbe – die Existenz eines allmächtigen und allwissenden Gottes beweisen möchte. Da sie nur höchst selten und nur wenigen Einzelnen hilfreich auftreten, haben sie eher den Charakter vereinzelter Reparaturarbeiten an einer Schöpfung, deren Unvollkommenheit gerade dadurch erst deutlich wird. Falls Gott mit Hilfe von Wundern auf seine Existenz aufmerksam machen möchte, so könnte er sicher in wesentlich größeren, Aufmerksamkeit heischenden Dimensionen operieren.

Umgekehrt könnte man natürlich jederzeit aus der Existenz Gottes jene von Wundern folgern. Nur wären sie dann eigentlich überflüssig. Die unsichtbare Lenkung der Welt durch Gottes Hand geht mit der Vorstellung eines göttlichen Plans wesentlich mehr konform als ein fallweises spektakuläres Eingreifen, das an eine Feuerwehraktion gemahnen muß. In Abschnitt 9 werden wir sehen, daß auch die moderne Physik die Vorstellung eines allmächtigen Gottes parat hat, der an der Schöpfung und an der Lenkung unserer Welt Anteil hat. Dieser Gott besitzt allerdings die Möglichkeit einer Lenkung ohne ein die Naturgesetze verletzendes Eingreifen (obwohl ihm ein spektakulärer Eingriff möglich wäre).

6. Reinkarnation ja oder nein?

Judentum, Christentum und Islam glauben an einen progressiven Kosmos, d.h. an eine ständig fortschreitende Entwicklung, während Hinduismus und Buddhismus die Idee der Reinkarnation, der ewigen Wiederkehr vertreten. Allerdings ist die Idee der ewigen Wiederkehr auch dem Westen traditionsgemäß geläufig: Bei den alten Griechen war die Vorstellung weit verbreitet, auch Aristoteles und die Stoiker hingen ihr an. Mit dem Aufkommen des Christentums verschwanden diese Vorstellungen dann im westlichen Kulturbereich, um im 19. Jahrhundert durch Friedrich Nietzsche eine Renaissance zu erleben.

Nachdem wir bereits in Teil I die Ansichten fernöstlicher Mystik zur Reinkarnation besprochen haben, wollen wir diese Vorstellung nun aus philosophischer und naturwissenschaftlicher Sicht diskutieren.

Nietzsches Theorie der ewigen Wiederkehr

In *Die fröhliche Wissenschaft* (1882) schreibt Nietzsche[43]:

„Wie, wenn dir eines Tages oder Nachts ein Dämon in deine Einsamkeit nachschliche und dir sagte: „Dieses Leben, wie du es jetzt lebst und gelebt hast, wirst du noch einmal und noch unzählige Male leben müssen; und es wird nichts Neues daran sein, sondern jeder Schmerz und jede Lust und jeder Gedanke und Seufzer und alles unsäglich Kleine und Große deines Lebens muß dir wiederkommen, und alles in derselben Reihe und Folge – . . . Würdest du dich nicht niederwerfen und mit den Zähnen knirschen und den Dämon verfluchen, der so redete? Oder hast du einmal einen ungeheuren Augenblick erlebt, wo du ihm antworten würdest. „Du bist ein Gott und nie hörte ich Göttlicheres!“. . . Wie müßtest du dir selber und dem Leben gut werden, um nach

nichts mehr zu verlangen als nach dieser letzten ewigen Bestätigung und Besiegelung."

Nietzsche behauptet, daß die meisten Menschen die Vorstellung der ewigen Wiederkehr als unerträglich empfinden würden, weil sie Gefangene ihrer Sklavenmentalität sind. Die Befreiung aus dieser Gefangenschaft macht sie zum Übermenschen. Dieser Teil der Philosophie fällt nicht in den Zuständigkeitsbereich des vorliegenden Buches, wohl aber die wissenschaftlichen Grundlagen, auf die sich Nietzsche bei seinem Modell der ewigen Wiederkehr stützt.

Nietzsche geht davon aus, daß das gesamte Universum aus einer begrenzten Anzahl von „Kraftquanten" besteht, auf deren Beschreibung er allerdings nicht näher eingeht. Nicht nur die gesamte materielle Welt, sondern auch alles Geschehen soll sich als Relation zwischen diesen Kraftquanten ausdrücken lassen. Jeder Anordnung der endlich vielen Kraftquanten in dem von Nietzsche als endlich vorausgesetzten Raum repräsentiert ein bestimmtes Momentanbild der Welt. Da nun die Zeit endlos ist, so müssen die Quanten eines Tages schließlich wieder exakt dieselbe Konstellation annehmen wie zu einem früheren Zeitpunkt, d.h. die damalige Welt wird exakt reproduziert. Da dieser Vorgang immer wieder von neuem durchlaufen wird, ist die Kette der Wiederholungen unendlich lang.

Dem physikalisch gebildeten Leser werden natürlich sofort die beiden Schwachpunkte in Nietzsches Argumentation auffallen: das Postulat der nicht näher definierten endlich vielen Kraftquanten, und die Annahme einer endlosen Zeit, die unabhängig vom Geschehen ist. Diese zweite Annahme steht in deutlichem Widerspruch zur allgemeinen Relativitätstheorie – ein Todesstoß für Nietzsches Argumentation, aber nicht unbedingt für seine Theorie, die vielleicht auch unter allgemeineren Voraussetzungen funktionieren könnte. Im folgenden Abschnitt werden wir sehen, daß die Physik des neunzehnten Jahrhunderts sogar ein sehr überzeugendes Argument für den Reinkarnationsgedanken bereithält.

Das Poincarésche Theorem der ewigen Wiederkehr

Die Reinkarnationsidee wird wissenschaftlich durch das *Poincarésche Theorem der ewigen Wiederkehr* unterstützt. Dieses von *H. Poincaré* im Jahre 1890 bewiesene Theorem besagt:

> *Jedes physikalische System muß nach einer endlichen Zeit wieder beliebig nahe an seinen Ausgangszustand zurückkehren.*

Zur Verdeutlichung dieser Aussage betrachten wir ein klassisches Einteilchen-System, dessen Dynamik durch Angabe seines Ortes und seines Impulses vollständig bestimmt ist. Es existieren nun mehrere Möglichkeiten, die Entwicklung dieses Systems zu beschreiben. Als einfachste Möglichkeit kann man die Lage des Teilchens zu verschiedenen Zeitpunkten im Ortsraum markieren, womit man seine Bahn, d.h. eine Aussage über seine räumliche Entwicklung erhält. Der Ortsraum, auch *Konfigurationsraum* genannt, ist dreidimensional, er wird durch die drei Ortskoordinaten aufgespannt.

Bei dieser Darstellung kann man sich allerdings nur sehr schlecht über die dynamischen Eigenschaften des Teilchens orientieren. Beispielsweise läßt sich die Teilchengeschwindigkeit – ohne Zuhilfenahme analytischer Rechnung – nur daran abschätzen, ob in gleichen Zeitintervallen größere oder kleinere Strecken im Ortsraum zurückgelegt wurden. Dieser Nachteil läßt sich vermeiden, indem man das Teilchen nicht im Konfigurationsraum, sondern im sogenannten *Geschwindigkeitsraum* darstellt: zu jedem Zeitpunkt läßt sich die Geschwindigkeit des Teilchens in drei Geschwindigkeitskomponenten zerlegen, die man als Koordinaten in einem abstrakten dreidimensionalen Geschwindigkeitsraum (im Fachjargon spricht man vom Impulsraum) interpretieren kann. Verfolgt man die Entwicklung des Teilchens in diesem abstrakten Raum, so beschreibt es ebenfalls eine Bahn, die allerdings mit jener des Ortsraumes nicht übereinstimmt: Jeder Bahnpunkt im Geschwindigkeitsraum gibt Aufschluß über die Momentangeschwindigkeit des Teilchens, während über seinen Ort keine Aussage gemacht wird.

Im Konfigurationsraum (der mit dem dreidimensionalen Anschauungsraum identisch ist) läßt sich also die räumliche Bewegung des

Teilchens studieren, ohne daß seine dynamischen Eigenschaften klar ersichtlich sind. Umgekehrt liegen bei einer Darstellung im abstrakten Geschwindigkeitsraum die dynamischen Eigenschaften offen, aber hier läßt sich keine Ortsaussage machen. Für eine vollständige Erfassung des Teilchenverhaltens benötigt man somit sowohl seine Entwicklung im Konfigurationsraum als auch jene im Geschwindigkeitsraum.

Es ist nun naheliegend, die beiden dreidimensionalen Räume zu einem abstrakten sechsdimensionalen Raum, dem *Phasenraum* zu verschmelzen. Der Phasenraum hat also sechs Koordinatenachsen, drei räumliche Achsen und drei (abstrakte) Geschwindigkeitsachsen. Jeder Phasenraumpunkt hat daher sechs Koordinaten, wobei die drei ersten den Ort des Teilchens, die drei zweiten sein dynamisches Verhalten angeben. Der Bewegung des Teilchens im Ortsraum kann somit eine fiktive Bahnkurve in einer sechsdimensionalen Mannigfaltigkeit zugeordnet werden.

Der Vorteil dieser abstrakten Darstellung gegenüber den beiden anderen Darstellungen liegt in der Tatsache, daß im Phasenraum sowohl die geometrische als auch die dynamische Systementwicklung übersichtlichst dargestellt werden kann. Vor allem kann man sich schnell über die Energieverhältnisse orientieren, da die Teilchenenergie von der Teilchengeschwindigkeit abhängt (schnelle Teilchen haben eine höhere kinetische Energie als langsame Teilchen).

Man kann nun die obigen, gegenwärtig nur für ein einzelnes Teilchen gültigen Vorstellungen beliebig erweitern. Im Falle eines aus N Teilchen bestehenden physikalischen Systems lassen sich die N einzelnen sechsdimensionalen Phasenräume zu einem neuen Phasenraum der Dimension 6N verschmelzen. Ein Punkt dieses 6N-dimensionalen Phasenraumes wird also durch 6N Koordinaten angegeben, die aus den 3N Ortskoordinaten und den 3N Geschwindigkeitskoordinaten der N Teilchen bestehen. Ein Phasenraumpunkt charakterisiert hier also nicht ein einzelnes Teilchen, sondern repräsentiert das gesamte System in seinem geometrischen und dynamischen Verhalten zu einem bestimmten Zeitpunkt.

Der Vorteil dieser zunächst verwirrend anmutenden Darstellungsweise zeigt sich bei der Analyse der energetischen Systemverhältnisse. Bekanntlich existiert für abgeschlossene, d.h. nicht wechselwirkende physikalische Systeme das Gesetz der Energieerhaltung. In der Phasenraumdarstellung nimmt dieses Gesetz für beliebig komplexe Systeme eine verblüffend einfache Gestalt an:

Das Phasenraumvolumen eines physikalischen Systems ist zeitlich konstant.

Das Gesetz der Energieerhaltung impliziert also, daß sich *das Volumen des Phasenraumes zeitlich nicht ändert.* Diese Aussage wird als *Liouvillescher* Satz bezeichnet. Die geometrische Form des Volumens kann sich zeitlich ändern, der Volumsinhalt jedoch nicht.
Falls das System in Wechselwirkung mit anderen Systemen steht, so kann man alle wechselwirkenden Systeme zu einem großen, abgeschlossenen (d.h. mit keinen weiteren Systemen wechselwirkenden) Gesamtsystem zusammenfassen, für das dann wieder der Energieerhaltungssatz und somit der Liouvillesche Satz gilt.
Die bisherigen Überlegungen sind allgemeiner Natur. Für alles weitere wollen wir uns auf Systeme mit *begrenztem Phasenraumvolumen* beschränken. Für derartige Systeme läßt sich aus dem Liouvilleschen Satz das Poincaré-Theorem herleiten. Zunächst muß man sich vergegenwärtigen, daß die Forderung nach begrenztem Phasenraumvolumen keineswegs bedeutet, daß sich die Teilchen (um im Bild des obigen Beispiels zu bleiben) nur in einem endlichen Ortsraum bewegen dürfen. Nur das Phasenraumvolumen muß begrenzt sein, aber nicht das Volumen des Ortsraumes oder jenes des Geschwindigkeitsraumes. Allerdings existieren hier natürlich Zusammenhänge: Sehr schnelle Teilchen (hohe Werte auf den Geschwindigkeitsachsen) müssen räumlich stark genug lokalisiert sein, Teilchen, die sich weit in den Ortsraum bewegen (hohe Werte auf den Achsen des Konfigurationsraumes), dürfen sich nicht zu schnell bewegen.
Es läßt sich nun zeigen, daß phasenraumbegrenzte physikalische Systeme unabhängig von ihrer speziellen Gestalt und Entwicklung nach einer gewissen Zeit stets wieder ihrer Ausgangsposition im Phasenraum beliebig nahekommen. Sowohl der Ort als auch die dynamischen Eigenschaften des Systems stimmen nach Ablauf einer gewissen Zeit mit Ort und Dynamik der Ausgangssituation überein,

oder anders ausgedrückt: Nach einer bestimmten Zeit kehrt ein beliebiges, phasenraumbegrenztes System wieder in seinen Ausgangszustand zurück, es erscheint gewissermaßen dupliziert. Es läßt sich sogar zeigen, daß ein System *unendlich oft* an seinen Ausgangspunkt zurückkehren muß!

Wenn man auf der Basis dieser physikalischen Tatsachen die Reinkarnationsidee vertreten möchte, so muß man zeigen, daß unser gesamtes Universum als phasenraumbegrenztes physikalisches System aufgefaßt werden kann. Dies ist im Rahmen der Newtonschen Mechanik tatsächlich möglich, d.h. die klassische Physik unterstützt die Idee der ewigen Wiederkehr.

Die Einsteinschen Feldgleichungen als Motiv für einen progressiven Kosmos

In Verbindung mit der klassischen nichtrelativistischen Physik ist das Poincarésche Theorem ein machtvolles Argument für den Reinkarnationsgedanken. Im Unterschied dazu zeigt die Allgemeine Relativitätstheorie jedoch Möglichkeiten, den zyklischen Kreislauf zu durchbrechen. Dies folgt aus der Tatsache, daß *die Einsteinschen Feldgleichungen keinen endlichen Phasenraum zulassen,* womit eine wesentliche Voraussetzung des Poincaré-Theorems in der Allgemeinen Relativitätstheorie nicht zutrifft.
Zum Nachweis dieser Aussage betrachten wir das Verhalten des Universums knapp vor der Endsingularität. Da die Gravitation stets anziehend wirkt und ihre Stärke mit zunehmender Distanzverringerung stets zunimmt, divergiert die Kontraktionsgeschwindigkeit des Universums gegen unendlich, und somit auch das Volumen des Geschwindigkeitsraumes. Andererseits geht das Volumen des Ortsraumes bei der Kontraktion gegen Null. Das Volumen des Phasenraumes setzt sich jedoch aus beiden Volumenanteilen zusammen, es bleibt unendlich groß.
Damit sind die Voraussetzungen für Poincarés Theorem durchbrochen, was natürlich zunächst kein Beweis für eine Nichtwiederkehr

ist. F. Tipler zeigt jedoch, daß unter zwei Voraussetzungen, die bei dem derzeitigen Stand der Physik als wahrscheinlich angenommen werden können, ein *Theorem der Nichtwiederkehr* existiert. Diese Voraussetzungen sind:

1. *Gravitation wirkt stets anziehend.*
2. *Das Universum ist nicht statisch.*

Beide Annahmen wurden bereits in der obigen Beweisführung verwendet. Wie wir in Teil III gesehen haben, ist ein statisches Universum (Einstein-Universum) instabil, eine winzige Zustandsschwankung würde ausreichen, um daraus ein expandierendes oder kontrahierendes Universum zu machen. Die zweite Annahme kann somit als selbstverständlich angesehen werden. Etwas problematischer verhält es sich mit der ersten Voraussetzung. Sie entspricht zwar allen gegenwärtigen empirischen Befunden, es existieren jedoch auch vereinzelt Spekulationen über eine abstoßende Gravitationswirkung. Die endgültige Entscheidung über diese Frage kann erst die zukünftige Physik fällen. Beim derartigen Stand der Entwicklung gilt:

Die Physik des 19. Jahrhunderts unterstützt die Reinkarnationsidee, jene des 20. Jahrhunderts dagegen die Vorstellung eines progressiven Kosmos.

7. Unterschiede und innere Gefahren

Die aufgequollene Ratio

Die bisherigen Ausführungen machen deutlich, daß für eine Annäherung zwischen Theologie und Naturwissenschaft eine Balance zwischen der kontemplativen und der rationalen Ebene notwendige Voraussetzung ist. Nachdem wir bereits in Teil II auf eine bei Verringerung der Ratio entstehende Verzerrung des Gesamtbildes eingegangen sind, müssen wir an dieser Stelle auf die Gefahr einer Überbetonung der Ratio hinweisen.

Als Naturwissenschaftler weiß ich den Wert rationaler Analysen durchaus zu schätzen. Sie sind dann am tauglichsten, wenn die in der Hertzschen Ebene verwendeten Strukturen ein „taugliches" Abbild des im Dunkel bleibenden Phänomens darstellen. Falls jedoch nur ein Schemen betrachtet wird, dem kein tiefliegendes, motivierendes Urbild der irrationalen Ebene zukommt, so kann die rationale Analyse zu einer „Biffle-Theorie" entarten. Der geringe Bekanntheitsgrad dieser Theorie ist darauf zurückzuführen, daß es sie strenggenommen gar nicht gibt. Das von *A. A Austin* in *The Mathematical Gazette* gegebene Beispiel beschreibt Stil und Gehalt dieses Theorietypus besser als jede Definition:

„A. C. Jones in his paper „A Note on the Theory of Boffles", Proceedings of the National Society, 13, first defined a Biffle to be a non-definite Boffle and asked if every Biffle was reducible.

C.D. Brown in „On a paper by A.C. Jones", Biffle, 24, answered in part this question by defining a Wuffle to be a reducible Biffle and he was then able to show that all Wuffles were reducible.

H. Green, P. Smith und D. Jones in their review of Brown's paper, Wuffle Review, 48, suggested the name Woffle for any Wuffle other than the non-trivial Wuffle und conjectured that the total number of Woffles would be at least as great as the number so far known to exist. They asked if this conjecture was the strongest possible.

T. Brown in „A collection of 250 papers on Woffle Theory dedicated to R. S. Green on his 23rd Birthday" defined a Piffle to be an infinite multi-variable sub-polynormal Woffle which does not satisfy the lower regular Q-property. He stated, but was unable to prove, that there were at least a finite number of Piffles.

T. Smith, L. Jones, R. Brown und A. Green in their collected works „A short introduction to the classical theory of the Piffle", Piffle Press, 6 gns., showed that all bi-universal Piffles were strictly descending und conjectured that to prove a stronger result would be harder.

It ist this conjecture which motivated the present paper."

Biffle-Theorien erhalten sich ohne Notwendigkeit am Leben und wissen ihre Anhänger trotzdem zu ernähren. Im obigen Beispiel fällt es nach der dritten Ebene kaum mehr auf, daß es sich bei den zugrundeliegenden Fragestellungen um einen F..rz handelt. Theorien dieser Art existieren sowohl in der Theologie als auch – seit mehreren Jahrzehnten – in der Mathematik. Da Physik und Mathematik ab einem gewissen Niveau eng miteinander verknüpft sind, kann sich diese Entwicklung für die Naturwissenschaft zukünftig durchaus nachteilig auswirken. Schon heute bewegt man sich bei vielen kosmologischen Fragestellungen weit außerhalb des Bereiches einer experimentellen Verifizierbarkeit, so daß Eleganz und Symmetrie der Gleichungen oft als einzige Wegweiser dienen müssen. Wie, wenn dieser wunderbare formale Apparat, der seine Leistungsfähigkeit der Affinität seiner verwendeten Bilder mit jenen des Bereiches U_N verdankt, nun durch Elemente angereichert wird, die diese für echte Naturphilosophie notwendige Verbindung nicht mehr aufweisen?

Dann wäre jede weitere Forschung eine Reise ins Nichts, in ein möglicherweise ästhetisches, aber letztlich doch hohles Reich, das keine Verbindung mehr mit der Wirklichkeit zeigt.
Die Theologie der Vergangenheit ist von dem obigen Beispiel noch wesentlich stärker betroffen als die Mathematik der Gegenwart. Allerdings belächelt man auch in Theologenkreisen die einst mit allem Scharfsinn unternommenen Analysen zu bedeutungsschweren Fragen der Art: „Wieviele Engel können auf einer Nadelspitze tanzen?"
Der ureigenste Bereich der Theologie ist der kontemplative. Es ist tragisch, wenn man auch gegenwärtig noch verzerrte oder fehlerhafte Abbilder der rationalen Ebene mit einer Zähigkeit verteidigt, die einer besseren Sache wert wäre. Tragisch deshalb, weil bisher ausnahmslos alle diese Behauptungen, sobald sie in den Bereich naturwissenschaftlicher Überprüfbarkeit gerieten, in sich zusammenstürzten.
Zum Nachweis dieser Aussage sei auf die folgende Tabelle verwiesen. Hier wurden wichtige, zur rationalen Ebene/Dogmatik zählende, mit dem kontemplativen Bereich kaum verbundene neuzeitliche Einsichten der Kirche den gleichzeitig geäußerten naturwissenschaftlichen Ansichten gegenübergestellt. Dabei wurde nicht selektiv vorgegangen, sondern alle zeitlich etwa parallel liegenden „Ereignispaare" aufgelistet (s. z. B. *Steins Kulturfahrplan*[56]):

Kirche	Jahr	Naturwissenschaft
	um 1670	
Die Oströmische Kirche übernimmt die Verwandlungslehre (Transsubstantiationslehre) des Abendmahls (1672).		Newton begründet die Infinitesimalrechung (1670). Witt verwendet die Wahrscheinlichkeitsrechnung für die Rentenbestimmung (1671).

um 1720

J. J. Scheuchzer hält Fossilien für organische Überreste der Sintflut. Er beschreibt einen fossilen Riesenmolch als „verruchten Sünder, so in der Sintflut ertrunken“ (1726).	A. v. Leuwenhoek,der Begründer der mikroskopischen Biologie, veröffentlicht seine gesammelten Werke (1722).

um 1750

Abschaffung der Hexenprozesse in Deutschland (1750).	B. Franklin erfindet den Blitzableiter (1752).

um 1780

Letzte Hexenhinrichtung in der Schweiz (1782). Inquisitionsverfahren gegen spanischen Automatenbauer (1783).	C.F. Gauß, der „Fürst der Mathematik“, wird geboren (1777). Laplace führt seinen „Dämon“ ein, und J. Watt baut seine Dampfmaschine (1782).

um 1830

Aufhebung der Inquisition in Spanien (1834).	J. Bólyai veröffentl. seine Beiträge zur nichteuklidischen Geometrie und Faraday führt das Konzept der Kraftlinien ein (1832).

um 1855

Katholisches Dogma der unbefleckten Empfängnis Marias (1854).	G. Boole veröffentl. seine Boolsche Algebra (math. Logik), und B. Riemann begründet die Riemannsche Geometrie (math. Grundlage der Einsteinschen Theorien) (1854).

um 1865	
Päpstliche Enzyklika gegen Pantheismus, Naturalismus, Rationalismus und Liberalismus als „hauptsächlichste Irrtümer der Zeit“ (1864).	Lenoir erfindet den Gasmotor (1860). Maxwell entwickelt seine Elektrodynamik und folgert die Existenz elektromagnetischer Wellen (1865).
um 1870	
Dogma von der Unfehlbarkeit des Papstes (1870).	Huggins bestimmt Sterngeschwindigkeiten aus dem Doppler-Effekt (1868).
um 1900	
L. N. Tolstoi wird wegen religiösen Sozialismus aus der russischen Kirche ausgeschlossen (1901).	Einstein veröffentlicht seine Spezielle Relativitätstheorie (1905).
um 1910	
Katholische Geistliche zur Ablegung des Antimodernisteneides verpflichtet (1911). Die Enzyklika *Pascendi dominici* verurteilt die der kirchlichen Lehre widersprechenden Aussagen als irrigen „Modernismus“ (1907).	Einstein berechnet den Einfluß der Schwerkraft auf die Lichtausbreitung, und E. Rutherford stellt sein Atommodell mit Kern und Elektronenhülle auf (1911).
um 1915	
Geistl. Schulaufsicht in Preußen aufgehoben; der protestantische Fundamentalismus in den USA bekämpft die biolog. Entwicklungslehre im Schulunterricht (1918).	Einstein veröffentlicht seine Allgemeine Relativitätstheorie (1915).

um 1920

Trennung von Staat und Kirche in Deutschland (1919).	Rutherford gelingt die erste künstliche Elementumwandlung (1919).

Eine Gegenüberstellung, die nicht ärgerlich, sondern nachdenklich machen sollte. Kein Wunder, daß viele Theologen hier als einfachsten Ausweg die Ebenentrennung vorschlagen. So verfügt das Council of the US National Academy of Sciences am 25. August 1981 wie folgt:

„Religion und Wissenschaft sind getrennte und einander ausschließende Bereiche des menschlichen Denkens, deren Darstellung in ein und demselben Zusammenhang zu einem falschen Verständnis sowohl der wissenschaftlichen Theorie als auch des religiösen Glaubens führt."

Diese simple Lösungsvariante (Position P1) vermag zwar den theologischen Bereich vor wissenschaftlichem Fortschritt zu schützen, ist aber der komplexen Problematik keineswegs angemessen. Schon Einstein warnte vor Jahrzehnten:

„ . . . Die Naturwissenschaft kann freilich niemals die Lehre von einem in Naturereignisse eingreifenden persönlichen Gott widerlegen, denn diese Lehre kann stets in jenen Gebieten Zuflucht suchen, in denen wissenschaftliche Erkenntnis bis jetzt noch nicht Fuß zu fassen vermochte. Aber ich bin überzeugt, daß ein solches Verhalten der Vertreter der Religion nicht nur unwürdig, sondern auch verhängnisvoll wäre."

Statik und Dynamik

Neben zahlreichen Analogien existiert in der Methodik von Theologie und Naturwissenschaft auch ein tiefgreifender Unterschied, der bei unserer bisherigen, ausschließlich statischen Betrachtungsweise unbemerkt geblieben ist: der Unterschied zwischen der dynamischen Entwicklung der Naturwissenschaft und der statischen Haltung der Theologie.

Wir erinnern nochmals an den früher zitierten Satz von Kuhn: „Der fortlaufende Übergang von einem Paradigma zum anderen auf dem Wege der Revolution ist das übliche Entwicklungsschema einer reifen Wissenschaft."

Diese angesprochene Dynamik steht in krassem Gegensatz zu der statischen Haltung der Theologie. Gerade der von den christlichen Kirchen (und dem Islam) ständig zu eliminieren gesuchte Zweifel ist die treibende Kraft bei der Gestaltung wissenschaftlicher Landschaften.

8. Teilintegrationen von Kant, Capra und Tipler

Die jahrhundertelange Auseinandersetzung zwischen Theologie und Naturwissenschaft spiegelt sich in den Werken vieler bedeutender Geister, aber nur wenige von ihnen haben eine vermittelnde Position bezogen. Ich möchte in diesem Abschnitt drei herausragende Integrationsversuche von Theologie und Naturwissenschaft skizzieren und ihre Beziehung zum allgemeinen Schema in Abb. IV.3 veranschaulichen.

Der Wunsch nach Einheit

Zunächst muß betont werden, daß die Gespaltenheit des abendländischen Menschen viele Facetten aufweist. Sie zeigt sich als Schwanken zwischen Wissen und Glauben, zwischen Vernunft und Gefühl, zwischen Verstand und Sinnen, wobei meistens die stark vereinfachende Gegenüberstellung der gebündelten Begriffe Vernunft, Geist und Wissenschaft einerseits mit dem konträren Bündel Gefühl, Trieb und Religion andererseits vorgenommen wird. Sowohl die Auftrennung, wie auch das Nebeneinanderstellen scheinbar assoziierter Elemente ist mißverständlich, und impliziert unzulässige Verallgemeinerungen.

Das Spannungsfeld zwischen Geist und Trieb ist ein zentrales Thema im Werk *Hermann Hesses* (1877–1962). Im Steppenwolf analysiert der Protagonist Harry Haller (= Hermann Hesse) diese gewaltsame Spaltung in zwei verschiedene Persönlichkeiten:

„Die Zweiteilung in Wolf und Mensch, in Trieb und Geist, durch welche Harry sich sein Schicksal verständlicher zu machen sucht, ist eine sehr große

Vereinfachung, eine Vergewaltigung des Wirklichen zugunsten einer plausiblen, aber irrigen Erklärung der Widersprüche, welche dieser Mensch in sich vorfindet und die ihm die Quelle seiner nicht geringen Leiden zu sein scheinen."

Daß diese willkürliche Trennung bloß eine Notlösung darstellt, kommt in den folgenden Zeilen deutlich zum Ausdruck:

„Trotz dieser scheinbar so klaren Einteilung seines Wesens in zwei Sphären, die einander feindlich sind, hat er es aber je und je erlebt, daß Wolf und Mensch sich für eine Weile, für einen glücklichen Augenblick miteinander vertrugen. Wollte Harry in jedem einzelnen Moment seines Lebens, in jeder seiner Taten, in jeder seiner Empfindungen festzustellen versuchen, welchen Anteil daran der Mensch, welchen Anteil der Wolf habe, so käme er sofort in die Klemme, und seine ganze hübsche Wolfstheorie ginge in die Brüche."[25]

Die Sehnsucht nach Aufhebung des Widerspruches, nach Einheit in Denken und Fühlen durchzieht auch alle anderen Werke Hesses und hat ihn zum Kultautor sensibler junger Menschen gemacht.
Ähnliche Ansichten vertritt der in Europa aufgewachsene und später in seine Heimat zurückgekehrte Inder *Aurobindo* (1872–1950), dem der östliche und der westliche Kulturkreis gleichermaßen bekannt sind. Er reflektiert über die Getrenntheit von Ratio und Kontemplation und die Unmöglichkeit, ausschließlich den Intellekt als Führer zur Wahrheit zu sehen:

„Die Krönung meiner intellektuellen Entwicklung war jene Zeit, als ich deutlich sehen konnte, daß das, was der Intellekt sagt, richtig oder unrichtig sein kann, daß das, was der Intellekt rechtfertigt, wahr ist und daß das Gegenteil davon ebenfalls wahr ist. Ich gewährte nie einer Wahrheit Einlaß in meinen Geist, ohne ihn gleichzeitig für das Entgegengesetzte offen zu halten . . . und die erste Folge davon war, daß der Intellekt sein Prestige einbüßte . . .
Das Leben entzieht sich den Formeln und Systemen, die der Verstand ihm aufzuerlegen bemüht ist; es zwingt uns zur Einsicht, daß es zu komplex ist, zu reich an der Fülle unendlicher Möglichkeiten, um sich der Tyrannei durch die Willkür des menschlichen Intellekts zu unterstellen . . . Der Kern der Schwierigkeit liegt darin, daß im tiefsten Grunde unseres ganzen Lebens und

Daseins, sowohl innen als auch außen, etwas vorhanden ist, über das der Intellekt niemals die Herrschaft ausüben kann: das Absolute, das Unendliche . . .
Alle Menschen, deren geistige Entwicklung fortgeschritten ist und die über das Durchschnittliche hinausgelangt sind, müssen auf die eine oder andere Art oder wenigstens zu gewissen Zeiten und für bestimmte Zwecke die beiden Teile des Geistes voneinander trennen, den einen aktiven Teil, der eine Gedankenfabrik ist, und den in der Stille gebietenden Teil, der zugleich ein Zeuge und Wille ist und die Gedanken beobachtet, beurteilt, zurückweist, ausmerzt, annimmt, Verbesserungen oder Änderungen vorschreibt – der Meister im Hause des Geistes, der zur Selbst-Herrschaft befähigt ist."

Neben diesem im Gefühlsbereich wurzelnden Wunsch nach Einheit existieren auch überzeugende rational orientierte Analysen für die Möglichkeit bzw. Notwendigkeit einer Integration verschiedener Ebenen. Mit diesen Modellen wollen wir uns in den folgenden Abschnitten auseinandersetzen.

Gott in den drei Kantschen Kritiken

Als erster neuzeitlicher Versuch einer Entscheidung zwischen religiöser Wahrheitsfindung einerseits und naturwissenschaftlicher Erkenntnis andererseits können die drei berühmten Kritiken des Königsberger Philosophen *Immanuel Kant* (1724–1804) angesehen werden.
Vor Kant wurde das abendländische philosophische Denken durch zwei sich feindlich gegenüberstehende Theorien beherrscht: durch das deutsche Leibniz-Wolffsche System des *Rationalismus* und den von den Engländern John Locke und David Hume ausgestalteten *Empirismus.* Das Leibniz-Wolff-System war Vernunftsphilosophie, seine Methode streng dogmatisch. Die Grundhaltung dieser Anschauung lautete:

Wahr ist, was die menschliche Vernunft über die Welt aussagt.

Für die Rationalisten ist also die menschliche Vernunft und nicht die Erfahrung die Grundlage aller Erkenntnis. Der Erfahrung (Empirie) wird weder als Quelle noch als Grenze der Erkenntnis eine Bedeutung zugesprochen. Logischerweise kommt der Leibniz-Wolffsche Rationalismus zu dem Schluß, daß Metaphysik – d.h. eine über jede Erfahrung hinausgehende Wissenschaft – durchaus möglich ist. Reines Denken vermag also in Bereiche zu führen, die jenseits aller Erfahrung liegen. Vernunftgemäßes philosophieren über Gott, Jenseits, die unsterbliche Seele und andere metaphysische Themen ist somit legitim.
Im Unterschied dazu vertritt der Empirismus eine völlig konträre Position:

Es ist nichts im Verstand, was nicht vorher in den Sinnen gewesen ist.

Für die Empiristen ist also die Erfahrung die wesentliche Grundlage menschlicher Erkenntnis, sie ist ihre Quelle und auch ihre Grenze. Folgerichtig kommen die Empiriker zum Schluß, daß keine über den menschlichen Erfahrungsbereich hinausgehende Wissenschaft möglich ist. Nach ihrer Ansicht ist Metaphysik blanker Unsinn, jedes Vernünfteln über Gott, Jenseits, usw. reine Zeitvergeudung. David Hume schreibt dazu in seiner *Enquiry Concerning Human Understanding*:[27]

„Nehmen wir z. B. ein theologisches oder ein metaphysisches Buch zur Hand, so müßten wir fragen: *Enthält es eine abstrakte Untersuchung über Größe und Zahl?* Nein. *Enthält es erfahrungsgemäße Erörterungen über Tatsachen und Existenz?* Nein. So übergebe man es den Flammen, denn es kann nur sophistische Täuschungen enthalten."

Kant war zunächst ein überzeugter Anhänger des Rationalismus gewesen, bevor ihn die Theorien Lockes und Humes in Zweifel stürzten. In den folgenden Jahren sah er seine Aufgabe darin, eine Entscheidung zwischen diesen beiden einander scheinbar ausschließenden philosophischen Systemen herbeizuführen. Nach mehr als zwei Jahrzehnten intensiver Gedankenarbeit präsentierte der Königsberger der erstaunten Fachwelt seine Antwort in der *Kritik der reinen Vernunft* (1781).[30]

Hier zeigt Kant in überzeugender Weise, daß beide divergierenden Anschauungen ihre Berechtigung haben, allerdings in einem weniger umfassenden Rahmen, als ursprünglich angenommen wurde. Grundlage der umfangreichen, schwer lesbaren Abhandlung ist eine im abendländischen Bereich erstmals vorgenommene Analyse des menschlichen Denkapparates. (In diesem Zusammenhang muß an den indischen Philosophen Schankara (s. Abschnitt I.4) erinnert werden, der sich mit dieser Problematik bereits tausend Jahre früher auseinandergesetzt hatte.)

Kants scharfer Verstand hakt zunächst bei dem verschwommenen Begriff der „Erfahrung" nach. Ist Erfahrung etwas, das ausschließlich von den Sinnen in unseren Verstand kommt, oder ist sie bereits etwas Zusammengesetztes, ein Konglomerat, das sich sowohl aus den Eindrücken von außen als auch aus von unserem Verstand gelieferten inneren Fermenten zusammensetzt?

Wenn man beispielsweise eine Rose betrachtet, so vermitteln uns die verschiedenen Sinne ihre Farbe (Augensinn), ihren Geruch (Geruchssinn), ihre Form (Tastsinn und Augensinn), somit zunächst eine Fülle scheinbar unorganisierter Einzeleigenschaften des Gegenstandes „Rose". Irgendetwas in uns muß jedoch diese Einzeleigenschaften ordnen, sie in eine zeitliche und räumliche Korrelation setzen. Dieses ordnende Etwas kommt nach Kant nicht von außen, sondern es ist in unserem Verstand bereits *a priori* (von vornherein), also unabhängig von jeder Erfahrung vorhanden.

Kant bezeichnet diese nicht in der Erfahrung, sondern im Verstand verankerten, organisierenden Elemente als *Kategorien*:

Kategorien organisieren die sinnliche Erfahrung.

Wie kann man diese Kategorien auffinden, sie explizit benennen? Dies gelingt, indem man von den äußeren Gegenständen all jene sinnlichen Elemente wegstreicht, solange dadurch die innere Vorstellung des Gegenstandes selbst nicht vernichtet wird. Beispielsweise kann man bei der Rose den Geruch, die Farbe, ja sogar die Form streichen, ohne damit die Vorstellung des Gegenstandes zu vernichten. Was man jedoch nicht streichen kann, ist ihre Ausgedehntheit im Raum. Die Raumvorstellung ist also a priori in unserem Verstand vorhanden, d.h. der Raum ist eine Kategorie, er ist eine apriorische Anschauungsform unserer äußeren Sinne.

In ähnlicher Weise zeigt Kant, daß auch die Zeit a priori gegeben ist: So verschieden die Vorstellungen auch sein mögen, die wir uns von den äußeren Gegenständen machen, so haben sie doch eines gemeinsam: sie verlaufen alle in der Zeit. Die Zeit haftet nicht an einem der äußeren Gegenstände, sie kommt nicht von außen, sondern ist eine notwendige Bedingung der Wahrnehmung äußerer Gegebenheiten, somit ebenfalls eine apriorische Anschauungsform. Zusammenfassend gilt also:

Raum und Zeit sind Kategorien.

Neben den Kategorien Raum und Zeit präsentiert Kant noch ein ganzes Bündel weiterer Kategorien wie Quantität, Qualität, Relation und Ursache. Eine Wissenschaft, die sich ausschließlich in apriorischen Formen bewegt, kann unabhängig von jeder Erfahrung existieren. Kant bezeichnet derart gewonnene Erkenntnis als *reine Erkenntnis*, da ihr nichts Empirisches beigemengt ist. Mathematik bewegt sich nach der Kantschen Auffassung ausschließlich im Bereich der apriorischen Kategorien Raum und Zeit: Die Geometrie behandelt abstrakte räumliche Verhältnisse, während die Arithmetik rechnet. Rechnen ist aber letztlich Zählen, d.h. eine zeitlich sequentielle Tätigkeit. Geometrische und arithmetische Operationen verlaufen also ausschließlich in Raum und Zeit, ohne Bezug zu einem äußeren Gegenstand. Mathematik liefert somit reine Erkenntnis, sie kann ohne jede sinnliche Wahrnehmung existieren.
Diese kurze Skizzierung der einfachsten Kantschen Überlegungen kann natürlich nur einen allerersten Eindruck von der Absicht der bei ihrem Erscheinen über 800 Seiten umfangreichen Kritik der reinen Vernunft vermitteln. Das für die späteren Überlegungen wesentliche Ergebnis dieser Kantschen Kritik lautet:

Die Vernunft ist auf die sinnliche Erfahrungen organisierenden apriorischen Kategorien beschränkt.

Rein rationale Analyse kann daher niemals über den von den Kategorien erfaßbaren Bereich hinausgelangen. Da die Begriffe Gott, Jenseits, Unsterblichkeit der Seele etc. in diesen Kategorien nicht enthalten sind, entziehen sie sich jeder rationalen Analyse.

Jede rational orientierte Wissenschaft kann metaphysische Einsichten weder beweisen noch widerlegen.

In Abb. IV.3 bedeutet dies, daß eine Kontroverse zwischen den Ebenen U_R und R_N bereits nach den Erkenntnissen klassischer Philosophie sinnlos, weil logisch unzulässig ist. (Dasselbe gilt natürlich auch für die Ebenen U_N und R_R.)
Dem aufmerksamen Leser wird auffallen, daß die strenge Trennung der Kategorien Raum und Zeit in deutlichem Widerspruch zur Relativitätstheorie steht, nach der Raum und Zeit als Einheit angesehen werden muß. Tatsächlich hat es in dieser Frage Kontroversen zwischen Philosophen und Physikern gegeben. Die Philosophen parierten den Angriff, indem sie bestritten, daß die apriorischen, von jeder Erfahrung unabhängigen Kategorien Raum und Zeit von der Erfahrung her (= empirische Physik; Michelson-Experiment etc.) geändert werden könnten. In seinem Buch *Philosophische Probleme der modernen Physik* legt der Physiker *Peter Mittelstädt* den Streit bei.
Zum Verständnis seiner Beweisführung erinnern wir an die Abbildung III.1: Mit (x_1,t_1) in kausalem Zusammenhang stehende Ereignisse müssen stets innerhalb des Lichtkegels liegen, sie werden bezüglich (x_1,t_1) als *zeitartig liegend* bezeichnet. Alle außerhalb befindlichen Ereignisse werden zu (x_1,t_1) als *raumartig liegend* bezeichnet, sie stehen mit (x_1,t_1) also in keinem kausalen Zusammenhang. Die Reihenfolge zeitartiger Ereignisse kann durch Verwendung verschiedener Bezugssysteme nicht manipuliert werden (im Einklang mit dem Kausalitätsgesetz: Die Wirkung kann nie vor der Ursache auftreten), die Reihenfolge raumartiger Ereignisse hingegen schon (wobei aber keine Verletzung des Kausalitätsprinzips auftritt, da zueinander

raumartig liegende Ereignisse in keinem ursächlichen Zusammenhang stehen).
Bei der Kantschen Analyse des Erkenntnisvorganges werden die Erscheinungen durch die Zeitkategorie in eine zeitliche Ordnung gebracht. Für den einzelnen Beobachter können hier nur kausal zusammenhängende Ereignisse betrachtet werden. Für derartige Ereignisse sind nach dem oben Gesagten die Reihenfolgen nicht umkehrbar, sie verhalten sich somit genauso, wie man es von der Raum und Zeit als getrennte Größen auffassenden Newtonschen Physik her gewohnt ist. Für zeitartige Ereignisse kann also nichts passieren, Kant darf hier so argumentieren, als würden tatsächlich die Newtonschen Gesetze in voller Allgemeinheit gelten, er darf Raum und Zeit ungestraft als getrennt ansehen.

Die kritischen raumartigen Ereignisse hingegen werden beim Kantschen Erkenntnisvorgang durch die Kategorien gar nicht erfaßt, hier kann also von vornherein nichts passieren. Fazit: Kant ist vor der Relativitätstheorie gerechtfertigt; die von der klassischen Philosophie erkannte Notwendigkeit einer Trennung der Ebenen R_N und U_R wird auch von der modernen Physik bestätigt!
Das oben zitierte Gegenargument der Philosophen weist Einstein mit folgenden Worten zurück:

„Es ist nach meiner Überzeugung eine der verderblichsten Taten der Philosophen, daß sie gewisse begriffliche Grundlagen der Naturwissenschaft aus dem der Kontrolle zugänglichen Gebiete des Empirisch-Zweckmäßigen in die unangreifbare Höhe des Denknotwendigen (Apriorischen) versetzt haben.“[17]

Kants erste und berühmteste Kritik hat die naive Vorstellung rational tauglicher Gottesbeweise gründlich zerstört. Sieben Jahre später nähert er sich dem Thema von einer anderen Seite. Er führt neben der monologischen rationalen Vernunft, die er als Instrument der Metaphysik als untauglich erkannt hatte, die dialogische praktische Vernunft ein. In seiner zweiten Kritik, der *Kritik der praktischen Vernunft* (1788)[31] argumentiert er, daß das im Menschen existierende innere moralische Gesetz als Hinweis für die Existenz Gottes gewertet

werden kann: Nicht die Wissenschaft, sondern die Ethik verweist auf Gott!
Mit dieser Anschauung begibt er sich von der rein rationalen Position weg zu einer eher spirituellen Ebene, die man in Abb. IV.3a als Hinwendung zum Bereich U_R charakterisieren könnte. In diesem Zusammenhang entwickelt Kant seinen berühmten *kategorischen Imperativ*: Alle eigenen Handlungen sollen auf Prinzipien fußen, die man sich als allgemein verbindliche Gesetze wünscht. Die Bezeichnung *Imperativ* verweist hier auf die moralische Pflicht, das Wort *kategorisch* verdeutlicht die ausnahmslose Gültigkeit für jedermann. Nach Kants eigenen Worten lautet die obige Regel[32]:

> *„Der kategorische Imperativ, der überhaupt nur aussagt, was Verbindlichkeit sei, ist: Handle nach einer Maxime, welche zugleich als allgemeinverbindliches Gesetz gelten kann!"*

In seiner dritten Kritik, der *Kritik der Urteilskraft* (1790) versuchte Kant eine Integration seiner beiden ersten Anschauungen, eine Aufgabe, vor der letztlich auch sein scharfer Verstand kapitulierten mußte.

Das Tao der Physik

Vor mehr als zwanzig Jahren überraschte der Physiker *Fritjof Capra* die Welt mit seinem Werk *Das Tao der Physik*,[8] in dem er auf frappierende Analogien zwischen moderner Physik und fernöstlicher Mystik hinweist. Capra behauptet, daß uns bereits die beiden Säulen moderner Physik – die Relativitätstheorie und die Quantentheorie – zwingen, die Welt wie ein Buddhist, Hindu oder Taoist zu sehen, und daß sich die Analogien bei den neueren Modellen der Vereinheitlichung noch weiter verstärken. Nach Capra sind es nicht die dogmatisch starr ausgerichteten theologischen Systeme der jüdischen Tradition, sondern gerade jene die rationale Seite schwächer betonenden Systeme östlicher Mystik, die diese Übereinstimmung mit der modernen Physik zeigen. Bertrand Russell beschreibt den Unterschied zwischen westlichen und östlichen Religionsphilosophien mit folgenden Worten[52]:

„Die Kombination von Mathematik und Theologie, die mit Pythagoras begann, charakterisiert die Religionsphilosophie in Griechenland, im Mittelalter und in der Neuzeit bis herauf zu Kant ...Bei Plato, Augustinus, Thomas von Aquin, Descartes, Spinoza und Leibniz gibt es eine innige Vermischung von Religion und Vernunft, von moralischem Streben und verstandesmäßiger Bewunderung des Zeitlosen, die sich von Pythagoras herleitet und die intellektualisierte Theologie Europas von den gradlinigeren mystischen Systemen Asiens unterscheidet."

Vergleicht man Capras Modell mit Abb. IV.3, so muß man die Teilabbildung IV.3a dahingehend deuten, daß auf der Ebene der Ratio nur die (dogmatisch nicht strukturierten) verbalen Beschreibungen meditativer Transzendenzerfahrungen enthalten sind. Die Untauglichkeit der Sprache zur Wiedergabe geschauter Bildinhalte vergleicht Capra mit der Situation der Quantentheorie, wo die über dem Bereich der Hertzschen Scheinebene liegende verbale Artikulationsebene ebenfalls mißverständlich ist. Als Beispiel stellt er die Äußerungen des Zen-Spezialisten D.T. Suzuki über Buddhismus den Äußerungen des Physikers W.Heisenberg über Atomphysik gegenüber. Suzuki meint:

„Der Widerspruch, der die gewöhnliche Denkweise so verwirrt, kommt von der Tatsache, daß wir die Sprache benutzen, um unsere innere Erfahrung, die in ihrer ganzen Natur die Linguistik überschreitet, mitzuteilen."[58]

Heisenbergs Bemerkungen über Atomphysik klingen nahezu identisch[23]:

„Die Probleme der Sprache sind hier doch sehr ernsthafter Natur. Wir wollen in irgendeiner Weise über die Struktur eines Atoms sprechen . . . Aber wir können in der gewöhnlichen Sprache nicht über die Atome (selbst) reden."

Dieser paradoxe Aspekt kann auf der verbalen Ebene R_R auf zweierlei Art behandelt werden: man kann ihn abschwächen, wie es im Hinduismus mit Hilfe mythischer Sprache versucht wird, oder man kann das Element des Paradoxen betonen, eine Technik, die vom ursprünglichen Taoismus ausging, und im *Koan-System* des Zen-Buddhismus weiterentwickelt wurde.
Koans sind scheinbar unsinnige Rätsel mit irrationaler Wortwahl und paradoxen Inhalten. Sie sind absichtlich so konstruiert, daß sie durch reines Denken unlösbar sind. Der Zen-Schüler soll dadurch auf die verbal nicht faßbare, höhere Wirklichkeit eingestimmt werden:

„Du kannst das Geräusch von zwei klatschenden Händen erzeugen. Wie ist jetzt das Geräusch einer Hand?"

Nach Betrachtungen der grundlegenden Analogien geht Capra den einzelnen Übereinstimmungen nach. Wir wollen hier nur kurz seine Analogiebetrachtung über das Quantenfeld und den Begriff der „schöpferischen Leere" östlicher Anschauungen skizzieren:
In der Quantenfeldtheorie existiert kein Unterschied zwischen dem festen Teilchen und dem ihn umgebenden Raum. Das Quantenfeld ist ein in Raum und Zeit kontinuierliches Medium, Teilchen werden durch eine raumzeitliche Verdichtung des Feldes charakterisiert. Es kann also gewissermaßen als „schöpferische Leere" interpretiert werden, die Partikel kommen und lösen sich in dem Medium wieder auf, sie verlieren ihren individuellen Charakter. Im Vergleich dazu ist nach den Anschauungen östlicher Mystik die Realität jenseits aller Formen, sie ist ebenfalls eine Leere, aus der alles entsteht und zurücksinkt, kein Nichts also, sondern ein schöpferischer Quell allen Seins. In den Upanischaden heißt es:

> „In Ruhe bete er Es an
> Als das, von dem er kommt,
> Als das, in dem er sich auflösen wird,
> Als das, in dem er atmet."

Im Neo-Konfuzianismus erscheint die Leere des Buddhismus gewissermaßen verdichtet zum Ch'i, einer dünnen, aber unsichtbaren Form der Materie, die sich durch örtliche Konzentration zu makroskopischen Objekten verdichten kann. Eine Vorstellung also, die dem Quantenfeld beinahe noch besser angepaßt erscheint:

„Wenn sich das Ch'i verdichtet, wird seine Sichtbarkeit augenscheinlich, so daß es dann die Formen (der individuellen Dinge) gibt. Wenn es sich verdünnt, ist seine Sichtbarkeit nicht mehr augenscheinlich, und es gibt keine Formen. Kann man bei seiner Verdichtung etwas anderes sagen, als daß dies nur zeitweilig ist? Aber kann man bei seiner Zerstreuung vorschnell sagen, daß es dann nicht existiert?"

Weitere Übereinstimmungen erstaunen: Capra zeigt die Parallelen östlicher Anschauungen und moderner physikalischer Aussagen hinsichtlich der Raum-Zeit und des dynamischen Universums und bezeichnet die subtilen Symmetrien der Quantenfeldtheorien als neues Koan. Abschließend sei betont, daß sich Capra stets um eine ganzheitliche Sicht der Dinge bemüht, seine Argumente sind also oft holistischer Natur. Nun war die Physik des neunzehnten Jahrhunderts ausnahmslos reduktionistisch, die des zwanzigsten Jahrhunderts ist es immerhin noch teilweise. Auch in den modernen Theorien der Vereinheitlichung verwendet man noch immer das Bild der elementaren Grundbausteine der Materie, man geht von der Existenz weniger Elementarteilchen (bzw. elementarer Felder) aus, aus denen der gesamte physikalische Kosmos aufgebaut ist. Capra wendet sich gegen diese Hypothese und befürwortet eine neuartige physikalische Entwicklung, die derzeit noch verhältnismäßig wenig Anhänger hat: die *Bootstrap-Hypothese*. Diese von Geoffrey Chew gegründete Theorie sieht das Universum als ein dynamisches Ganzes, es gibt keine fundamentalen Teile, ja es existieren nicht einmal fundamentale Gesetze oder Gleichungen. Die wesentliche Annahme ist die der „Selbstkonsistenz", d.h. sämtliche Komponenten des Universums müssen eine für die Einbettung in ein Ganzes notwendige „Verträglichkeit" zeigen.

Die in Capras Werk aufgezeigte Verwandtschaft zwischen fernöstlicher Mystik und theoretischer Physik ist ein deutlicher Hinweis dafür, daß die Trennwand zwischen den beiden Bereichen U_R und U_N aus Abb. IV.3 diffus sein muß: weitreichende Analogien zwischen den Ebenen R_R und R_N können nur durch eine Verwandtschaft von Inhalten aus U_R und U_N erklärt werden.

Tiplers provokanter Reduktionismus

Während es Capra vermeidet, auf die sogenannten „letzten Fragen", die Existenz Gottes, Jenseits usw. näher einzugehen, zeigt der amerikanische Kosmologe *F. Tipler* keine derartige Zurückhaltung. Im Unterschied zu Capra vertritt er eine rein reduktionistische Position und kommt zu diametral entgegengesetzten Aussagen: Er entwickelt ein physikalisches Modell, das als Basis aller Weltreligionen tauglich erscheint, allerdings eine wesentlich stärkere Affinität zu den Aussagen der jüdisch-monotheistischen Religionen zeigt.
Tipler vertritt die in III.9 skizzierte Omegapunkt-Theorie, zusammen mit einer speziellen, von ihm vorgeschlagenen Randbedingung. Damit gelingt ihm die Konstruktion eines kosmologischen Modells, das unter gewissen Voraussetzungen – er gibt diese Voraussetzungen explizit an – spektakuläre philosophische Konsequenzen zeitigt: Tipler entwickelt hier die Vorstellung einer personalen, allmächtigen, allwissenden, allgegenwärtigen Struktur, die der jüdisch-christlich-islamischen Gottesvorstellung sehr nahestehend scheint. Auf der Basis dieses Modells vermag er auch die wahrscheinliche Existenz des Heiligen Geistes u. a. m. zu erklären.
Das scheinbar Absurde an Tiplers Theorie ist, daß sich unter streng reduktionistischen Voraussetzungen *eine Theorie von der Auferstehung des Fleisches und des ewigen Lebens konstruieren läßt.* Der Kosmologe bezieht folgende provokante Ausgangsposition[61]:

„Man muß davon ausgehen, daß alle Formen von Leben – einschließlich des menschlichen – denselben physikalischen Gesetzen unterliegen wie Elektronen

und Atome. Darum ist für mich ein menschliches Wesen nichts weiter als eine besondere Art von Maschine, das menschliche Gehirn lediglich ein Gerät zur Informationsverarbeitung, die menschliche Seele ein von einem Gehirn genannten Computer durchgeführtes Programm."

Obwohl in Tiplers Argumentation scheinbar jedes holistische Ferment fehlt, gelingt ihm das Eindringen in die sogenannten letzten, höchsten, ganzheitlichen Bereiche. Die Einordnung seiner Methodik in Abb. IV.3 ist einfach: sie besteht im Streichen der Abb. IV.3a, da Tipler nach eigener Aussage nicht glaubt, daß jemals ein Prophet tatsächlich ein besonderes Wissen über die letzten Dinge gehabt hat. Für ihn existiert also nur die rechte Seite des Bildes.

„Entweder ist Theologie blanker Unsinn, eine Wissenschaft ohne Gegenstand, oder aber die Theologie wird letztlich ein Teilbereich der Physik. Das hat einen einfachen Grund. Das Universum ist per definitionem die Gesamtheit alles Existierenden, die Gesamtheit der Realität. Daher ist, falls Gott existiert, Er/Sie per definitionem entweder das Universum oder ein Teil davon. Ziel der Physik ist das Verständnis dessen, was die Wirklichkeit letztendlich ist. Wenn Gott eine Realität ist, dann werden die Physiker Ihn/Sie über kurz oder lang finden. Mit diesem Buch behaupte ich, daß die Physik Ihn/Sie möglicherweise schon gefunden hat . . .

Kant behauptete, Physik könne niemals entscheiden, ob Gott existiert, ob wir einen freien Willen haben und ob Gott uns ein ewiges Leben schenkt. Ich bin anderer Ansicht. Ich werde diese „Probleme der Metaphysik" zu Problemen der Physik machen und beweisen, daß diese drei Fragen sehr wohl beantwortet werden können und daß die Antworten auf alle drei Fragen lauten: Wahrscheinlich existiert er, wahrscheinlich haben wir einen freien Willen, wahrscheinlich wird er uns ein ewiges Leben nach dem Tode schenken. Ich sage „wahrscheinlich", da es nicht Sache der Physik ist, eine absolut und mit Sicherheit wahre Antwort zu geben, die für alle Zeit gültig ist . . . Ich bin jedoch der Überzeugung, daß die „wahrscheinlichen" Antworten der Wissenschaft den „absolut sicheren" – das heißt falschen – Antworten der Metaphysik vorzuziehen sind."[61]

Aus diesen Worten erkennt man, daß sich auch noch eine andere Einordnungsmöglichkeit dieses Ansatzes in das Schema aus Abb. IV.3 vornehmen läßt: die Annahme der Identität der Bereiche U_R und U_N, bei völliger Negation aller theologischen Beweisführungen auf der Ebene R_R.

9. Tiplers Theorie über Gott und die Auferstehung der Toten

Gottesbegriff und Omegapunkt

Die drei monotheistischen Religionen postulieren die Existenz eines allgegenwärtigen, allwissenden und allmächtigen Gottes. Wir wollen nun zeigen, daß die Omegapunkt-Theorie diese Vorstellung unterstützt, und darüber hinaus sogar auf die Existenz des Heiligen Geistes hinweist.

Wir nehmen also explizit an, daß die Omegapunkt-Randbedingung und somit die im vorigen Kapitel skizzierte quantentheoretische Omegapunkt-Theorie zutrifft.

Nun muß der Omegapunkt als Vervollständigung der Raum-Zeit angesehen werden. Er liegt nicht „in" der Raum-Zeit, sondern gerade „außerhalb" davon. Damit wird seine Eigenschaft der *Allgegenwart* einsichtig. Weiter treffen sich alle Weltlinien im Omegapunkt, somit auch die Lichtstrahlen aller in der Vergangenheit, Gegenwart und Zukunft existierenden Lebewesen. Der Omegapunkt erlebt schließlich die gesamte Geschichte des Universums simultan. Für die weitere Diskussion betrachten wir nochmals die Omegapunkt-Randbedingung aus Kap. III. 10. Sie läßt die Möglichkeit zu, daß sich Informationsverarbeitung bis ins Vorfeld des Omegapunktes ausbreitet. Da Leben physikalisch gesehen Informationsverarbeitung bedeutet, ist damit prinzipiell die Ausbreitung von Leben bis ins Vorfeld des Omegapunktes ermöglicht. Natürlich bedeutet das nicht, daß sich Leben tatsächlich über einen derartig gigantischen Zeitraum ausbreiten kann. Schon die gegenwärtige Situation auf unserem Planeten gewichtet diese Möglichkeit als sehr unwahrscheinlich. Wir wollen jedoch für die weiteren Überlegungen annehmen, daß sich Leben im Universum mit geeigneter Geschwindigkeit ausbreiten kann, um vor dem großen Endkollaps das gesamte Universum vereinnahmt zu haben, und daß es die Fähigkeit besitzt, trotz der nahe am Endkollaps extremen Bedingungen zu existieren. Tipler zeigt, daß diese Annahme vernünftig ist, da bei der anisotropen Kontraktion des Universums Raum-Zeit-Bereiche existieren, die ein Überleben bis knapp vor die Endsingularität gestatten, wobei er dabei natürlich nicht unsere Spezies vor Augen hat, sondern „Leben" in der notwendigen Allgemeinheit definiert. Im Vorfeld des Omegapunktes muß Leben die Kontrolle über alle Materie erlangt haben, da seine Existenz ansonsten bei den extremen Bedingungen nicht möglich wäre. Daher kann der Omegapunkt als Vervollständigung allen Lebens als *allmächtig* angesehen werden.

Schließlich erinnern wir an die in Kap. III. 10 formulierte Omegapunkt-Randbedingung, nach der die vor dem Endkollaps existierende Informationsmenge divergiert. Da die gespeicherte Information im Vorfeld des Omegapunktes unendlich ist, kann der Omegapunkt als *allwissend* angesehen werden.

Es stellt sich nun die Frage, ob der Omegapunkt als Person interpretiert werden kann. Die Antwort auf diese Frage hängt natürlich davon ab, wie man den Begriff der Personalität definiert. In der modernen Informationstheorie, die sich unter anderem mit der Problematik der KI (künstlichen Intelligenz) auseinandersetzt, geht man davon aus, daß sich Personalität durch Verhalten definiert. Die Entscheidung, ob einem Computer Intelligenz zukommt, wird durch den nach dem englischen Informatiker *Alan Turing* benannten *Turing-Test* entschieden. Dabei stellt man sich einen Computer und einen Menschen in zwei getrennten Räumen untergebracht vor. Eine weitere Versuchsperson, die nicht weiß, in welchem Raum sich wer aufhält, kommuniziert per Bildschirm abwechselnd mit Mensch und Computer. Falls nach einer beliebig langen Zeit auf Grund der Antworten nicht festgestellt werden kann, welche Antworten vom Menschen, und welche vom Computer kommen, so muß der Maschine Personalität und Bewußtsein zugesprochen werden. Sie verhält sich so, als wäre sie eine Person, also ist sie eine Person.

Auch wenn man dieser Definition der Personalität durch das Verhalten vielleicht etwas skeptisch gegenübersteht, so erscheint sie doch seriöser als jene, die das äußere Erscheinungsbild als Maßstab verwendet. Im Sinne der obigen Definition muß der Omegapunkt als *personal* angesehen werden.

Eine allmächtige, allgegenwärtige, allwissende Person steht im Einklang mit der Gottesvorstellung des Christentums (und anderer Religionen). Interessanterweise existiert auch eine überzeugende physikalische Interpretation des heiligen Geistes. Falls die Omegapunkt-Randbedingung tatsächlich eine einzige Wellenfunktion für das Universum ergibt (dies kann derzeit noch nicht bewiesen werden), so gewichtet die Wellenfunktion die Trajektorien im Funktionenraum (g,f) durch Wahrscheinlichkeiten, d.h. die Zukunft lenkt alles Gegenwärtige auf Phasenwegen in sich selber, wobei diese Lenkung jedoch nicht als strenger Determinismus verstanden werden kann, da sie nur mehr oder weniger wahrscheinlich ist. Mit anderen Worten ausgedrückt: es existiert ein alles durchdringendes, der Omegapunkt-Randbedingung genügendes physikalisches Feld, nämlich die Wellenfunktion, die alles Sein in sich selber lenkt, ohne es streng zu determinieren. Dabei ergibt sich die Personalität ebenso wie beim Omegapunkt. Diese Eigenschaften entsprechen aber gerade der theologischen Standarddefinition des heiligen Geistes!

Tiplers Omegapunkt-Modell erlaubt also die physikalische Charakterisierung einer „zweieinigen" Gottheit. Um in Übereinstimmung mit der christlichen Auffassung zu kommen, müßte die Person Jesu glaubhaft in dieses Bild integriert werden können. Tipler meint, daß eine derartige Möglichkeit zwar besteht, das Ergebnis jedoch sehr gekünstelt wirkt. Lassen wir ihn selbst zu Wort kommen[61]:

„Hier geht es darum, ein Modell dafür zu finden, wie ein Wesen gleichzeitig ein wahrer Mensch und der eine (monotheistische) Gott sein kann. Und hier ist es fast unmöglich, nicht zum Ketzer zu werden. Denn wenn die menschliche Natur zu sehr im Vordergrund steht, wird Christus zur bloßen Schöpfung, zwar an höchster Stelle in der geschaffenen Ordnung stehend und über die anderen Kreaturen erhaben, aber keineswegs Gott; dies ist die Ketzerei des Arianismus. Betonen wir andererseits die göttliche Natur zu stark, machen

wir Christus zum Betrüger, der keineswegs ein Mensch ist, sondern Gott, der vorgibt, ein Mensch zu sein. Das historisch bedeutendste Beispiel für diese zweite Form der Ketzerei ist der sogenannte Apollinarismus, der behauptete, Jesus habe keine menschliche Seele; statt dessen bilde das Wort (Logos) seine gesamte Persönlichkeit. Vielleicht lassen sich im Zusammenhang mit der Omegapunkt-Theorie beide Häresien vermeiden . . .“

Anschließend verweist Tipler auf die Möglichkeit, daß ein menschliches Gehirn prinzipiell Zugriff zu jenen Daten haben könnte, die zukünftig in der Nähe des Omegapunktes existieren. Nach den Erkenntnissen der Quantenkosmologie wäre ein derartiger Zugriff prinzipiell möglich, da auf der Ebene der Quantengravitation Vergangenheit und Zukunft nicht global unterscheidbar sind (s. dazu Abschnitt III.10). Die Person Jesu könne dann in ihrer Wechselbeziehung mit dem Omegapunkt als eine „einheitliche Persönlichkeit betrachtet werden, die gleichzeitig Gott und Mensch ist . . . das eigentliche Menschsein [würde] in seiner Endlichkeit existieren; der unendliche Teil der integrierten Persönlichkeit hingegen würde in der beliebig fernen Zukunft fortdauern . . .“
Tipler zeigt die hohe Unwahrscheinlichkeit einer derartigen Wechselbeziehung, räumt aber ein[61]:

„ . . . es könnte möglich sein. Es wäre sogar unvermeidlich, wenn das Auftreten einer solchen Persönlichkeit in einem bestimmten Stadium der Geschichte nötig wäre, damit am Ende der Omegapunkt hervorgehen kann. In diesem Fall wäre die Unvermeidlichkeit von Beginn an im Universum codiert (‚Im Anfang war das Wort‘).“

Die physikalische Auferstehung der Toten

Alle Weltreligionen enthalten in gewisser Weise die Vorstellung einer Überwindung des Todes. In jüngster Zeit meldet sich in dieser Frage auch die theoretische Physik zu Wort. Tipler behauptet, daß auf der Basis des Omegapunkt-Modells ein physikalischer Mechanismus der

Auferstehung und des ewigen Lebens existiert. Diese spektakuläre Aussage wollen wir abschließend etwas genauer diskutieren.
Um die Entwicklung des Lebens auf unserem Planeten zu analysieren, werden gegenwärtig verschiedene Arten einfachster Lebensformen mit Hilfe von Computern simuliert. Die derzeitigen Simulationsmöglichkeiten sind allerdings durch die momentanen Grenzen von Speicherplatz und Verarbeitungsgeschwindigkeit extrem eingeschränkt. Tipler zeigt, daß in der Zukunft wahrscheinlich Computerkapazitäten und Verarbeitungsgeschwindigkeiten zur Verfügung stehen werden, die eine „perfekte Simulation" eines Menschen, und darüber hinaus eine solche aller möglichen sichtbaren Universen erlauben. Um diese Aussage zu präzisieren, muß der Begriff einer perfekten Simulation definiert werden. Die Physik betrachtet zwei Systeme als identisch, wenn sie sich im selben Quantenzustand befinden. Dieser Standpunkt wird als *„Mustertheorie der Identität"* bezeichnet, im Unterschied zu der von vielen Philosophen und Theologen vertretenen *„Kontinuitätstheorie der Identität"*, wo die Identität aus einer physischen Gleichheit über die Zeit definiert wird.
Es liegt nun die Frage nahe, in wieviel verschiedenen Quantenzuständen sich ein Mensch befinden kann. Die Antwort wird durch die sogenannte *Bekenstein-Grenze* gegeben, einer Konsequenz der Grundpostulate der Quantenfeldtheorie. Bezeichnet N die Anzahl der Quantenzustände eines Systems, so ist die Anzahl der Quantenzustände, in denen sich ein Mensch mit einem Gewicht von weniger als 100 kg und einer Körpergröße von weniger als 2 Meter befinden kann näherungsweise durch

$$N = 10^{3.1045}$$

gegeben. Eine perfekte Simulation wird als *Emulation* bezeichnet. Allerdings scheint eine Emulation zunächst durch die sogenannte *Quanten-Nichtlokalität* in Frage gestellt zu sein. Darunter versteht man die Tatsache, daß Quantensysteme, die sich einmal in Wechselwirkung befunden haben, für immer miteinander verflochten sind. Wir haben diesen Effekt bereits früher im Zusammenhang mit dem EPR-Experiment besprochen. Für die Emulation eines Menschen bedeutet dies, daß eine isolierte Emulation nicht möglich ist, sondern daß auch die gesamte belebte und unbelebte Umgebung, mit der er je in Beziehung gestanden hat, berücksichtigt werden muß. Seine Eltern und Großeltern, jede Frau, die ihm einmal zugelächelt hat, die Katze, die er einmal gestreichelt hat, ein geworfener Stein – all dies müßte bei seiner exakten Reproduktion mit ihm zusammen nachgebildet werden. Eine exakte Nachbildung der Quantenzustände von Menschen erfordert somit strenggenommen die Nachbildung des gesamten Universums.

Wir wollen daher die obigen Abschätzungen für das gesamte Universum wiederholen. Dies ist möglich, da wir die gegenwärtige Masse und den gegenwärtigen Durchmesser des physikalischen Universums ungefähr kennen (s. Kap. III). Man erhält

$$N = 10^{10^{123}}$$

Es existieren als $10^{10^{123}}$ mögliche Quantenzustände des physikalischen Universums, (d.h. ebensoviel mögliche Universen). Eine Emulation des gesamten Universums erfordert somit eine Computerkapazität von mindestens der obigen Bitanzahl.

Dies ist eine wahrhaft gigantische Zahl. Die Zahl 10^{123} bedeutet eine Zahl mit einhundertunddreiundzwanzig Nullen, d. h. 10000000000
00000000000000000000000000000000000000000000000000000
00000000000000000000000000000000000000000000000000000
0. $10^{10^{123}}$ bedeutet dann eine Zahl, mit einer durch die obige Zahl angegebenen Anzahl von Nullen. Es ist dies die größte im gesamten Universum vorkommende Zahl. Würde man sie im obigen Format anschreiben, so würde sie viel länger als der Durchmesser unseres gegenwärtigen Universums sein. Trotzdem ist sie endlich!

Tipler zeigt nun, daß diese riesige Anzahl der benötigten Bits wahrscheinlich nur einen winzigen Bruchteil der in ferner Zukunft zur Verfügung stehenden, beim Omegapunkt voraussetzungsgemäß divergierenden Gesamtkapazität darstellt. In der Nähe des Omegapunktes existiert also die Emulation unseres gesamten belebten und unbelebten Universums samt seiner Vergangenheit in den Computern.

Der physikalische Mechanismus der Auferstehung besteht in der Emulation der Menschen in den Computern der fernen Zukunft.

Dieser Vorstellung kann man zunächst verschiedene Einwände entgegenhalten: Erstens scheint die Existenz der emulierten Menschen nicht „real“ im physikalischen Sinn: Die Emulationen existieren in einem kybernetischen Raum, der mit unserer derzeitigen physikalischen Ebene nicht übereinstimmt. Damit scheint auch die Identität der auferweckten (emulierten) Person mit der ursprünglichen Person nicht gegeben zu sein. Zweitens stellt sich die Frage nach der Willensfreiheit der Emulationen, die zunächst nicht gegeben erscheint. Nun fordert aber die Quantentheorie zwingend die Identität der emulierten Person mit der ursprünglichen Person: Nach dem Standpunkt der Mustertheorie der Identität sind zwei Systeme im gleichen Quantenzustand ununterscheidbar, sie müssen als identisch angesehen werden. Dies gilt auch für räumlich und zeitlich getrennte Systeme! Akzeptiert man diesen Standpunkt, so sind die Emulationen mit ihren Vorbildern als identisch anzusehen: Sie bestehen aus gleichartigen (emulierten) Elementarteilchen wie das Original und können von diesem durch kein Experiment unterschieden werden. Die emulierten Menschen empfinden ihre Existenz als genauso real wie wir die unsrige. In diesem Zusammenhang sei darauf hingewiesen, daß sich in der Vergangenheit Autoren und Wissenschaftler bereits öfter mit der Frage beschäftigt haben, ob unsere Existenz „real“ oder nur ein Computerprogramm einer „höheren Vollzugsebene“ ist. Auch die Willensfreiheit der menschlichen Emulationen ist gegeben: die Anzahl der Quantenzustände ist zwar durch die Bekenstein-Zahl begrenzt, aber die Zustandsübergänge sind indeterminiert, wenn die Gehirne der emulierten Ebene mit den Vakuumfluktuationen der physikalischen Ebene interagieren.

Der Mechanismus der Auferstehung geht also ohne Eingreifen des personalen Omegapunktes vor sich. Dies gilt aber nicht für das mögliche ewige Leben der emulierten (auferstandenen) Menschen: Ob Menschen auferstehen und ob ihnen nach der Auferstehung ewiges Leben zuteil wird, sind nach Tipler zwei verschiedene Fragen. In seinem Werk analysiert er die Voraussetzungen für eine Gewährung ewigen Lebens und die verschiedenen Existenzmöglichkeiten. Ein Physiker beschreibt das Leben der Auferstandenen in Himmel, Fegefeuer und Hölle! Wir können in diesem Rahmen darauf nicht näher eingehen, und verweisen den Leser auf das eingangs zitierte Werk.

Auf quantenkosmologischer Basis läßt sich also eine physikalische Theorie der Auferstehung und des ewigen Lebens konstruieren. Voraussetzungen dafür waren eine rein reduktionistische Sicht der Dinge und die Vorstellung, daß die Singularität des Endkollaps durch den Omegapunkt gebildet wird. Bemerkenswert ist, daß der besprochene Mechanismus die Existenz einer unsterblichen Seele nicht voraussetzt. Bei Thomas von Aquin fungiert die Seele in gewisser Weise als „Übertragung" der Persönlichkeit des Verstorbenen auf jene des Auferweckten. Erst dadurch scheint ihm sichergestellt, daß es sich in beiden Fällen um dieselbe Person handelt. Dieser Übertragungsmechanismus basiert allerdings auf den Anschauungen der Kontinuitätstheorie der Identität. Nach der Mustertheorie der Identität ist dieser Übertragungsmechanismus überflüssig, man kommt hier ohne den Hilfsbegriff einer unsterblichen Seele aus.

Unabhängig davon, ob die Omegapunkt-Theorie und die mit ihr verbundenen theologischen Konsequenzen zutreffen – für manche Menschen wird es eine tröstliche Gewißheit sein, sich den letzten Fragen auf der Basis naturwissenschaftlicher Analysen nähern zu können.

Eine physikalische Lösung des Theodizee-Problems

Die Frage nach der Existenz des Bösen war für die jüdisch-monotheistischen Religionen immer ein Hauptproblem. Wenn ein gütiger Gott allmächtig, allwissend und allgegenwärtig ist, weshalb existiert dann das Böse in unserer Welt? Schließlich läßt Gottes Allmacht und Allwissenheit ihn für das viele Leid moralisch verantwortlich erscheinen.

In den vergangenen Jahrhunderten haben sich viele Theologen über diese Frage den Kopf zerbrochen und verschiedene Antworten geliefert. Daß diese Antworten letztlich nicht überzeugen, erkennt man daran, daß die Beschäftigung mit dem Theodizee-Problem heute noch so aktuell ist, wie vor zweitausend Jahren. Schon Epikur (341–270 v. Chr.) hat sich über diese Problematik den Kopf zerbrochen (wobei er natürlich nicht an den neutestamentlichen Christengott gedacht hat):

„Entweder will Gott das Übel in der Welt aufheben, aber er kann es nicht; oder Er kann, will aber nicht; oder Er will weder, noch kann Er; oder Er will und kann auch. Wenn Er will und nicht kann, ist Er schwach, was mit dem Wesen Gottes nicht vereinbar ist; wenn Er kann und nicht will, ist Er mißgünstig, was ebenso mit Gott nicht im Einklang steht; wenn Er weder will noch kann, ist er sowohl mißgünstig wie auch schwach und ist deshalb nicht Gott; wenn Er sowohl will als auch kann, was allein Gott angemessen ist, woher kommen dann die Übel in der Welt? Und warum hebt Er sie nicht auf?"

Die traditionelle christliche Antwort darauf ist die als verbindlich geltende augustinische Theodizee: Das Übel im Universum kam durch die erste böse Handlung der Menschen in die Welt, und seither vererbt sich die Fähigkeit zum Bösen. Somit sind die Menschen und nicht Gott für das Böse verantwortlich.

Diese Ansicht steht auf ziemlich wackeligen Grundlagen, da es einem allmächtigen, gütigen Gott ein leichtes wäre, uns von allem Übel zu erlösen. An diesem Punkt haben sich weitere Theodizeen gebildet, von denen die meisten behaupten, Gott hätte keine bessere Welt schaffen können als die unsrige. Um hier einen Widerspruch mit der Allmachtsvorstellung zu vermeiden, muß angenommen werden, unsere Welt sei die logisch bestmögliche, womit das Zugeständnis, daß die Logik Gottes Allmacht Grenzen setzt, Hand in Hand geht. Dieses Zugeständnis ist vernünftig, es vermeidet die Aufstellung von Paradoxen der Art „Kann Gott einen Stein derart schwer machen, daß er ihn nicht mehr heben kann?" bzw. „Kann Gott sich die Allmacht nehmen?". Jede mögliche Antwort auf diese beiden Fragen würde einen Verlust der Allmacht Gottes konstatieren, was aber nicht gegen die Allmacht Gottes, sondern nur gegen die logisch widersinnigen Satzkonstruktionen spricht. Schließlich kann jeder be-

liebige Sachverhalt aus seinem Gegenteil abgeleitet werden, womit diese Art der Fragestellung als logisch unzulässig zurückgewiesen werden muß. Fazit: Gottes Allmacht ist als Allmacht innerhalb logisch zulässiger Bereiche zu interpretieren.
Trotz ihrer logischen Konsistenz stößt die Behauptung der Theologen, Gott hätte keine bessere Welt schaffen können, auf wenig Begeisterung in nichttheologischen Kreisen. Das Gegenargument lautet, daß erst menschliches Handeln die Welt zu einem lebenswerten Ort gemacht hätte. Und warum wäre eine Welt logisch unmöglich, bloß weil ein Kind von einer Krankheit verschont bliebe?
Es ist hochinteressant, daß Tipler mit seiner Omegapunkt-Theorie eine glaubhafte Antwort auf das Theodizee-Problem geben kann, die er als *Omegapunkt-Theodizee* bezeichnet. Tipler geht ebenso wie die christliche Theologie von der logischen Unmöglichkeit einer besseren Welt aus, allerdings vermag er sie glaubhaft innerhalb seines Modells zu begründen:
Nach der Vielweltentheorie sind alle denkbaren Welten möglich. Da diese Welten in der Omegapunkttheorie alle im Omegapunkt enden, müssen sie logischerweise alle existieren. Es wird also Welten mit mehr und solche mit weniger Übel geben, und wir existieren in einer davon. Manche werden paradiesisch, andere hingegen Orte des Grauens sein. Da es logisch unmöglich ist, ein bestimmtes Übel aus der Gesamtheit aller logisch möglichen Geschichten zu eliminieren, ist der Omegapunkt frei von der Verantwortung für das Böse. Er entschädigt für alles Übel durch ein glückliches Leben nach dem Tode, d.h. das unendliche Gute nach dem Tode hebt das endliche Böse im Einzelleben auf.

10. Plädoyer für eine vollständige Integration

Argumente für die Wahl der Position P2

Die bisherigen Überlegungen haben einerseits weitreichende strukturelle Analogien bezüglich der religiösen und naturwissenschaftlichen Methodik und andererseits überraschende Berührungspunkte in verschiedenen Grundlagenfragen aufgezeigt. Mit diesem Wissen wollen wir uns abschließend wieder der bisher nicht entschiedenen Grundsatzfrage „P1 oder P2?“ (s. Seite 182) widmen.

Für manche Menschen wird Tiplers Modell ein starkes Argument zur Annahme der Perspektive P2 darstellen, andere werden sich möglicherweise abgestoßen fühlen. Ist die Vorstellung, daß sich unser dupliziertes Ich einige Billiardstel Sekundenbruchteile vor dem Ende allen Seins fröhlich in einer virtuellen kybernetischen Realität bewegt, wirklich befriedigend? Logisch gesehen ist dies natürlich ein absurder Einwand, denn wir würden in diesem Fall eine derartige kritische Reflexion nicht bedrohlicher empfinden, als zum gegenwärtigen Zeitpunkt. Trotzdem bleibt ein Rest von rational nicht erklärbarem Unbehagen, das nach unseren früheren Überlegungen über die Trennung der Ebenen legitim erscheint.

Höchst bemerkenswert finde ich dagegen die Tatsache, daß diese auf nur wenigen Voraussetzungen aufbauende, in ihrer Methodik extrem reduktionistische Theorie – womit sie ihrem Wesen nach den letzten Dingen als so fernstehend erscheinen muß – auf der Basis mathematisch-physikalischer Argumentation auf Strukturen führt, die frappante Ähnlichkeit mit den tiefsten theologischen Begriffsbildungen zeigen. Ist dies nicht ein deutlicher Hinweis dafür, daß die strenge Trennung zwischen den Ebenen U_R und U_N aus Abb. IV.3 unzulässig ist? Wie wäre eine derart unglaubliche Ähnlichkeit physikalischer

Aussagen mit jenen der Theologie möglich, wenn nicht beide Wissenschaften letztlich aus wesensverwandten, vielleicht sogar identischen Brunnen schöpfen? Gerade der brutale (und mir persönlich mißfallende) Reduktionismus in Tiplers Theorie ist ein starkes Argument dafür, daß die aus U_N in die Hertzsche Ebene H_N heraufgefischten Bildinhalte genug „transzendentale Redundanz“ besitzen, um den Abglanz der letzten Wahrheiten wenigstens teilweise rekonstruieren zu können.
Da also die Methode extrem zurückhaltend war, muß die Kraft in den Elementen aus H_N letztlich verstärkt aus jenen von U_N resultieren. Oder noch simpler ausgedrückt:

> *Weitgehende strukturelle Übereinstimmung zwischen Aussagen aus R_R und R_N sind – bei Verwendung sorgfältiger Methodik – ohne die Annahme einer Affinität zwischen U_R und U_N nicht erklärbar!*

Schon Capra hat auf Analogien zwischen Teilmengen auf R_R und R_N hingewiesen, wobei die angesprochene Teilmenge aus R_R allerdings keine Gottesvorstellung, sondern Begriffsbildungen fernöstlicher Mystik enthält. Tiplers Analyse dehnt diese Teilmenge nun beinahe über die gesamte fundamentale theologische Domäne aus.
Mir scheint die obige Überlegung ein starkes Argument für die Akzeptanz der Position P2 zu sein. Auch wenn wir annehmen, daß die von Tipler gemachten physikalischen Voraussetzungen nicht zutreffen und die Theorie falsch sein sollte, so gibt es doch keinen Grund zu der Annahme, daß sie für alle zukünftigen Zeiten der einzige physikalische Vorstoß in den tiefliegendsten theologischen Bereich bleibt. Man kann der oben artikulierten Behauptung also nicht aus dem Wege gehen.
Wenn man die Position P2 – unabhängig von einer endgültigen Stellungnahme zu Tiplers Ansatz – akzeptiert, so bleibt nurmehr die eher technisch anmutende Frage, ob U_N umfassend genug ist, um der Naturwissenschaft tatsächlich einen Weg zu den letzten Wahrheiten zu gestatten. Im Falle $U_N = U_R$ müßte man diese Frage natürlich bejahen – vorausgesetzt die Theologie befindet sich tatsächlich im Bereich der letzten Wahrheiten. Wie sieht es jedoch im Fall einer bloß

‚diffusen Verbindung' aus, d. h. wenn in U_N bloß Spurenelemente der Wahrheit vorhanden sind? Läßt sich in diesen Fällen ein umfassendes Bild zeichnen? Mit dieser Frage wollen wir uns im letzten Abschnitt näher beschäftigen.

Die Welt in einem Sandkorn

Wir betrachten eine im dreidimensionalen, Euklidischen Raum definierte skalare Funktion. Darunter versteht man, daß jedem Punkt des dreidimensionalen Raumes ein bestimmter Zahlenwert (= Skalar) zugeordnet wird. Ein physikalisches Beispiel für eine derartige Funktion ist ein Temperaturfeld, wo jedem Raumpunkt die in diesem Punkt herrschende Temperatur zugeordnet wird.
Weiter betrachten wir eine in den dreidimensionalen Raum eingebettete, geschlossene, beliebig geformte Fläche, die wir zukünftig als Hüllfläche bezeichnen wollen. Diese Hüllfläche zerlegt den unendlichen Raum in zwei Teilräume: in den von der Fläche eingeschlossenen endlichen Innenraum, und in den außerhalb der Fläche befindlichen unendlichen Außenraum.
Werfen wir nun wieder einen Blick auf die im gesamten Raum definierte Funktion, die wir abkürzend mit f bezeichnen wollen. Es ist unmittelbar einsichtig, daß die Werte von f im Inneren des durch die Hüllfläche abgegrenzten Raumgebietes im allgemeinen nicht durch die Funktionswerte am Flächenrand eindeutig festgelegt sein können. Dasselbe gilt natürlich für das außerhalb der Hüllfläche gelegene (unendliche) Raumgebiet. Auch hier wird f durch ihre Randwerte (= Funktionswerte auf der Fläche) nicht eindeutig festgelegt.

Es existiert nun eine umfassende Klasse wichtiger Funktionen, für die das Gegenteil gilt. Es sind dies die sogenannten *harmonischen Funktionen*, die in der Mathematik und Physik eine fundamentale Rolle spielen. Harmonische Funktionen besitzen die erstaunliche Eigenschaft, daß sie sowohl im Innengebiet als auch im Außengebiet eindeutig festgelegt sind, wenn ihre Werte bloß auf einer beliebig geformten Hüllfläche vorgegeben sind. Derartige Funktionen können also aus ihrem Abbild auf einer (endlichen und beliebig kleinen) Oberfläche für den gesamten unendlichen Raum reproduziert werden.

Es ist klar, daß diese für gewöhnliche Funktionen nicht gültige Eigenschaft durch die zusätzliche Forderung der „Harmonizität" hervorgebracht wird. Was bedeutet nun Harmonizität? Wir haben bereits in Teil III, Kap. 9 den Begriff der ersten und zweiten (zeitlichen) Ableitung einer zeitabhängigen Funktion vorgestellt. Ebenso lassen sich diese Begriffe natürlich für eine ortsabhängige Funktion definieren. Bei unserer oben betrachteten, skalaren Funktion f existieren Ortsabhängigkeiten in drei verschiedenen Raumrichtungen, d. h. es kann für jede Raumrichtung eine erste bzw. zweite Ableitung definiert werden. Eine Funktion heißt nun harmonisch in einem Raumpunkt, wenn in diesem Punkt die Summe aller drei zweiten Ortsableitungen verschwinden. Sinngemäß heißt die Funktion *harmonisch in einem* (beliebig vorgegebenen endlichen oder unendlichen) *Raumgebiet*, wenn sie in jedem Raumpunkt dieses Gebietes harmonisch ist.

Der Begriff der Harmonizität ist eine sehr „lockere" Eigenschaft, er legt das Verhalten von f natürlich bei weitem nicht eindeutig fest. Schließlich basiert er auf Aussagen, die ausschließlich ein summarisches Verhalten aller drei „relativen Änderungen der relativen Änderungen" der betrachteten Funktion betreffen (um hier wieder einmal die Nachteile der verbalen Artikulation zu unterstreichen): Zwei der zweiten Ableitungen können beliebig vorgegeben sein, d.h. das Verhalten von f darf in zwei Raumrichtungen völlig beliebig sein, erst ihr Verhalten in der dritten Richtung ist dann eingeschränkt. Die Vielfalt harmonisch strukturierter Funktionen ist unendlich groß, ihre tatsächliche Gestalt kann nur für wenige einfache Funktionstypen explizit festgelegt werden.

Kommen wir nun zu der oben formulierten Kernaussage zurück, nach der harmonische Funktionen durch ihr Verhalten auf einer Fläche global reproduziert werden können: Eine in einem durch eine beliebig geformte Hüllfläche definierten Innenraum harmonische Funktion ist durch ihre Funktionswerte auf der Hüllfläche eindeutig festgelegt. Für den Außenraum gilt dasselbe: Eine in einem durch

eine beliebig geformte Hüllfläche definierten Außenraum harmonische Funktion ist durch ihre Funktionswerte auf der Hüllfläche eindeutig festgelegt.
Die Kenntnis der Werte auf der Hüllfläche eines stecknadelkopfgroßen Raumgebietes reicht also aus, um eine harmonische Funktion im gesamten unendlichen Außengebiet zu reproduzieren: Die beiden Eigenschaften „Harmonizität“ und „Fixierung des Randverhaltens“ enthalten die gesamte Information über f. Reproduktion bedeutet dabei eine prinzipielle Reproduktion. Die harmonische Funktion ist zwar festgelegt, ihre tatsächliche Konstruktion jedoch sehr problematisch.

Das Problem einer tatsächlichen Reproduktion harmonischer Funktionen aus ihren Randwerten wird in der mathematischen Fachsprache als *Dirichlet-Problem* bezeichnet. Seine Lösung gelang bis vor kurzem nur mit Hilfe aufwendiger numerischer Methoden und dem Einsatz von Computern: Die Ermittlung eines einzigen Funktionswertes im Innen- oder Außenraum benötigt dabei einige Millionen elementarer Rechenoperationen. Die Kenntnis des analytischen Zusammenhanges zwischen der Flächenform und dem auf der Fläche gegebenen Wertemuster der Funktion einerseits und ihrer tatsächlichen Struktur andererseits bleibt dabei jedoch völlig im Dunkel.
An dieser Stelle darf der Autor auf sein Buch *Neue analytische Methoden der mathematischen Physik*[55] verweisen, wo er das seit einigen Generationen ungelöste Problem auf vier verschiedene Arten „auf analytischem“ Wege, d. h. ohne den Einsatz von Computern und mit minimalem Aufwand löst: Die neuen Verfahren decken nicht bloß alle gesuchten analytischen Zusammenhänge auf, sondern sind etwa *zehntausendmal so effizient* wie die bisherigen computerorientierten Verfahren.

Bisher haben wir ausschließlich mathematisch argumentiert, wir befanden uns auf der Ebene H_N. Als nächsten Schritt wollen wir nun die Verbindung zur Physik knüpfen, wobei sich das obige Beispiel nicht als isolierter Sachverhalt, sondern als repräsentativ für die Verhältnisse der physikalischen Welt zeigen wird.
Wie bereits früher festgestellt wurde, liegen physikalischen Vorgän-

gen ganz bestimmte Symmetrien zugrunde. Eine derartige Symmetrie ist beispielsweise das Grundpostulat der Speziellen Relativitätstheorie: die Invarianz von Naturphänomenen gegenüber Lorentztransformationen. Das Zusammenspiel aller Symmetrien bildet einen Rahmen für alle denkbaren physikalischen Phänomene: Jeder Vorgang muß so geartet sein, daß er diesen Symmetrien unterliegt. Die Frage nach der konkreten Anzahl dieser „naturimpliziten" Symmetrien kann folgendermaßen beantwortet werden: Betrachtet man die Abbilder der Symmetrien auf der Hertzschen Ebene, so erkennt man, daß bei Verwendung zunehmend komplexer mathematischer Strukturen verschiedene Symmetrien miteinander verschmelzen. Die Hoffnung der Mathematiker und Physiker zielt dahin, einen Kalkül zu finden, der sämtliche bekannten Symmetrien zu einer einzigen fundamentalen Symmetrie in H_N verschmilzt, die dann als formales Abbild einer fundamentalen, in U_N liegenden "naturimpliziten" Symmetrie gedacht werden kann. Das formale Bild in H_N wäre die schon öfter zitierte Weltformel.

Bei Existenz und Kenntnis einer derartigen Formel wären die Bilder aller denkbaren Naturvorgänge als Lösungen dieser Beziehung beschreibbar, das Herausfiltern eines konkret interessierenden Phänomens gelänge dann durch Angabe der zugehörigen Randbedingung: Wie wir schon in Teil III, Kap. 10 näher ausgeführt haben, filtert eine derartige Randbedingung aus der Fülle aller zulässigen Möglichkeiten die konkret interessierende heraus.
Um die Analogie dieser Verhältnisse mit dem obigen Beispiel der harmonischen Funktionen zu verdeutlichen, muß festgehalten werden, daß „Harmonizität" als spezielle Symmetrie gedeutet werden kann, nämlich als Invarianz physikalischer Phänomene bezüglich Drehungen und Translationen eines Koordinatensystems im dreidimensionalen Euklidischen Raum. Die Angabe einer Randbedingung (die Festlegung der Funktionswerte auf einer Hüllfläche) filtert dann aus allen möglichen harmonischen Funktionen genau die interessierende heraus, d.h. jene mit den vorgegebenen Randwerten.
Da diese Vorgangsweise in abstrahierter Form charakteristisch für alle physikalisch relevanten Gleichungen ist, ist in diesem verallgemein-

ernden Sinn auch der Effekt der „globalen Reproduzierbarkeit“ für alle Abbilder physikalischer Phänomene gegeben. Dieser Sachverhalt unterstreicht die philosophische Einsicht, daß sich die Welt als Ganzes in einem Sandkorn widerspiegelt.

Die bisherigen Überlegungen machen deutlich, daß in der physikalischen Welt eine globale Reproduktion aus geeigneten Splitterinformationen nicht nur möglich, sondern sogar ein fundamentales Ingredienz ist. Bei einer Wahl der Gesprächsebene P2 scheint damit die Möglichkeit einer physikalischen Annäherung an die letzten theologischen Wahrheiten nicht weniger wahrscheinlich, als es die der Position P2 zugrundeliegende Annahme einer diffusen Trennwand ist. Bei Akzeptanz dieser logisch zulässigen und durch mannigfache neue Einsichten favorisierten Position P2 könnte der moderne Mensch dem versöhnlichen Spruch von *J. B. S. Haldane* Folge leisten:

„Der Weise richtet sein Verhalten sowohl nach den Theorien der Religion als auch der Naturwissenschaft aus.“

Nachwort für Kritiker

Bei dem vorliegenden Werk muß sich jede seriöse Kritik mit drei zentralen Fragestellungen auseinandersetzen:

F1) Ist die angestrebte Darstellung (s. Vorwort) *wünschenswert*?
F2) Bei positiver Beantwortung von F1: Ist die angestrebte Darstellung *prinzipiell möglich*? Wenn ja, welches sind die dafür notwendigen Kriterien?
F3) Bei positiver Beantwortung von F2: *Erfüllt die vorliegende Darstellung alle in F2 angeführten Kriterien?*

Ich behaupte, daß sich alle drei Fragestellungen positiv beantworten lassen.

Beweis:

1.) Zur Beantwortung von F1 sei auf die Äußerung von *Karl Jaspers* in *Die Aufgabe der Philosophie in der Gegenwart* verwiesen[29]:

Die Wirkung der philosophischen Gedanken in der Welt ist heute nur möglich, wenn sie die Mehrheit der Einzelnen erreicht. Denn gegenwärtig ist der Zustand: Die Massen der Bevölkerung können lesen und schreiben, ohne doch den vollen Umfang abendländischer Bildung zu gewinnen. Aber sie sind die Mitwissenden und Mitdenkenden und Mithandelnden. Sie können dieser neuen Chance um so mehr genügen, je mehr sie in den vollen Umfang der hohen Anschauungen und der kritischen Unterscheidungen gelangen. Es ist für Stunden der Besinnlichkeit aller Menschen daher notwendig, *das Wesentliche so einfach, so klar wie möglich, ohne Einbuße an Tiefe, mitteilbar zu machen.*

2.) Für manche Kritiker wird die Verneinung der Frage F2 zentraler Angelpunkt ihrer Einwände sein. Zudem mag die Behauptung, daß zwei umfangreiche, teilweise schwer zugängliche Wissensgebiete auf

knappem Raum ohne wesentliche Verflachung verständlich dargestellt werden können, einige jener Fachleute aus beiden Lagern vergrämen, die ihre Lebensaufgabe in der Durchdringung eines winzigen Ausschnittes der angesprochenen Geisteslandschaften sehen.
Für die weiteren Ausführungen bedarf es hier zunächst einer Sprachregelung. Kein seriöser Jünger einer beliebigen Wissenschaft W wird ernsthaft den Anspruch erheben, W im Detail zu überblicken, sondern seine Kompetenz auf den winzigen Ausschnitt seiner Forschungstätigkeit beschränkt wissen, und sich damit begnügen, den „Rest" nur in den wesentlichen Konturen zu erkennen. Man muß daher stets unterscheiden zwischen einer Wissenschaft W und ihrer „Projektion" $P_n(W)$ im Kopf eines ihrer (durch den Index n charakterisierten) Jünger. Der gegenwärtige Stand einer Wissenschaft W ist dann durch die Vereinigungsmenge $\cup P_n(W)$ gegeben, plus dem Inhalt der gesamten Fachliteratur F, was wir symbolisch in der Form $W = \cup P_n(W) \cup F$ notieren wollen. Da F nicht nur am Papier, sondern anteilsmäßig auch in den Köpfen der Gelehrten vorhanden ist (?), kann man näherungsweise $W = \cup P_n(W)$ schreiben.

Nach welchen Richtlinien hat nun ein populärwissenschaftlicher Vermittlungsversuch von W vorzugehen? Zur Beantwortung dieser Frage betrachten wir die Durchschnittsoperation „$\cap$": Was erhält man, wenn man den allen Gelehrtenköpfen übereinstimmenden Wissensanteil, d.h. wenn man $W' = \cap P_n(W)$ bildet? Falls es sich bei W tatsächlich um eine echte Wissenschaft handelt, d.h. falls W nicht nur aus einem regellosen Nebeneinander lose zusammenhängender Details besteht, sondern einen hierarchischen Aufbau besitzt, so liefert die obige Durchschnittsbildung die als allgemeinverbindlich anzusehenden Grundkonturen von W (falls solche überhaupt existieren; andernfalls ergibt sich die leere Menge).

Für die weitere Diskussion ist das Verhältnis von W' zu $P_n(W)$ für spezielle Indexwerte $_n$ interessant. $Pn(W) - W'$ kann – mengenmäßig betrachtet – wesentlich umfassender als W' sein, allerdings wird der *Gehalt* von $P_n(W) - W'$ jenem von W' in der Regel weit unterlegen sein. Eine Ausnahme stellen hier jene Indexwerte n dar, deren Träger

einen die gesamte wissenschaftliche Landschaft W revolutionierenden, d.h. W in seinen Grundkonturen verändernden Beitrag geleistet haben. (In der Physik sind dies Erscheinungen wie Newton, Maxwell, Einstein, Heisenberg, Feynman, in der christlichen Theologie Jesus, Paulus, Augustinus, Thomas v. Aquin, Luther.)
Nach Eingliederung solch gegenwärtig möglicherweise (?) existierender, noch nicht Allgemeingut gewordener Beiträge in W läßt sich daher folgendes behaupten:

Die Menge W'' charakterisiert W wesentlich besser, als jede Menge $P_n(W) - W''$ für jeden beliebigen Index n.

Strebt man eine gleichmäßig gewichtete Darstellung bezüglich der Einzeldisziplinen von W an, so läßt sich diese Aussage verschärfen:

Die Menge W'' charakterisiert W wesentlich besser, als jede Menge $P_n(W)$ für jeden beliebigen Index n.

Bei der Abfassung des vorliegenden Buches stellt sich also nicht das Problem, eine Transformation von W auf 250 Seiten vorzunehmen (was ein lächerlich anmaßender Versuch wäre), sondern den von jeder vertiefenden Spezialisierung unabhängigen Teilbereich $W' \subset W$ geeignet zu transformieren, wobei wir das Ergebnis dieser Transformation mit W“ bezeichnen wollen.
Das Schlüsselwort ist hier „geeignet“. Nach der bereits öfter angesprochenen Zielsetzung bedeutet es

Z1) Vollständigkeit in den wesentlichen Aussagen;
Z2) Verständlichkeit für den Laien;
Z3) Geringer Umfang;

Den Begriff der „Vollständigkeit in den wesentlichen Aussagen“ wollen wir nun genauer definieren. Als Vorbereitung dazu sei zunächst auf die aus den obigen Überlegungen folgende Tatsache verwiesen, daß W“ eine Teilmenge von W′ sein muß. (Der Laie hat kein Interesse an jenen Elementen einer Wissenschaft W, die nicht allen Ge-

lehrtenköpfen gemeinsam ist. Ein konkretes Beispiel: die unterschiedlichen Auffassungen von Katholizismus und Protestantismus bezüglich Erbsünde und Gnade sind im vorliegenden Rahmen als ebenso belanglos zu werten, wie unterschiedliche physikalische Interpretationsansätze an der Front gegenwärtiger Forschung.)
Darüber hinaus sollte W“ die wesentlichen, d. h. die Landschaft von W′ deutlich bestimmenden Konturen enthalten. Dazu definieren wir:
Eine beliebige Teilmenge von Ω von W′ heißt *wesentlich für W′*, wenn die Komplementärmenge W′– Ω W nur mehr solche Elemente w enthält, deren Beifügung zu Ω die neu entstehende Landschaft Ω + w in ihren Grundzügen gegenüber Ω nicht verändert. Andernfalls heißt Ω *unwesentlich für W′*.
Die umfassendste für W′ wesentliche Teilmenge ist natürlich durch Ω = W′ gegeben. Innerhalb eines beliebigen Ω-Bereiches ist die oben zitierte Vollständigkeit in den wesentlichsten Aussagen gegeben. Die zusätzlichen Forderungen Z2 und Z3 erfordern eine weitere Spezialisierung:
Einen Ω-Bereich, der auch den Zielsetzungen Z2 und Z3 genügt, bezeichnen wir als *vom Typ W“*.

Bisher haben wir uns ausschließlich mit der begrifflichen Klärung beschäftigt. Nun zur Existenzfrage: existiert wenigstens ein einziger Bereich vom Typ W“? Hier kann sofort ein praktisch leicht handzuhabendes, hinreichendes Existenzkriterien angegeben werden:

Eine beliebige Teilmenge X ⊂ W′ ist sicher dann ein Bereich vom Typ W“, wenn kein übelwollender Kritiker nicht mindestens ein Element w ∈ W′ angeben kann, das einerseits nicht in X enthalten ist, andererseits zu einer wesentlichen Teilmenge X′ ⊂ W′gehört, mit X′ ≠ X.

3.) Kommen wir nun zur Beantwortung von F3. Ich behaupte, daß die vorliegende Darstellung vom Typ W“ ist, und beweise dies mit mit Hilfe des obigen Kriteriums: Kein Kritiker kann ein Element w ∈ W′, w ∉ W“ angeben, sodaß eine Hinzunahme von w zu W“ die Grundkonturen von W“ + w gegenüber W“ wesentlich verändert, w. z. b. w.

Quellenverzeichnis

[1] AT: Buch Daniel.
[2] AT: Buch Deuteronomium.
[3] AT: Buch Genesis.
[4] Augustinus: Bekenntnisse, X.
[5] Barth, Karl: Offenbarung, Kirche, Theologie.
[6] Benz, Arnold: Die Zukunft des Universums.Patmos, 1997.
[7] Bondi, Hermann: Religion is a Good Thing. Oxford, 1979.
[8] Capra, Fritjof: Das Tao der Physik. Knaur, 1997.
[9] Davies, Paul: Gott und die moderne Physik. Goldmann, 1989.
[10] Davies, Paul: Die Urkraft. Dtv, 1987.
[11] Dawson, Christoph: Die Gestaltung des Abendlandes. 1935.
[12] Dedekind, Julius: Was sind und was sollen die Zahlen?
[13] Descartes, René: Meditationen.
[14] Deussen, Paul: 60 Upanischads des Veda. Leipzig, 1897.
[15] Durant, Will: Geschichte der Zivilisation, Bd.1. Bern, o.J.
[16] Einstein, Albert: Mein Weltbild. Querido Verlag, 1934.
[17] Einstein, Albert: Vorlesungen. Princeton, 1921.
[18] Feuerbach, Ludwig: Das Wesen der Religion. 1845.
[19] Gandhi, Mahatma, 1962.
[20] Graf, Arturo: Il diavolo. Rom, 1980.
[21] Harnack, Adolf von: Das Wesen des Christentums, 1900.
[22] Hawking, Stephen: Eine kurze Geschichte der Zeit. Rowohlt, 1993.
[23] Heisenberg, Werner: Physik und Philosophie. Ullstein, 1973.
[24] Hertz, Heinrich: Prinzipien der Mechanik. 1894.
[25] Hesse, Hermann: Der Steppenwolf. Suhrkamp, 1986.
[26] Hofstadter, Douglas: Gödel, Escher, Bach. Klett-Cotta.
[27] Hume, David: Enquiry Concerning Human Understanding. Deutsch: Hamburg, 1968.
[28] Innozenz VIII.: Summis desiderantes affectibus.
[29] Jaspers, Karl: Die Aufgabe der Philosophie in der Gegenwart. 1953.
[30] Kant, Immanuel: Die Kritik der reinen Vernunft. Frankfurt, 1984.
[31] Kant, Immanuel: Die Kritik der praktischen Vernunft. Berlin 1912.
[32] Kant, Immanuel: Die Metaphysik der Sitten. Frankfurt, 1984.
[33] Kirkegaard, Sören: Tagebücher. (Was ist Christentum?) 1834.

[34] Koran: Sure Al-Fatir.
[35] Koran: Sure Al-Imran.
[36] Koran: Sure Al-Qiyamah.
[37] Kuhn, Thomas: Die Struktur wissenschaftlicher Revolution. Suhrkamp, 1973.
[38] NT: Lukas.
[39] NT: Matthäus.
[40] NT: Römerbrief.
[41] NT: Erster Korintherbrief.
[42] Newton, Isaac: Mathematische Prinzipien der Naturlehre. Berlin, 1992.
[43] Nietzsche, Friedrich: Die fröhliche Wissenschaft. 1882.
[44] Nola, Alfonso di: Der Teufel. Diederichs, 1990.
[45] Pauli, Wolfgang: Physik und Erkenntnistheorie. Vieweg, 1984.
[46] Petrus-Apokalypse.
[47] Popper, Karl: Logik der Forschung. Mohr, 1971.
[48] Ragaz, Leonhard: Der Kampf um das Reich Gottes in Blumhardt, Vater und Sohn – und so weiter! 1922.
[49] Rahula, Walpola, 1982.
[50] Ratzinger, Joseph: Einführung in das Christentum.
[51] Rigveda.
[52] Russell, Bertrand: History of Western Philosophy. Allen & Unwin, 1961.
[53] Schweitzer, Albert: Geschichte der Leben-Jesu-Forschung.
[54] Spina, Bartholomeo: Quaestio de Strigibus. Rom, 1576.
[55] Starkl, Reinhard: Neue analytische Methoden der mathematischen Physik, VWF, 1999.
[56] Stein, Werner: Kulturfahrplan. Herbig, 1971.
[57] Strauß, David Friedrich: Das Leben Jesu. 1835.
[58] Suzuki, D.T.: On Indian Mahayana Buddhism. Harper & Row, 1968.
[59] Tao-te-king. Reclam, 1974.
[60] Tillich, Paul: Systematische Theologie. Stuttgart, 1980.
[61] Tipler, Frank: Die Physik der Unsterblichkeit. Piper, 1994.
[62] Weizsäcker, Carl Friedrich von: Die Tragweite der Wissenschaft. Hirzel, 1976.
[63] Wier, Johannes: De praestigiis daemonum. Basel, 1567.

Weiterführende Literatur

Die Anzahl gutgeschriebener Bücher zu den in diesem Werk behandelten Gebieten ist unüberschaubar. Die folgende Auswahl bedeutet daher keine objektive Heraushebung, sondern spiegelt die persönliche Erfahrung des Verfassers wider.

Bücher mit dem Zeichen (*) erfordern vom Leser Mathematikkenntnisse eines Maturanten, jene mit dem Zeichen (**) setzen Mathematikkenntnisse des Vordiplombereiches eines mathematisch/naturwissenschaftlich orientierten Studiums voraus.

I. Theologie/Philosophie

[1] Christentum und Gesellschaft, Bd. 1 – 12. Kohlhammer, 1980.
[2] Clemen, Carl (Hrsg.): Die Religionen der Erde, Bd. 1–4. Goldmann, 1966.
[3] Deussen, Paul: Allgemeine Geschichte der Philosophie mit besonderer Berücksichtigung der Religionen. Leipzig, 1906.
[4] Glasenapp, Hellmuth von: Die fünf Weltreligionen. Eugen Diederichs Verlag 1996.
[5] Gottschalk, Herbert: Weltbewegende Macht Islam. Scherz, 1980.
[6] Jaspers, Karl: Einführung in die Philosophie. Piper, 1971.
[7] Loth, Heinz-Jürgen (Hrsg.): Christentum im Spiegel der Weltreligionen. Quell, 1978.
[8] Klostermaier, Klaus: Hinduismus. Köln, 1965.
[9] Needham, Joseph: Wissenschaftlicher Universalismus. Suhrkamp, 1979.
[10] Planck, Max: Religion und Naturwissenschaft. Barth, 1958.
[11] Schumann, Hans: Der historische Buddha. Diederichs, 1982.
[12] Stemberger, Günter (Hrsg.): 2000 Jahre Christentum. Karl Müller Verlag, 1989.
[13] Wiener, Norbert: Mensch und Menschmaschine. Frankfurt, 1972.

II. Mathematische Grundlagen der Physik

[1] Dieudonné, Jean (**): Grundzüge der modernen Analysis. Vieweg, 1982.
[2] Dieudonné, Jean (*,**): Geschichte der Mathematik. Vieweg, 1985.
[3] Hilbert, D. Courant, R. (**): Methoden der mathematischen Physik, Bd. 1, 2. Springer, 1968.
[4] Fuchs, Walter: Knaurs Buch der modernen Mathematik. Knaur, 1966.
[5] Smirnov, W.F. (*, **): Lehrgang der höheren Mathematik, Bd. 1–5, Berlin, 1979.
[6] Triebel, Hans (**): Analysis und mathematische Physik. Birkhäuser, 1987.

III. Physik

[1] Baumann, K., Sexl, R.: Die Deutungen der Quantenmechanik. Vieweg, 1984.
[2] Capra, Fritjof: Wendezeit. Bern, 1983.
[3] Einstein, Albert: Physik und Wirklichkeit. Deutsche Verlagsanstalt, 1952.
[4] Einstein, Albert: Grundzüge der Relativitätstheorie. Vieweg, 1990.
[5] Greiner, Walter (**): Theoretische Physik, Bd. 1 – 10. Harri Deutsch, 1984–1993.
[6] Feynman, Richard: (**) Lectures on Physics. Addison-Wesley, 1965.
[7] Fuchs, Walter: Knaurs Buch der modernen Physik. Knaur, 1965.
[8] Harrison, Edward: Kosmologie. Darmstadt, 1983.
[9] Landau, L.D.; Lifschitz, E.M. (**): Lehrbuch der theoretischen Physik, Bd. 1–10. Akademie-Verlag, 1992.
[10] Longair, Malcolm (**): Theoretische Konzepte der Physik. Springer, 1991.
[11] Mittelstädt, Peter: Philosophische Probleme der modernen Physik. B.I., 1963.
[12] Nolting, W. (**): Grundkurs Theoretische Physik, Bd. 1 – 7. Vieweg, 1997.
[13] Pietschmann, Herbert: Phänomenologie der Naturwissenschaft. Springer, 1996.
[14] Prigogine, Ilya: Vom Sein zum Werden. Piper, 1979.
[15] Segré, Emilio: Von den fallenden Körpern zu den elektromagnetischen Wellen. Piper, 1986.
[16] Segré, Emilio: Die großen Physiker und ihre Entdeckungen. Piper, 1981.
[17] Starkl, Reinhard: (**): Materie-Feld-Struktur. Vieweg, 1998.
[18] Weinberg, Steven: Die ersten drei Minuten. Dtv, 1977.

Über den Autor:

Geboren 1956 in Linz, Studium der Mathematik, Physik und Germanistik an der TU und Universität Wien. 1987 Promotion (mathematische Physik). Von 1988 bis 1995 Tätigkeit in der industriellen Grundlagenforschung. Seit 1995 freiberuflicher Mitarbeiter an Grundlagenforschungsprojekten und schriftstellerische Tätigkeit.

Bisherige Publikationen:

Physik-Repetitorium „Materie-Feld-Struktur":

Eine kompakte Darstellung der wichtigsten Theorien aus Physik und Analysis: Klassische Mechanik, Elektrodynamik, Spezielle und Allgemeine Relativitätstheorie, Thermodynamik, nichtrelativistische und relativistische Quantenmechanik, Quantenfeldtheorie, Eichtheorie/ Variationsrechnung, Tensorrechnung, Funktionalanalysis, Partielle Differentialgleichungen, Distributionen, u.a.m.;

560 Seiten, Verlag Vieweg, Wiesbaden; ISBN 3-528-03104-2

„Neue analytische Methoden der mathematischen Physik":

Eine Präsentation neuer, selbstentwickelter Methoden, mit deren Hilfe die analytisch bislang ungelösten Probleme der Potentialtheorie explizit, ohne den Einsatz von Computern gelöst werden können: das Dirichletsche Randwertproblem, das Neumannsche Randwertproblem, das konforme Abbildungsproblem, u.a.m.;

320 Seiten, VWF (Verlag für Wissenschaft und Forschung), Wiesbaden;
ISBN 3-89700-082-2

Namen- und Sachverzeichnis

ISBN 3-922367-72-0
176 Seiten · DIN A4 · DM 36,–
entspricht 320 Buchseiten

Eine schonungslose Analyse des orthodoxen wissenschaftlichen Denkens und Handelns in unserer Gesellschaft des 21. Jahrhunderts. Die Denkweisen fortschrittlicher Wissenschaftler werden vorgestellt, einige grundlegende Thesen unseres wissenschaftlichen Denkens werden aufgebrochen, Ungereimtheiten und Paradoxien aufgezeigt. Dieses Buch ist der Versuch eines Blicks auf ein Weltbild, wie es im Sinne einer neuen Physik vielleicht bald Grundlage wissenschaftlichen Denkens und Handelns sein könnte.

ISBN 3-922367-70-4
400 Seiten gebunden,155 Abb.
DM 49,80

Während die verschiedenen Weisheitslehren die Gesetze der Zahlen mehr oder weniger bildhaft beschrieben haben, erbringt dieses Werk den mathematischen und philosophischen Nachweis, daß die Zahlen Qualitäten im Sinne der platonischen Ideenlehre sind und daß ihnen ein absolut zwingender Sinn zuzuordnen ist. Das durchschlagende Resultat ist eine Weltformel, die, naturwissenschaftlich beweisbar, regieführend hinter allen Evolutionsprozessen steht.

ISBN 3-922367-61-5
128 Seiten · DIN A4
entspricht ca. 300 Buchseiten
DM 29,80

Denken wird an Schulen und Hochschulen kaum gelehrt, eher wird einseitiges und abfragbares Wissen vermittelt. Daher stößt Umdenken oft auf Widerstand, weil Gewohntes aufgegeben werden müßte und Fehldenken bloßgelegt werden könnte. Und Weiterdenken ist dann schon gar kein Thema mehr! Und trotzdem müssen die Vordenker dieser kleiner werdenden Welt mit der größer werdenden Bevölkerung nicht nur wieder denken, umdenken und auch weiterdenken lernen, sie müssen auch das Unmögliche denken können, soll die Menschheit im kommenden Jahrtausend überleben. Prof. Emil Schlee

ISBN 3-922367-94-1
DM 29,80

Die vier Symbole, auf der Titelseite um das Bild der Erde gestellt, sollen auf wesentliche Erfindungen Nikola Tesla's hinweisen: Generatoren und Motoren zur Erzeugung elektrischen Stroms (durch den Stromwirbel dargestellt), die Scheibenläuferturbine unten rechts und sein bedeutendstes Werk, auf das sein Portrait herunterzuschauen scheint, der Energie- und Nachrichtensender in Wardencliff auf Long Island, USA. Der plötzliche Entzug der Mittel zu einer Vollendung und Inbetriebnahme dieser einmaligen Konstruktion durch seine Sponsoren bedeutete für Nikola Tesla das Aus. Dieser zweite Band in der EDITION FREIE ENERGIE faßt in allgemein verständlicher Sprache einen großen Teil von Nikola Tesla's Arbeiten zusammen, die kaum noch in Lehrbüchern zu finden sind. Die Themen reichen von der Mechanik über Elektrik und Licht bis hin zu Hochfrequenz- und Nachrichtentechnik. Nikola Tesla wußte von der Realität „Freie Energie"; und er wollte die Techniken zum Anzapfen des schier unermeßlichen Energievorrats des Äthers selbstlos der Menschheit zur freien Nutzung zur Verfügung stellen. Unbehinderte weltweite Kommunikation und Mobilität sowie kostenlose Energie für jeden Verbraucher erschienen ihm schon damals realisierbar. Diese befreienden Erfindungen mußten jedoch den Mächtigen dieser Zeit aus Marktbeherrschungs- und Kontrollinteressen mißfallen! Im Anhang sind zwei seiner visionären Vorträge (1891 in New York und 1892 in London gehalten) zu Mehrphasenströmen in deutscher Übersetzung von 1895 wiedergegeben.

DER TAROT ALS HARMONIKALES UNIVERSALSCHEMA · Vom Spiegel individueller Möglichkeiten zur „höheren Formel“ des Weltverstehens

von Robert Gansler

„Hätte ein Gefangener keine Bücher außer dem Tarot, dessen Anwendung er verstünde, könnte er sich in einigen Jahren ein universelles Wissen aneignen . . .“ Eliphas Levi

Der Autor stellt die Behauptung des bekannten Kabbalisten und Okkultisten aus dem vorigen Jahrhundert auf den Prüfstand. Er stellt den Tarot mit seinen 22 großen Arkanen (vom Autor gemalte Ölbilder – vierfarbig im Anhang), analogisierend und schematisiert folgenden Weltbildern gegenüber: der holographischen Sicht der Kabbala, den apokalyptischen Visionen des Hesekiel und des Johannes, der Goetheschen Farbenlehre und der einzelnen Sephiroth des kabbalistischen Lebens-baums, der musikalischen Harmonik aus den Lehren von Pythagoras, Thimus, Kayser und Helmholtz, der modernen Physik mit ihren Thesen von David Bohm, Wilhelm Reich, Georges Lakhovsky, schließlich den traditionellen Bezügen von Astronomie und Astrologie.

Dieser Titel wird dem Verlagsnamen im wörtlichen Sinne gerecht.

Außergewöhnlich!!!

ISBN 3-922367-75-5, geb., 200 S., 28 farb. Abb.

DM 39,80